Tarot und Kabbala

Band I

Die großen Arkana des Tarot

Samael Aun Weor

Verlag Heliakon

Verlag Heliakon

Originaltitel: El Sendero Iniciatíco en los Arcanos del Tarot y Kábala
Übersetzung aus dem Spanischen
Übersetzer: Osmar Henry Syring

Druck und Vertrieb: BoD - Books on Demand, Norderstedt

Umschlaggestaltung: Verlag Heliakon

ISBN: 978-3-943208-27-6

www.verlag-heliakon.de
info@verlag-heliakon.de

Die Deutsche Nationalbibliothek verzeichnet diese Publikation in der Deutschen Nationalbibliografie; detaillierte bibliografische Daten sind im Internet über www.dnb.de abrufbar.

Inhaltsverzeichnis

Vorwort....7

Der Magier....11
- Beschreibung der Karte....12
- Esoterische Bedeutung des Arkanums....13
- Übung I....14
- Übung II....15
- Bedeutung in Bezug auf die Einweihung....16
- Zusammenfassung....20

Die Priesterin....21
- Beschreibung der Karte....21
- Esoterische Bedeutung des Arkanums....22
- Bedeutung in Bezug auf die Einweihung....26
- Zusammenfassung....29

Die Kaiserin....31
- Beschreibung der Karte....31
- Esoterische Bedeutung des Arkanums....32
- Bedeutung in Bezug auf die Einweihung....35
- Nephesh....35
- Ruach....36
- Neshamah....36
- Zusammenfassung....37

Der Kaiser....39
- Beschreibung der Karte....39
- Esoterische Bedeutung des Arkanums....40
- Bedeutung in Bezug auf die Einweihung....42
- Zusammenfassung....46

Der Hierarch....47
- Beschreibung der Karte....47
- Esoterische Bedeutung des Arkanums....48
- Bedeutung in Bezug auf die Einweihung....52
- Zusammenfassung....62

Die Unentschlossenheit....65
- Beschreibung der Karte....66
- Esoterische Bedeutung des Arkanums....66
- Bedeutung in Bezug auf die Einweihung....68
- Zusammenfassung....72

Der Sieg ... 73
Beschreibung der Karte ... 73
Esoterische Bedeutung des Arkanums ... 74
Bedeutung in Bezug auf die Einweihung ... 75
Zusammenfassung ... 81
Die Gerechtigkeit ... 83
Beschreibung der Karte ... 83
Esoterische Bedeutung des Arkanums ... 84
Bedeutung in Bezug auf die Einweihung ... 87
Zusammenfassung ... 91
Der Eremit ... 93
Beschreibung der Karte ... 94
Esoterische Bedeutung des Arkanums ... 94
Bedeutung in Bezug auf die Einweihung ... 101
Zusammenfassung ... 107
Die Vergütung ... 109
Beschreibung der Karte ... 110
Esoterische Bedeutung des Arkanums ... 111
Bedeutung in Bezug auf die Einweihung ... 115
Wiederkehr ... 115
Reinkarnation ... 116
Transmigration (Seelenwanderung) ... 116
Zusammenfassung ... 118
Die Überzeugung ... 119
Beschreibung der Karte ... 120
Esoterische Bedeutung des Arkanums ... 120
Bedeutung in Bezug auf die Einweihung ... 121
Zusammenfassung ... 124
Das Apostolat ... 127
Beschreibung der Karte ... 128
Esoterische Bedeutung des Arkanums ... 128
Bedeutung in Bezug auf die Einweihung ... 135
Zusammenfassung ... 140
Die Unsterblichkeit ... 141
Beschreibung der Karte ... 142
Esoterische Bedeutung des Arkanums ... 142
Bedeutung in Bezug auf die Einweihung ... 145
Der Tod des Eingeweihten ... 147
Zusammenfassung ... 149

Die Mäßigung....151
Beschreibung der Karte....151
Esoterische Bedeutung des Arkanums....152
Bedeutung in Bezug auf die Einweihung....154
Transmutation....154
Transformation....155
Transsubstantiation....156
Zusammenfassung....160
Die Leidenschaft....161
Beschreibung der Karte....162
Esoterische Bedeutung des Arkanums....162
Bedeutung in Bezug auf die Einweihung....165
Zusammenfassung....169
Die Zerbrechlichkeit....171
Beschreibung der Karte....172
Esoterische Bedeutung des Arkanums....172
Bedeutung in Bezug auf die Einweihung....173
Zusammenfassung....176
Die Hoffnung....179
Beschreibung der Karte....180
Esoterische Bedeutung des Arkanums....180
Bedeutung in Bezug auf die Einweihung....181
Zusammenfassung....186
Die Dämmerung....187
Beschreibung der Karte....188
Esoterische Bedeutung des Arkanums....189
Bedeutung in Bezug auf die Einweihung....193
Zusammenfassung....197
Die Inspiration....199
Beschreibung der Karte....200
Esoterische Bedeutung des Arkanums....200
Bedeutung in Bezug auf die Einweihung....203
Zusammenfassung....205
Die Auferstehung....207
Beschreibung der Karte....208
Esoterische Bedeutung des Arkanums....208
Bedeutung in Bezug auf die Einweihung....210
Zusammenfassung....215

Die Transmutation 217
Beschreibung der Karte 218
Esoterische Bedeutung des Arkanums 219
Bedeutung in Bezug auf die Einweihung 220
Zusammenfassung 222
Übung 222
Die Wiederkehr 225
Beschreibung der Karte 226
Esoterische Bedeutung des Arkanums 226
Bedeutung in Bezug auf die Einweihung 229
Zusammenfassung 231
Arkana 13, 2, 3 und 14 233
Arkana 7, 8 und 9 237
Arkana 11 und 12 239
Arkana 6, 9, 12, 13, 14, 15, 16, 17 und 20 241

Vorwort

Der Ursprung der Kabbala verliert sich in der Nacht der Jahrhunderte, dort, wo das Universum im Schoß von Maha Kundalini, der großen Mutter, erschaffen wurde. Die Kabbala ist die Wissenschaft der Zahlen.

Der Autor des Tarot war der Engel Metraton, der Meister der Weisheit der Schlange, er war der Prophet Henoch, von dem die Bibel spricht.

Der Engel Metraton oder Henoch hinterließ uns das Tarot, in dem die gesamte göttliche Weisheit enthalten ist, welche in Stein gemeißelt war. Er hinterließ uns auch die 22 Buchstaben des hebräischen Alphabets. Dieser große Meister lebt in den höheren Welten, in einer Welt von unvorstellbarem Glück; in der Welt von Aziluth oder in den Worten der Kabbala, in der Region von Kether, einer sehr hohen Sephira.

Alle Kabbalisten stützen sich auf das Tarot. Es ist notwendig, es von Grund auf zu lernen und zu kennen. Das Universum wurde nach dem Gesetz der Zahl, des Maßes und des Gewichtes geschaffen; die Mathematik formt das Universum, die Zahlen werden zu lebenden Wesen.

Wer immer die reine und unbeschreibliche Welt des Geistes, Chesed, betritt, ist imstande zu bestätigen, dass sich in dieser Region alles auf Zahlen zurückführen lässt, es ist eine Region von gewaltiger Realität. In unserer Welt sehen wir die Dinge nicht, wie sie wirklich sind, sondern die Abbilder der Dinge. In Chesed weiß man, wie viele Atome sich in einem Tisch befinden, wie viel Karma die Welt schuldet, man weiß, wie viele Moleküle sich in jedem Körper befinden; es ist eine Welt der Mathematik, eine realistische Welt.

Man glaubt, dass man in dieser Welt von der weltlichen Realität entfernt wäre und dort lebt man in der Realität. In einem Tempel kennt man die Anzahl der Personen, die selbstverwirklicht sind, und derer, die es nicht sind. Wenn man eine Küche betritt, weiß man die Anzahl der Atome, die das Essen enthält, das wir essen werden. Es ist eine Welt von gewaltiger Realität.

In der Welt von Chesed ist man fähig zu erkennen, wer ein wahrer Mensch ist. Eines Nachts, während ich in der Welt von Chesed war, betrat ich ein Theater, in dem das Karma ausgeglichen wurde, und auf einer Leinwand, der Leinwand der Schöpfung, konnte man die Meister des Karmas vorüberschreiten sehen und das Karma der zwei größten Mächte der Welt wurde auf eine riesige Waage gelegt, eines auf jede Waagschale und die Waage neigte sich gegen den Koloss im Norden, er hat große karmische Schulden; er wird sinken, wird niedergeschmettert werden, denn das, was man schuldet, muss bezahlt werden, auf die eine oder andere Weise.

Die Theosophen sprechen von Ebenen und Unterebenen, dies sind die zehn Sephiroth. Zehn Erscheinungsformen der ewigen kosmischen Mutter, zehn Wellen, die als Fundament der großen Mutter dienen. Die

Der Vater, der erste Logos	Kether	Die Weisheit
Der Sohn, der zweite Logos	Chochmah	Die Liebe
Der Heilige Geist, der dritte Logos	Binah	Die Macht, das Prinzip der feurigen Flamme

sieben Planeten des Sonnensystems sind sieben der Sephira und die dreieinige spirituelle Sonne ist die Krone der Sephiroth. Diese Sephiroth leben und pulsieren innerhalb unseres Bewusstseins und wir müssen lernen, wie wir sie handhaben und in dem wunderbaren Laboratorium unseres inneren Universums verbinden können. Mithilfe der Sephiroth kann man sich in einen Menschen verwandeln. Es gibt auch weibliche Sephiroth, genauso wie es positive und negative Ionen gibt.

Wir müssen diese zehn Sephiroth verwirklichen, denn sie sind bei uns, hier und jetzt. Diese zehn Sephiroth, bewusst gemacht in einem

Individuum, verwandeln dieses in ein selbstverwirklichtes Wesen. Sie ähneln kostbaren, eingefassten Edelsteinen; es ist etwas Wunderbares.

Die Krone der Sephiroth wird von Kether, Chochmah und Binah gebildet; man muss die Grundlage dieser drei Sephiroth verstehen.

Kether: Der Alte der Tage, das Verborgene des Verborgenen, die Güte der Güte. Er hat einunddreißig Ringellocken und sein Bart hat dreizehn Locken. Dreizehn symbolisiert das Wort. Über ihn werden Wunder berichtet. Mit Hilfe von Samadhi (der Ekstase) kann man ihn erreichen, um seine Anweisungen zu erhalten. Er ist unendliche Barmherzigkeit, vollkommene Weisheit.

Chochmah: Der Christus, die Liebe. Der Christus wartet auf den Tag, an dem der Schüler in der neunten Sphäre arbeiten wird, und bereitet ihn mit unendlicher Liebe vor. Der Lehrer der Welt ist die Liebe.

Binah: Der heilige Geist, die feurige Macht. Ein Hierophant musste eine kranke Frau heilen, und er war erfolgreich. Er verlangte finanzielle Entschädigung von der Familie der kranken Frau. Danach traf er den heiligen Geist, der die Gestalt einer weißen Taube angenommen hatte. Der Priester fragte, ob er seine Sache gut gemacht hätte und der heilige Geist erwiderte, dass er es schlecht gemacht habe: *Ich bin es, der heilt*, sagte er und angesichts dieser Tatsache musste der Priester das Geld zurückgeben. Wenn jemand die Macht hat, zu heilen und stellt es in Rechnung, so begeht er ein sehr schweres Delikt. In den inneren Welten wird vieles auf kabbalistische Weise gesagt. Man muss wissen, wie man die kabbalistischen Zahlen addiert. Wenn jemand einen Meister fragt: *Wie lange werde ich leben?*, wird er in Zahlen antworten.

Das Studium der Kabbala dient dazu, uns auf die höheren Welten vorzubereiten. Zum Beispiel bat ein Eingeweihter bei einer Gelegenheit um die Fähigkeit der Hellsichtigkeit, und innerlich erhielt er die Antwort: *In acht Tagen wirst du sie haben.*

Jemand, der nichts weiß, würde in seinen physischen Leib zurückkehren und glauben, es wäre in acht Tagen, wenn zum Beispiel heute Mittwoch ist, glaubt er, nächsten Mittwoch wäre er hellsichtig. In Wirklichkeit ist Acht die Zahl von Hiob und bedeutet, dass Geduld notwendig ist.

Wer nichts weiß, ist verwirrt in den inneren Welten. Die Kabbala ist die Grundlage für das Verständnis der Sprache dieser Welten. Das

Studium der Kabbala muss offensichtlich von der Arbeit an sich selbst begleitet werden, man muss sich dieses Studiums bewusst werden, denn wenn es im Verstand bleibt, dann wird es mit dem Tod verloren gehen. Wenn man sich des Wissens bewusst ist, wird es sich von Kindheit an offenbaren.

Bei einer bestimmten Gelegenheit wollte ein Eingeweihter wissen, wie es in den esoterischen Studien um ihn steht, und sein Guru antwortete ihm auf kabbalistische Weise: „Du benötigst 58 Minuten um die Arbeit zu beenden, und du musst 36 Bolivares von je 32 Kilogramm bringen und die Einweihungen müssen beurteilt werden.

Minuten: 5 + 8 = 13, der Tod.

Befreier (Bolivares): 3 + 6 = 9, die neunte Sphäre.

Kilogramm: 3 + 2 = 5, das Pentagramm.

Wenn einem Eingeweihten 58 Minuten fehlen, heißt das, dass er nicht einmal eine Stunde braucht, um die Befreiung zu erreichen.

5 + 8 = 13, der Tod.

Wenn von Minuten gesprochen wird, dann deshalb, weil ihm schon nicht mehr viel fehlt.

Die 36 Bolivares, San Martines oder Morelos sind die Befreier.

3 + 6 = 9, die neunte Sphäre, die Sexualität, die Arbeit mit der Lanze. Es gibt 36 grundlegende fundamentale Arbeiten.

Die 32 Kilogramm stehen für die 32 Wege, das Pentagramm.

58 + 36 + 32 = 126 = 1 + 2 + 6 = 9

Die gesamte Arbeit findet in der neunten Sphäre statt. Das ist die kabbalistische Sprache, die in der weißen Loge verwendet wird. Vergessen Sie nicht, dass die Quersummen kabbalistische Additionen sind, man muss hundert Prozent praktisch sein. Erst wenn die Bedeutungen der 22 Arkana bekannt sind, studiert man den praktischen Teil der Vorhersage, damit in Fällen großer Wichtigkeit weise davon Gebrauch gemacht werden kann. Die 22 Arkana müssen im Gedächtnis verankert werden. Um ein wirklich vollkommener Kabbalist zu sein, muss man studieren; man muss sich diese Lehren in das Gedächtnis eingravieren.

Paz Inverencial

Samael Aun Weor

Arkanum 1

Der Magier

Das Arkanum Nummer eins steht für das, was angefangen wird, was man sät, was man beginnt. Jeder Anfang ist schwer. Man muss hart arbeiten; man muss säen, um zu ernten. Es verleiht die Fähigkeit, Probleme zu lösen. Es bringt die Kraft, sowohl um aufzuwachen als auch um die Leidenschaften in der physischen Welt zu beherrschen. Es neigt dazu, die natürlichen Elemente zu organisieren und die Kräfte, die in Bewegung sind, zu beherrschen. Es gibt uns die Fähigkeit, zu erwerben, zu ordnen, zu formen, anzuwenden.

Das Arkanum Nummer eins ist die Einheit, der Ursprung des Lichtes, der Vater, die Welt als Ausdrucksform, der Mensch als eine in sich vollständige lebendige Einheit, das Fundament aller Handlungen, die Synthese von allem, die Einweihung in die Mysterien und die Macht, um sie zu entschlüsseln und sich ihrer zu bedienen, die Kraft des Willens. Das Arkanum Nummer eins gibt den Triumph, aber mit Kampf, wegen des Karmas.

Kabbalistische Sephira: Kether.

Hebräischer Buchstabe: Aleph.

Transzendentes Axiom: „Sei in deinen Werken, wie du in deinen Gedanken bist."

Element der Vorhersage: „Verheißt Herrschaft über materielle Hindernisse, neue soziale Beziehungen, glückliche Initiativen, Beistand treuer Freunde, die bei der Verwirklichung der Projekte helfen und eifersüchtige Freunde, die sie behindern."

Beschreibung der Karte

Die Augen im oberen Teil stellen die Augen des Vaters dar, sie sind die innere Repräsentation des Unendlichen, die heilige Acht, der Merkurstab, die acht Kabire, die den Planeten leiten. Der Magier ist im rechtsseitigen Profil gezeigt, das bedeutet, dass für das Manifestierte die rechte Seite steht. Die Schlange ragt aus seiner Stirn hervor, sie zeigt, dass er erhoben ist, dass er ein selbstverwirklichter Meister ist.

Der Stab der Kraft, der die Wirbelsäule symbolisiert, ist in der linken Hand, die auf das Unendliche zeigt; mit der rechten Hand zeigt er Richtung Erde, dies weist darauf hin, dass er sie mit der Wissenschaft beherrscht, dass man von unten aufsteigen muss, dass man nicht aufsteigen kann, ohne zuvor hinabzusteigen. Man muss hinunter in die neunte Sphäre, für die es zwei Darstellungen gibt.

Merkur, der die alchemistischen Symbole von Sonne und Mond vereint (zweiter Schlüssel von Basilius Valentinus).

Die Erste ist die Sexualität, der kubische Stein; die Zweite sind die neun Kreise, die atomischen Höllen, in die der Eingeweihte hinabsteigen muss, das bedeutet: hinabsteigen, um aufzusteigen.

Auf seinem Gewand ist ein Dreieck, dessen Spitze nach oben zeigt. Dies stellt die drei grundlegenden Kräfte dar, wiedervereint in Kether, dem Einen. Auf einer Seite steht ein Tisch, der die vier Elemente (Erde, Luft, Feuer und Wasser), die physische Ebene, verkörpert. Auf dem Tisch befinden sich verschiedene Elemente im Zustand der Unordnung: das Schwert der Kraft, der Lingam (männliches Sexualorgan); der Kelch, der das physische Gehirn darstellt und andererseits die Yoni (das weibliche Sexualorgan) und ein Mond, der in die Sonne verwandelt werden muss.

Unter dem Tisch findet man den unsterblichen Ibis, den Vogel Phönix, den Schwan Kala-Hamsa, den Heiligen Geist, der die Liebe symbolisiert. Er befindet sich unter dem Tisch und zeigt damit, dass wir mithilfe des heiligen Feuers des dritten Logos die ungeordneten Elemente auf dem Tisch ordnen müssen.

Im unteren Teil der Karte, in den Wassern des Lebens, finden wir den kubischen Stein. Der schon bearbeitete Stein der Weisen zeigt, dass das die Arbeit ist, die wir verwirklichen müssen. Dies ist der kubische Stein von Jesod, die Sexualität, der Stolperstein und Stein des Anstoßes.

Esoterische Bedeutung des Arkanums

Man kann das esoterische Studium des Tarots in zwei Teile teilen; den esoterischen und den mathematischen. Der erste Teil umfasst die 22 Arkana; nach diesem Anfang geht es mithilfe der Mathematik weiter. Arkanum Nummer eins ist der Magier, das, was einweiht, was beginnt, die Eins, die Einheit, der göttliche Geist jeder Person, die Monade oder der unsterbliche Funken in jedem menschlichen Wesen, in jedem Lebewesen. Die Eins ist die Mutter aller Einheiten. Die Einheit entfaltet sich in zwei, in das nächste Arkanum: die Priesterin.

Mit dem Arkanum eins betreten wir das heilige Königreich der Magie; über dem Kopf sieht man die heilige Acht durch zwei Augen dargestellt; es ist das Symbol der Unendlichkeit, repräsentiert die acht Kabire und ist das Symbol für Leben und Tod.

Im Zentrum der Erde, in der neunten Sphäre, findet man das heilige Symbol des Unendlichen. Jeder Organismus dreht sich um dieses Symbol, genauso wie es im Körper eines Menschen, der sich selbstverwirklichen möchte, immer den ewigen Kampf gibt: Verstand gegen Sexualität, Sexualität gegen Verstand, Herz gegen Herz.

Wenn die Sexualität den Verstand dominiert, führt das zum Fall und das Pentagramm (das den Meister darstellt) zeigt mit den zwei Spitzen nach oben und mit dem Kopf nach unten.

Die heilige Acht ist ein sehr wichtiges und interessantes Symbol, in dem die magnetischen Strömungen, die zwischen dem irdischen und dem spirituellen Menschen bestehen, eingeschlossen, definiert und verbunden sind.

Dieses Zeichen vereint oder trennt alle von der atomaren Energie beherrschten Elemente, wenn man es mit dem Mittelfinger, Zeigefinger und dem Daumen auf der Oberfläche des Herzplexus zeichnet.

Übung I

Versetzen Sie den Verstand in einen ruhigen Zustand. Schlafen Sie ein und denken dabei an die Figur der heiligen Acht (die Unendlichkeit), machen sie Zeichen auf dem Herzen in Übereinstimmung mit der vorhergehenden Beschreibung.

Erlauben Sie der oben erwähnten Figur sich in Ihr Bewusstsein zu versenken, dann versetzen Sie Ihren Verstand in einen Zustand der Leere, ohne an irgendetwas zu denken. Dadurch werden Sie nach einer gewissen Zeitspanne das Bewusstsein in der Region, die man Astralwelt nennt, erwecken.

Wenn wir die Wirbelsäule untersuchen, werden wir die heilige Acht und den Stab des Merkur oder Hermes sehen, welcher die zwei Ganglienstränge, die um das Rückenmark gewunden sind, darstellt. Diese sind Ida und Pingala, die zwei Zeugen, die zwei Oliven, die zwei

Die Unendlichkeit

Leuchter, die vor dem Thron des Gottes der Erde stehen und die zum Gehirn bis zur Höhe der Zirbeldrüse aufsteigen, von dort zur Hypophyse zwischen den Augenbrauen und schließlich mithilfe eines äußerst dünnen Stranges, des Amrita-Nadi, das Herz erreichen.

Durch den rechten Strang steigen die solaren Atome auf; durch den linken Strang die lunaren Atome. Wenn sie durch die Wirbelsäule aufsteigen, entfachen sie unsere magischen Kräfte. Die heilige Acht war, ist und wird immer der Schlüssel von allem sein. Es gibt keinen Magier ohne die heilige Acht.

Wenn wir die Linie dieses Symbols betrachten, sehen wir, dass sie einen doppelten Kreis enthält, in dem sich die zwei Kräfte kreuzen; eine schließt, die andere öffnet. Das ist der Schlüssel, um alle Türen zu öffnen. Es öffnet unseren inneren Tempel, es ist das Zeichen, das das Buch mit den sieben Siegeln öffnet. Im heiligen Orden Tibets wird es für alles verwendet. Dieser Orden, den in Mexiko zu vertreten wir die große Ehre haben, ist der machtvollste Orden der gesamten orientalischen Tradition. Er umfasst 201 Mitglieder, die höheren Ränge werden von 72 Brahmanen gebildet. Der große Herrscher über den erwähnten Orden ist der große Guruji Bhagavan Aclaiva.

Der heilige Orden Tibets ist der authentische Aufbewahrungsort des königlichen Schatzes von Aryavata. Dieser Schatz ist das Arkanum A.Z.F.

Übung II

Konzentrieren Sie sich unmittelbar vor dem Zubettgehen auf den heiligen Orden Tibets und die heilige Acht, während Sie den Meister Bhagavan Aclaiva rufen; er wird Ihnen helfen, im Astralkörper zu reisen. Eines Nachts werden wir zur Loge in Tibet gerufen, und werden im Tempel des Himalaja sieben Prüfungen unterzogen.

Wenn man gerufen wird, wird man an den Füßen gezogen, damit man in aufrechter Haltung erscheinen kann.

Man muss Tapferkeit besitzen, weil man vielen und sehr harten Prüfungen unterzogen werden wird. Wir werden geköpft und mit einem Schwert durch das Herz gestochen werden; man braucht Tapferkeit; wer Inspiration und Standhaftigkeit besitzt, wird triumphieren. Der heilige

Orden Tibets fordert sehr viel, hier finden wir die wahren Leiter der Menschheit.

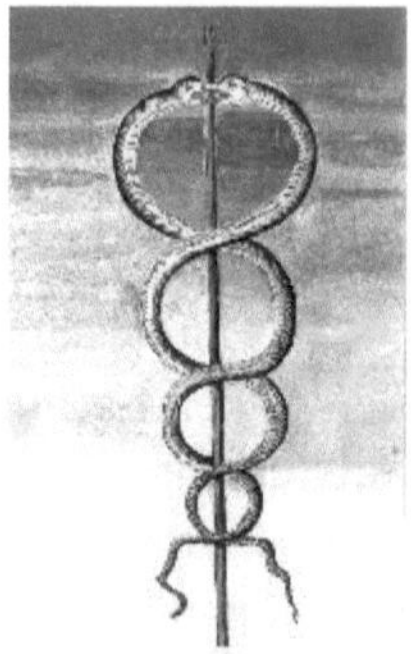

Der Merkurstab.

Das Feuer des Phlegeton und die Wasser des Acheron kreuzen sich in der neunten Sphäre, der Sexualität, und bilden das Zeichen der Unendlichkeit.

Man muss mit Wasser und Feuer, dem Ursprung der Tiere, Menschen und Götter, arbeiten. Wer aufsteigen will, muss zuerst hinabsteigen, das ist schrecklich.

Das ist die größte Prüfung, wir scheitern fast alle.

Alles im Leben hat seinen Preis; nichts wird uns geschenkt. Der Preis der Selbstverwirklichung ist unser Leben. Man muss Tapferkeit besitzen, dann wird man vielleicht zum heiligen Orden Tibets zugelassen. Unser Organismus hat die gleiche Beschaffenheit wie die Erde. Wir müssen arbeiten und in unsere eigenen Höllenwelten hinabsteigen. Man muss mit der Sexualität arbeiten; das ist der kubische Stein von Jesod.

Bedeutung in Bezug auf die Einweihung

Das Arkanum Nummer eins ist der Magier der Kabbala; es ist ganz offensichtlich der Anfang. Alles, was im praktischen Leben begonnen wird, ist das Arkanum Nummer eins. Es ist die Einheit.

Es ist nicht schwer zu verstehen, dass jeder Anfang schwierig ist; man muss hart arbeiten, man muss säen, um ernten zu können. Aus diesem Grund ist das Arkanum Nummer eins die Einheit des ursprünglichen Anfangs. Es ist offensichtlich der Ursprung jeder Einheit, weil alles mit der Zahl eins beginnt.

Die Einheit wird zum Ursprung der Dualität oder der Binarität: 1 + 1 = 2, und schließlich ist in der Einheit die sich verwirklichende Synthese der Trinität (Dreiheit) enthalten. Die Einheit, die eins, ist die göttliche Monade, der erste Logos, der Vater, der im Verborgenen ist. Jeder von uns hat seine eigene individuelle Monade.

Madame Blavatsky pflegte zu sagen, dass es so viele Väter im Himmel gibt wie Menschen auf Erden. Der Vater wiederum entfaltet sich zur Heiligen Mutter. So geschieht es, dass Er und Sie Brahma sind, weil Sie zum weiblichen Aspekt von Ihm wird. Wir erkennen, dass die Einheit die Wurzel der Zweiheit ist, weil Letztere nicht ohne die Einheit bestehen kann.

Wenn die Monade nicht existiert hätte, gäbe es keine Göttliche Mutter. Die Monade ist die Wurzel der Dualität. Es gibt ebenso viele Mütter im Himmel, wie es Menschen auf Erden gibt. Jeder von uns hat seinen inneren Gott oder seinen eigenen himmlischen Vater und seine eigene himmlische Mutter.

Wenn man das erklärt, ist es leichter verständlich, warum die Einheit die verwirklichende Synthese der Dreiheit ist und wie und warum sie entsteht.

Als Jesus betete, betete er zum Vater, der im Verborgenen ist und er überließ uns ein Gebet, das *Vater Unser*, dieses Gebet ist hundert Prozent magisch, es dauert ein paar Stunden, das Vater Unser richtig zu beten, weil jede Bitte, die an den Vater gerichtet ist, hundert Prozent magisch ist. Der Fehler, den die Menschen machen, ist, auf eine mechanische Weise zu beten, und das hat keine Wirkung. Das Gebet muss aufgeschlüsselt, analysiert werden; und um das zu tun, muss man den Körper so entspannen, dass nicht ein Muskel in Bewegung ist, und sich dann konzentrieren und das Gebet mit der Meditation verbinden.

Die Leute glauben, dass unser Vater im Himmel ein Herr ist, der da oben sitzt. Wenn wir gründlich darüber reflektieren, werden wir die Monade, die Nummer eins, den Ursprung aller anderen Einheiten und Monaden entdecken.

Es ist klar, dass die Monade etwas braucht im Leben, um sich selbst zu verwirklichen. Was ist es, was die Monade braucht? Mithilfe des Sanskrits können wir es herausfinden; sie braucht Vajrasattwa; das bedeutet „Diamantseele".

Das ist eine Seele, die kein *Ich* hat, die alle subjektiven Elemente der Wahrnehmung vernichtet hat. Diese Elemente sind die *Ichs* und die drei Verräter von Hiram Abif, oder, was dasselbe ist, Judas, der Dämon des Wunsches, fälschlicherweise Astralkörper genannt; Pilatus, der Dämon des Verstandes, der mit dem Mentalkörper verwechselt wird und Kaiphas, der Dämon des schlechten Willens. Warum wissen die pseudoesoterischen Schulen das alles nicht?

Die subjektiven Elemente der Wahrnehmung sind die Aggregate, die verschiedenen Bestandteile des menschlichen Wesens oder die verschiedenen roten Dämonen, die die *Ichs* bilden.

In der Psychologie werden die subjektiven Elemente der Wahrnehmung als die gesamten psychologischen Prozesse des menschlichen Wesens definiert. Sie werden definiert als die subjektiven Prozesse des Unbewussten, des Unterbewussten, des Vorbewussten und des Infrabewussten und allem, was metaphysischer Art ist. Was verstehen moderne Psychologen unter objektiv? Das Physische, das Berührbare, das Materielle.

Offensichtlich irren sie sich vollkommen, denn wenn man den Ausdruck subjektiv genauer untersucht, so bedeutet er sub = unten: das, was unterhalb der Grenzen unserer Wahrnehmung liegt. Und was ist das, was unterhalb ist? Sind das nicht die Höllenwelten? Ist das, was im Physischen und unterhalb des Physischen ist, nicht subjektiv? Das ist das wahrhaft Subjektive, was unterhalb der Grenzen unserer Wahrnehmung liegt.

Die Psychologen wissen nicht, wie man diesen Ausdruck korrekt gebraucht.

Objektiv: ist das Licht, das Strahlende, es ist etwas, das Wahrheit, Klarheit, Leuchten besitzt.

Subjektiv: ist die Dunkelheit, die Finsternis. Die subjektiven Elemente der Wahrnehmung entstehen aus: Sehen, Hören, Berühren, Riechen, Schmecken. Das sind alles Wahrnehmungen dessen, was wir in der dritten Dimension vorfinden. Zum Beispiel sehen wir an einem Würfel nur die Länge, Breite und Höhe, und wir sehen nicht die vierte Dimension, weil wir vom Ego eingeschlossen sind. Die subjektiven Elemente der Wahrnehmung bestehen aus dem Ego mit all seinen *Ichs*.

Die Einheit, der Vater, teilt sich selbst in die Mutter. Die Mutter wiederum verdoppelt sich, sie gebiert den Sohn, den sie in ihrem Inneren trägt.

Osiris: der Vater

Isis: die Mutter

Horus: göttlicher Geist, der Innerste eines jeden Wesens.

Die Einheit ist die verwirklichende Synthese der Dreiheit.

Im ägyptischen Totenbuch wird gesagt, dass Ra Horus (dem Kind, das die göttliche Mutter in ihren Armen trägt) das Gebiet von Buto gab. Diese Region ist aus reinem Geist, aus Atman-Buddhi-Manas.

Seth verwandelte sich in einen wilden, schwarzen Eber und traf das Auge des Horus und dieser beklagte sich bei Ra. Ich werde dich heilen, sagte Ra zu ihm, und um ihn zu trösten, gab er ihm die Region von Buto.

Dies kann man wie folgt erklären: Der wilde schwarze Eber muss getötet werden, dann wird das Auge des Horus wiederhergestellt; das bedeutet, die Hellsichtigkeit wird wiederhergestellt. Horus kann dem wilden, schwarzen Eber ein Ende machen, aber nicht alleine, vielmehr muss er die heilige Mutter um Hilfe bitten. Indem er den wilden, schwarzen Eber tötet, triumphiert Horus, und die gefangene Essenz ist befreit und vereint sich mit Horus, mit der Diamantseele. Sie vereint sich mit ihrem Vater und ihrer Mutter, es sind drei Flammen, die eine einzige, verwirklichte Flamme bilden.

Die Essenz ist eine Entfaltung von Horus, wir müssen Horus bitten, unsere drei Gehirne zu stärken. Sobald das Ego stirbt, wird Horus gestärkt; und deshalb müssen wir ihn darum bitten, dass er diese drei Gehirne stärkt. Sobald Horus die Essenz verschlungen hat, braucht er die solaren Körper; und es bleibt ein Keim, ein Atom jedes dieser Körper.

Der solare physische Körper.

Der solare Astralkörper. Vollkommenes Bewusstsein.

Der solare Mentalkörper. Vollkommenes Wissen. Der Körper des bewussten Willens.

Der Mensch ist Mensch und je kleiner und mikroskopischer er sich fühlt, desto besser. Wir Menschen müssen denken, dass wir Ameisen sind. Gott ist Gott, weil die Gottheit die Macht hat. Wir sind nichts, wir sind arme Teufel und auch ein Mensch, der ein vollständiger Mensch ist, ist eine Ameise im Vergleich zu Gott …

Ein Meister sagte mir: *E.M. Samael Aun Weor, wahres Glück heißt, Gott in sich zu tragen. Auch wenn man im Absoluten oder im Nirvana ist, wenn man Gott nicht in sich trägt, wird man nicht glücklich sein; sogar die, die dort verweilen, haben Gott inkarniert.*

Diese Worte hatten eine gewaltige Wirkung auf mich und ich suchte den Rat des großen weisen Saturns. Ich schickte ihm verschiedene esoterische Begrüßungen und er antwortete auf alle, aber er sagte: *Es gibt keinen bedeutenderen Gruß als das Siegel des Herzens.*

Es war nicht nötig zu sprechen, in Stille beantwortete er alles, er sagte, dass jemand, der Gott nicht in sich hat, nicht einmal im Absoluten glücklich ist. Mit dieser Antwort war ich zufrieden.

Diese Beratungen kosten, und ich bezahlte mit guten Taten, die wie metallische Münzen sind, die das Dharma repräsentieren.

Zusammenfassung

Dieses Arkanum, der Magier, stellt den Mann dar. Es ist das männliche Prinzip. Die Zahl eins steht für das, was man anfängt, für das, was beginnt. Im Tarot ist die gesamte Arbeit enthalten, hier entwickeln sich alle psychischen Prozesse. Die Einheit ist die verwirklichende Synthese der Dreiheit. Solange wir uns selbst nicht kennen, können wir nichts über die Seele und den Geist wissen.

Die vier Bedingungen, die notwendig sind, um ein Magier zu sein, sind folgende: Zu leiden wissen. Zu schweigen wissen. Sich zu enthalten wissen. Zu sterben wissen.

Arkanum 2

Die Priesterin

Das Arkanum Nummer zwei ist die These, die die Antithese verursacht. Durch dieses Arkanum formt sich, bildet sich der Mutterleib, in dem die Bilder Gestalt annehmen. Es ist der Brunnen, der die Wasser der Quelle ansammelt. Es ist die duale Manifestation der Einheit. Durch die Verdoppelung lässt die Einheit die empfängliche und schöpferische Weiblichkeit in der ganzen Natur entstehen.

Kabbalistische Sephira: Chockmah

Hebräischer Buchstabe: Beth

Transzendentes Axiom: „Der Wind und die Wellen sind immer zum Vorteil dessen, der zu navigieren versteht."

Element der Vorhersage: „Verheißt Anziehungen und Abstoßungen. Verluste und Gewinne. Aufstiege und Abstiege. Vorteilhafte Inspirationen für die Initiative und die geheime Gegenkraft Zweiter, um den Eingeweihten zum Ziel zu bringen."

Beschreibung der Karte

In den Wassern des Lebens sind die zwei Säulen des Tempels der Isis dargestellt: die weiße, Jachin, und die schwarze, Boas. Jede hat vier

Stufen, die die vier Körper der Sünde symbolisieren: den physischen, den vitalen, den astralen und den mentalen Körper. Darüber erscheint eine Meisterin, zwischen zwei größeren Säulen sitzend. Sie ist im Inneren des Tempels und schaut uns an, deshalb sind die Säulen umgekehrt.

Die Tatsache, dass sie sitzt, zeigt uns ihre passive Seite. Im Arkanum Nummer eins steht der Magier, die aktive Seite. Sie zeigt ihr linkes Profil, ihren negativen Aspekt.

In ihrem Schoß liegt ein halb geöffnetes Buch, das sie teilweise mit ihrem Schal bedeckt. Dies bedeutet, dass sie die Weisheit ist, dass sie die Kabbala lehrt. Auf ihrer Brust ist das Kreuz Ankh, das Symbol des Lebens, die Grundlage, Venus, das Kreuz Tau. Das Kreuz auf ihrer nackten Brust bedeutet, dass die Milch, die sie hervorbringt, die Tugenden sind.

Die Schlange auf ihrer Stirn zeigt die Meisterschaft; sie zeigt, dass sie aufgestiegen ist. Über ihrem Kopf befinden sich die Hörner des heiligen Stiers Apis, des Gatten der göttlichen Kuh. Innerlich bedeuten die Hörner den Vater und äußerlich das psychologische Ego (unsere Defekte).

Wir finden ebenfalls die Eigenschaften des Kälbchens oder Kabirs. Der Kreis ist die Schlange, die sich in den Schwanz beißt, sie stellt die kosmische Mutter dar, die heilige Kuh. Der Schleier, der ihr Gesicht bedeckt, ist der Schleier der Isis.

Esoterische Bedeutung des Arkanums

Das Arkanum Nummer zwei ist die Priesterin, die verborgene Wissenschaft. Im Bereich des Geistes ist die Eins der Vater, der im Verborgenen ist, die Zwei ist die göttliche Mutter, sie ist die Entfaltung des Vaters.

Das heilige Buch der Maya, das Popol Vuh, erklärt, dass Gott den Menschen zuerst aus Lehm und später aus Holz (die atlantische Rasse) geschaffen hat, aber dass sie ihre Väter und Mütter vergaßen, sie vergaßen das Herz des Himmels. Dann kam die große Flut und alle kamen um; sie suchten Zuflucht in Höhlen und diese stürzten ein (das ist ein Hinweis auf den Untergang von Atlantis). Somit hat also jeder von uns seinen Vater und seine Mutter, die sehr heilig sind. Im Vater

Isis, unsere innere göttliche Mutter Kundalini.

und in der Mutter Kundalini sehen wir die zwei Säulen Jachin und Boas; sie sind es, die den Tempel stützen.

Der hebräische Buchstabe Beth drückt den Dualismus der zwei Säulen des Tempels aus. Jachin ist die rechte Säule, sie ist weiß, der Mann, das männliche Prinzip und Boas ist die schwarze linke Säule, die Frau, das weibliche Prinzip. Zwischen den zwei Säulen J und B befindet sich das große Arkanum. Das ist es, was viele Freimaurerbrüder nicht verstehen.

Man legt den kubischen Stein in seinem rohen Zustand zwischen die Säulen, und er verwandelt sich in den schon bearbeiteten kubischen Stein von Jesod; das ist nichts anderes als die Sexualität, die Sephira Jesod. Man muss das Arkanum, die Maithuna, kennen, es wird dargestellt durch den Meißel der Intelligenz und den Hammer des Willens.

Die unaussprechlichen Worte der Göttin Neith wurden in goldenen Buchstaben auf die prächtigen Wände des Tempels der Weisheit gemeißelt: *Ich bin jene, die war, ist, und sein wird, und kein Sterblicher hat je meinen Schleier gelüftet.*

Der Schleier symbolisiert, dass die Geheimnisse der Mutter Natur vor den Weltlichen verborgen sind und dass nur der Eingeweihte in der Lage ist, ihn nach unablässiger Läuterung und Meditation zu lüften. Ihr müsst tapfer sein und den Schleier der Isis heben, unser gnostisches Motto ist Thelema (Willenskraft).

Die Zahl eins, der Vater, der im Verborgenen ist, ist das ewig männliche Prinzip, Brahma an sich, der keine Form hat, der unpersönlich, unaussprechlich ist. Wir können ihn durch die Sonne darstellen.

Die Zahl zwei, die göttliche Mutter, ist das ewig weibliche Prinzip, welches durch den Mond symbolisiert werden kann. Brahma hat keine Form, er ist Jenes, aber er ist in sich selbst der Herrscher des Universums, Ishvara, das ewig männliche Prinzip, das universelle Prinzip des Lebens.

Das universelle Prinzip des Lebens fließt über in das ewig weibliche universelle Prinzip, das große Pralaya des Universums, des Kosmos, die fruchtbare Gebärmutter, aus der alles entsteht und in die alles zurückkehrt.

Die kosmische Mutter nimmt in den menschlichen Wesen die Form einer Schlange an. Es gibt zwei Schlangen, die Schlange der Versuchung im Garten Eden, welche die der Göttin Kali ist, des abscheulichen Organs Kundartiguador und die bronzene Schlange, die die Israeliten in der Wüste geheilt hat, die Schlange Kundalini.

Dies sind die zwei weiblichen Prinzipien des Universums; die Jungfrau und die Hure; die göttliche Mutter oder der weiße Mond und der schwarze Mond, der sich auf Astaroth, auf Kali bezieht, den dunklen Aspekt.

Arkanum Nummer zwei ist die Priesterin, im Okkultismus als die zweifache Erscheinung der Einheit bezeichnet. Wenn die Einheit sich entfaltet, führt sie zur Entstehung der empfangenden und fruchtbaren Weiblichkeit in der gesamten Natur. Offensichtlich existiert innerhalb des menschlichen Organismus die Zahl zwei (die Vorstellungskraft), diese ist mit der Nummer eins (dem Willen) verbunden.

Man muss unterscheiden zwischen beabsichtigter Vorstellungskraft und mechanischer Vorstellungskraft; zweifellos ist mechanische Vorstellungskraft das Gleiche wie Fantasie. Der Schlüssel der Macht liegt darin, den Willen und die Vorstellungskraft in vibrierender Harmonie zu vereinen.

Dort liegt der Schlüssel, um im Astralkörper zu reisen, der sehr schnell funktioniert; beim Aufwachen aus dem normalen Schlaf schließt man die Augen, ohne sich zu bewegen und mit geschlossenen Augen stellt man sich lebhaft irgendeinen Ort vor (aber stellen Sie sich nicht vor, dass Sie es sich vorstellen).

Es muss in Tatsachen umgesetzt werden. Wenn Sie sich ganz sicher fühlen, an dem vorgestellten Platz zu sein, werden Wille und Vorstellung vereint, und es ist logisch, dass das Erreichen dieser Vereinigung zum Triumph führen wird. Setzen Sie die Vorstellungskraft in Gang, machen Sie einen Spaziergang an dem Ort, den Sie sich mit Glauben vorstellen.

Wenn man das übt und das Zusammenspiel von Willen und Vorstellungskraft erreicht (die weiblich ist), ohne sich im Bett zu bewegen, den Schlaf aufrechterhält und sich den Ort vorstellt, den Willen ins Spiel bringt und mit Entschlossenheit losläuft, wird man hingehen können, wo immer man will.

Bei einer bestimmten Gelegenheit befand ich mich in einem Wald und ging einen Weg entlang, da wurde mir von einem Berg erzählt. Weil es ein gefährlicher Ort war, ging ich im Astralkörper, um ihn zu erkunden. Ich stellte mir den Berg vor, ich sah Nebel, ein paar Stufen und eine Gruppe von Adepten.

Beim Betreten des Ortes gaben sie mir einen Löffel Bienenhonig, die Nahrung der weißen Loge und das Brot der Weisheit. Später wurde mir aufgetragen, mit Rizinusöl abzuführen, um meinen Magen zu reinigen.

Am nächsten Tag verließ ich den Körper, dessen Magen gereinigt worden war. Ich sah die Sterne und machte die Rune Man. Die Adepten befahlen mir, in die höllischen Welten hinabzusteigen. Ich betrat ein Gebiet tiefer Finsternis und wurde von schrecklichen Ungeheuern angegriffen.

Das waren meine *Ichs*. Ich musste durch Türen gehen, durch die ich kaum hindurch kam und schmale Pfade entlang gehen und von dort durch einen Friedhof hinausgehen.

Alles, was zum Ego gehört, bedeutet Tod und Unglück. Es ist Mephistopheles. Man muss sehr hart arbeiten.

Bedeutung in Bezug auf die Einweihung

Die Zwei ist negativ. In den Tempeln der alten Zeiten gab es einen Priester und eine Priesterin. In der ursprünglichen Freimaurerei gab es einen Meister und eine Meisterin. Graf Cagliostro versuchte, in England die ägyptische Freimaurerei zu begründen, aber er hatte viele Feinde und führte zwei Throne ein.

Giovanni Papini traf Graf Cagliostro an Bord eines Schiffes. Sie wurden Freunde und Cagliostro erzählte ihm, wer er war. Er wollte den Zweiten Weltkrieg abwenden, aber niemand nahm Notiz von ihm und so ging er wieder nach Tibet und sagte, dass er in sechzig Jahren zurückkehren würde.

Die ägyptische Freimaurerei war großartig; in den alten Zeiten, als es die heiligen Hermaphroditen gab, waren die Eins und die Zwei verschmolzen. In der Polarepoche der ersten protoplasmatischen Rasse war die Menschheit androgyn. Sexuelle Reproduktion fand zu bestimmten Zeiten des Jahres statt, man teilte sich in Zwei; diese Zwei war das Kind.

In dieser Epoche fand ein Ritual statt, wenn jemand geboren wurde. Die menschlichen Wesen konnten wachsen oder auf die Größe eines Atoms schrumpfen. Wenn ein Meister auf sanfte Weise sprechen wollte, stellte er seine weibliche Seite in den Vordergrund. Wenn er seine Stärke zeigen wollte, hob er seine männliche Seite hervor. So sind die Elohim.

Die römische Geschichte erzählt uns, wie Äneas zum Heiligtum von Apollo ging (Äneas Buch IV) und mit dem Orakel sprach, das ihm erzählte, was ihn erwartete. Äneas bat darum, seinen toten Vater zu sehen, er begehrte Einlass in die Hölle.

Die schreckliche Sybille, Wächterin der Wälder von Hekate Proserpina (der dritte Aspekt der göttlichen Mutter), der Wälder des Avernus, antwortete: *Der Abstieg in die Hölle ist einfach, aber die Rückkehr zur Erde ist schwierig.*

Es gibt wenige, die es geschafft haben. Sie bat ihn, ihr einen Zweig zu bringen, dessen Blätter und Zweige aus Gold waren und Proserpina geweiht, der göttlichen Mutter in ihrem höllischen Aspekt.

Äneas opferte einige schwarze Schafe, dann sah er zwei Tauben im Flug. In ihnen erkannte der Held die Vögel seiner heiligen Mutter

(Symbol des Heiligen Geistes). Diese Botschaft deutete er weise. Die Vögel führten ihn zum Wald der Proserpina, zu dem Zweig, der es ihm ermöglichen würde, die Hölle zu betreten. Äneas opferte vier schwarze Kühe und die Sybille führte ihn durch den Avernus zu seinem toten Vater.

Die männlichen und die weiblichen Prinzipien verbinden sich im heiligen und geheimnisvollen Tetragrammaton. Dies ist ein esoterischer Name, der nicht leichtfertig ausgesprochen werden darf und der mit den Buchstaben des Namens des Ewigen im Hebräischen verbunden ist: He-Vau-He-Jod (hebräische Symbole, die rückwärts gelesen werden).

Jod: Das ewig männliche Prinzip.

He: Das ewig weibliche Prinzip.

Vau: Das maskuline phallische Prinzip, der Lingam.

He: Das weibliche Prinzip, der Uterus, die Yoni.

Jod-He-Vau-He reduziert sich zu Sssssssss.

Diese vier Buchstaben tragen in sich unermessliche priesterliche Macht. Sie müssen wie der heulende Wirbelsturm in den Bergen ausgesprochen werden, oder indem man den Wind nachahmt. Sie werden sanft ausgesprochen, wenn man einen Kranken heilen oder eine Gottheit anrufen will und sie dienen auch der Meditation.

In diesen vier Buchstaben sind die zwei Prinzipien verkörpert, das männliche und das weibliche Prinzip des Makrokosmos und des Mikrokosmos: der Stab, das männliche Prinzip und der Kelch, das weibliche Prinzip.

In diesen vier Buchstaben liegt das Prinzip des Ewigen, das nicht leichtfertig ausgesprochen werden darf.

Die Zahl zwei ist unverzichtbar. In den Tempeln der Mysterien fehlen die zwei Altäre nicht. Man kann den Tempel nicht betreten, ohne zwei Säulen zu passieren, wo es zwei Wächter gibt.

Was wäre das große Leben, wenn es die Zahl zwei nicht gäbe? Die Matripadma empfängt das Fohat, den männlichen Strahl, den Heiligen Geist, den Gatten der heiligen Mutter, sie wird befruchtet und das Universum entsteht. Was wäre das Leben ohne das andere Prinzip?

Vor Anbruch des Mahanvantara, des kosmischen Tages, gab es nichts, die Götter lebten in jenem, das keinen Namen hat, keine Form, keinen Klang, keine Stille und kein Gehör, um es wahrzunehmen.

Als das Leben begann, in der Morgenröte der Schöpfung, rief der Erste Logos den dritten Logos an und sagte: *Geht und befruchtet eure Gemahlin, damit das Leben entstehen kann*, und er begann, mit den sieben Geistern vor dem Thron und dem Heer der Stimme zu arbeiten. Und die Freimaurerrituale wurden vollzogen, und die ungeordnete Materie wurde fruchtbar gemacht, die Matripadma wurde befruchtet und das Universum erwachte zum Leben.

Jeder der sieben Kosmokratoren ließ die zwei Seelen aus sich strömen: Buddhi, die weibliche Seele und die kausale, die männliche Seele, die durch das Sternbild der Fische symbolisiert werden.

Diese zwei Seelen, Gemahl und Gemahlin, praktizierten die transzendentale Maithuna. Sie trennte die höheren von den niedrigen Wassern, damit sie vom Feuer befruchtet werden, und projizierte sie durch das Wort.

Die Keime der Matripadma vermehrten sich, sie breiteten sich aus wie eine Lotosblüte, wurden befruchtet und ein Kosmos wurde geboren.

In der Elektrizität gibt es das ewig Positive und das ewig Negative. In Indien stellt der Stier das männliche Prinzip dar, und das weibliche Prinzip wird durch die heilige weiße Kuh verkörpert, die die göttliche Mutter repräsentiert und die ihre Antithese in der schwarzen Kuh hat.

Wir müssen uns christifizieren. Kein Mensch kann zum Vater zurückkehren, ohne von der Schlange verschlungen worden zu sein. Keiner kann von der Schlange verschlungen werden, der nicht in der feurigen Schmiede des Vulcanus (Sexualität) gearbeitet hat.

Der Schlüssel zur Christifizierung ist das Arkanum A.Z.F. Das Mantra des großen Arkanums ist I.A.O.

I: Ignis Feuer.

A: Aqua Wasser.

O: Origo Anfang, Geist.

In die feurige Schmiede des Vulcanus steigen sie hinab, Mars, um sein Schwert neu zu härten und das Herz von Venus zu erobern, Herkules, um die Ställe von Augias mit dem heiligen Feuer zu reinigen, und Perseus, um das Haupt der Medusa abzuschlagen.

Erinnert euch, liebe Schüler, dass unsere göttliche Mutter Nuit ist, und ihr Wort ist 56.

Diese Zahl setzt sich kabbalistisch folgendermaßen zusammen: 5 + 6 = 11, dann, 1 + 1 = 2.

Eins ist der Vater, zwei ist sie, Nuit, die göttliche Mutter Kundalini. Hier ist das Wunder der Zahl zwei.

Zusammenfassung

Die Frau ist der Athanor der sexuellen Alchemie. Der Mensch verließ das Paradies durch das Tor Edens und Eden ist die Sexualität selbst.

Das Tor zum Paradies ist die Sexualität. Die Frau ist das Tor. Kundalini ist das heilige Feuer des Heiligen Geistes, das Pfingstfeuer, die feurige Schlange unserer magischen Kräfte.

Kundilini ist im Chakra Muladhara eingeschlossen, das sich im Steißbein befindet. Das Geheimnis, um Kundalini zu erwecken, ist das folgende: *Führe das männliche Glied in die weibliche Scheide ein und ziehe es zurück, ohne den Samen zu vergießen.*

Diese Übung muss langsam ausgeführt werden.

Das Arkanum A.Z.F., die sexuelle Magie oder die Maithuna, darf nur zwischen Ehemann und Ehefrau praktiziert werden, in einer legitimen Ehe.

Die Übung darf nur einmal am Tag praktiziert werden. Wenn man sie zweimal am Tag ausführt, fällt man ins Negative, weil man die erholende magnetische Pause verletzt.

Arkanum 3

Die Kaiserin

Man sagt, dass das Arkanum Nummer drei der Formgeber ist. Man weiß, dass durch das Wort alles in der Schöpfung, in der Natur, Gestalt annimmt.

Das Arkanum Nummer drei bedeutet Erfolg, es steht für materielle wie auch spirituelle Leistung.

Kabbalistische Sephira: Binah.

Hebräischer Buchstabe: Gimel.

Transzendentes Axiom: „Dein Stoff wird gewebt, Stoff für deinen Gebrauch und Stoffe, die du nicht benutzen sollst."

Element der Vorhersage: „Vervielfältigung der materiellen Güter; blühende Geschäfte, Überfluss, Reichtum, Erfolg. Zu überwindende Hindernisse und Zufriedenheit, wenn sie überwunden werden."

Beschreibung der Karte

Im Zentrum ist eine Frau, mit zwölf Sternen (1 + 2 = 3) gekrönt, die die zwölf Tierkreiszeichen darstellen, die zwölf Türen der heiligen Stadt, die zwölf Schlüssel von Basilius Valentin, die zwölf Welten im Sonnensystem Ors.

Auf ihrem Kopf ist ein Gefäß, und aus diesem steigt eine Schlange empor, das Symbol der Meisterschaft, es zeigt, dass sie aufgestiegen ist.

In ihrer rechten Hand befindet sich der Stab der Macht, und ihre linke Hand streckt sie zu der Taube aus, die den Heiligen Geist darstellt. Ihre Kleidung ist solar, alles weist darauf hin, dass sie die christifizierte Seele ist, das Ergebnis der Arkana Nummer eins und zwei. Sie sitzt auf dem nun vollkommen bearbeiteten kubischen Stein.

Der Mond ist in den Wassern des Lebens unter ihren Füßen, das bedeutet, dass man ihn zertreten muss, um ihn in die Sonne zu verwandeln.

Esoterische Bedeutung des Arkanums

Die Zahl drei ist die Kaiserin, das göttliche Licht, das Licht selbst; sie ist die göttliche Mutter. Sie steht im Bezug zu der Stelle in der Genesis, die sagt: *Und Gott sprach: Es werde Licht: und es wurde Licht*, am ersten Tag der Schöpfung.

Es ist auch die Zahl des dritten Logos, der über jede Art der Schöpfung herrscht; es ist der Rhythmus des Schöpfers. Die himmlische Mutter symbolisiert materielle Erschaffung im materiellen Bereich und ebenso geistige Erschaffung im geistigen Bereich.

Wenn man das zutiefst erforscht, dann entdeckt man einen sehr interessanten Aspekt; die Zahl eins ist der Vater, der im Verborgenen ist, die Monade, und aus ihm entsteht die göttliche Mutter Kundalini, die Zweiheit. Sie entfaltet sich ihrerseits zu der Zahl drei, die Vater, Mutter und Sohn ist, der göttliche und unsterbliche Geist jedes Lebewesens. Die Drei, der Vater Osiris, die Mutter Isis und der Sohn Horus, bilden das, was das heilige Buch der Maya, das Popol Vuh, „das Herz des Himmels" nennt.

Der Sohn wiederum entfaltet sich in die beseelte Seele, die jeder in sich trägt.

Der Sohar, das älteste hebräische Buch und die Grundlage der Kabbala und des Alten Testamentes, betont die drei Ursprungselemente, aus der die Welt besteht.

Diese Elemente sind:

Shin: bedeutet Feuer in der Kabbala.

Mem: bedeutet Wasser

Aleph: bedeutet Luft

In diesen drei hauptsächlichen Elementen liegt die vollkommene Synthese alles Existierendem, der vier manifestierten Elemente. Die magische Kraft des Dreiecks der Ursprungselemente ist zusammengefasst in dem kraftvollen Mantra: I.A.O.

I - Ignis - Feuer

A - Aqua - Wasser

O - Origo - Anfang, Geist, Luft.

Dieses Mantra sollte immer Teil der Mysterienschulen sein.

Was wir hier sehen, ist die esoterische Bedeutung der heiligen Drei. Das I.A.O. ist das grundlegende Mantra des Maithuna; es muss in der neunten Sphäre laut widerhallen. Wer die Seele der Welt entlang der Wirbelsäule erheben will, muss mit dem Schwefel (Feuer), dem Quecksilber (Wasser) und dem Salz (der philosophischen Erde) arbeiten.

Dies sind die drei Elemente, die drei Prinzipien, um in der feurigen Schmiede von Vulcanus zu arbeiten.

In Basilius Valentins Schrift *Azoth* findet sich das Geheimnis des großen Werkes. Die zwölf gehcimen Schlüssel sind die sexuelle Energie des Logos, wenn die Rose des Geistes auf dem Kreuz unseres Körpers erblüht. Die drei hauptsächlichen Bestandteile sind die drei hebräischen Buchstaben, die den drei Ursprungselementen im großen Werk der Natur entsprechen. Auf diese Weise produzieren wir lebendiges Gold. Wer kein spirituelles Gold herstellt, ist kein Esoteriker.

Man steigt in die neunte Sphäre hinab und stellt es in der feurigen Schmiede des Vulcanus her.

Der alchemistische Kabbalist muss lernen, Schwefel, Quecksilber und Salz zu verwenden.

Mit Schwefel in den Schuhen werden die Larven des Astralkörpers und die Inkubi und Sukkubi, die durch erotische Fantasien entstehen, zerstört. Sie sind durchsichtig wie die Luft und saugen den Wesen die Lebenskraft aus.

In den Kinos, den schändlichen Höhlen der schwarzen Magie, die morbide Filme zeigen, heften sie sich an die Menschen; man muss von Schwefel in seinen Schuhen Gebrauch machen und damit werden die

Larven zerstört. Indem man Schwefel auf Kohle verbrennt, werden schädliche Gedankenformen, Larven, die sich in einem Zimmer befindlichen, zerstört.

Quecksilber dient der Vorbereitung des reinigenden Wassers. Geben Sie in ein Gefäß aus Kupfer (es soll keine Pfanne sein), das mit Wasser gefüllt ist, Quecksilber und einen Spiegel.

Dies dient dazu, die Hellsichtigkeit zu erwecken. Die Vorhersagen des Nostradamus wurden mit Kupfer und Quecksilber gemacht.

Salz hat seine Kräfte. Wenn ein Kranker geheilt werden soll, kann man in einem Gefäß mit Salz und Alkohol ein Feuer entzünden, um die Meister der Medizin anzurufen: Adonai, Hippokrates, Galenus und Paracelsus.

Die Dreiheit, die Zahl drei ist sehr wichtig. Sie ist das Wort, die Fülle, die Fruchtbarkeit, die Natur, die Erschaffung der drei Welten. Das Arkanum Nummer drei der Kabbala ist die mit der Sonne bekleidete Frau, mit dem Mond unter ihren Füßen und gekrönt mit zwölf Sternen. Das Symbol der Königin des Himmels ist die Kaiserin des Tarots, eine geheimnisvolle, gekrönte Frau, sitzend, mit dem Szepter der Herrschaft, an dessen oberem Ende die Weltkugel erscheint. Dies ist Urania-Venus der Griechen, die christifizierte Seele, die himmlische Mutter.

Die göttliche Mutter, das Arkanum Nummer drei, ist die persönliche Mutter in jedem von uns, die Mutter unseres Seins, die den Mond zertreten muss, das lunare Ego, damit die zwölf Sterne, die zwölf Fähigkeiten, über ihrem Haupt erstrahlen können. Um zu erschaffen, sind die drei grundlegenden Kräfte nötig, die von oben, vom Vater, kommen und die es in der gesamten Schöpfung gibt.

Die positive Kraft.

Die negative Kraft.

Die neutrale Kraft.

Der Mann ist das Arkanum Nummer eins des Tarot, die positive Kraft. Die Frau ist das Arkanum Nummer zwei, die negative Kraft und die christifizierte Seele ist das Ergebnis der sexuellen Vereinigung beider.

Das Geheimnis ist das Arkanum A.Z.F., das den Mond in die Sonne verwandelt und die drei Aspekte repräsentiert: positiv, negativ und neutral.

Bedeutung in Bezug auf die Einweihung

In der Kabbala ist alles Zahlen und Mathematik. Die Zahl ist heilig, sie ist unendlich; im Universum ist alles Maß und Gewicht.

Für die Gnostiker ist Gott ein Geometriker. Mathematik ist heilig, in der Schule der Pythagoräer wurde niemand zugelassen, der nichts von der Mathematik, der Musik, usw. verstand.

Die Zahlen sind heilig. Das Sepher Yetzirah, das heilige und sehr alte hebräische Buch der Rabbis, beschreibt auf wunderbare Weise all die Herrlichkeit der Welt und das außerordentliche Zusammenspiel der Sephiroth in Gott und den Menschen, durch die 32 Pfade der Weisheit.

Im Mysterium der Geschlechter ist die gesamte Wissenschaft der Sephiroth verborgen.

In der Wissenschaft der Zahlen steckt der geheime Schlüssel des Sepher Yetzirah; man denke an die 32 Pfade; in der Tat bedeuten die 32 Pfade der Weisheit: 3 + 2 = 5, das entspricht dem fünfzackigen Stern, dem Pentalfa, also dem Menschen. Das heißt, dass die Pfade sich im Menschen befinden, alles befindet sich in uns selbst. Es wird eine symbolische Sprache benutzt und deshalb wird von 32 Pfaden gesprochen.

Die Kabbalisten sagen, dass die Seele in Wirklichkeit drei Aspekte hat:

1. Nephesh: die tierische Seele
2. Ruach: die denkende Seele
3. Neshamah: die spirituelle Seele

Die Essenz dieser drei Aspekte der Seele sind die Sephiroth, diese sind atomar.

Nephesh

Man muss zwischen dem Astralkörper und den lunaren Körpern unterscheiden. Diese Letzteren sind nachts und nach dem Tod aktiv. Diese Körper werden oft als Astralkörper bezeichnet, aber dies ist nicht korrekt.

Wer in den Genuss kommen will, diesen Körper zu besitzen, der muss mit Maithuna arbeiten, wodurch H-Si-12 hergestellt wird (H =

Wasserstoff, Si = die Musiknote, 12 = die 12 Gesetze), das in unserem Organismus mit der Tonleiter schwingt. Mit beständiger Praxis kristallisiert es sich im solaren Astralkörper.

Der Eingeweihte muss für 40 Tage in die Bereiche der Hölle hinabsteigen und es ist seine Aufgabe, all die schlechten Taten und die furchtbaren Dramen vergangener Reinkarnationen zu rekapitulieren. Ganz allmählich wird er diese finsteren Regionen verlassen.

Bevor er sie verlässt, werden die drei Seelen, Nephesh, Ruach und Neshamah, Prüfungen unterzogen.

Wie interessant ist es zu sehen, dass die tierische Seele geprüft wird, dasselbe gilt für die denkende Seele und für die Essenz, die ebenso geprüft werden.

Die Bibel sagt: *Nephesh, Nephesh, Blut wird mit Blut bezahlt.* In den hebräischen Worten liegt Weisheit verborgen.

Ruach

Das ist die denkende, die emotionale Seele, die sich innerhalb des lunaren Wunschkörpers befindet.

Neshamah

Der Teil der Seele, der sich in den zuvor erwähnten Prinzipien befindet, muss sich sehr schweren Prüfungen stellen.

Wenn der Eingeweihte siegreich ist, steigt er in die Kausalwelt auf, um Sanat Kumara zu treffen, den ehrwürdigen Alten, der in den alten Religionen erwähnt wird.

Er ist einer der vier Throne von denen die Bibel erzählt: drei sind gegangen, er blieb allein. Er hält den Stab des Aaron, das Szepter der Könige, er ist unbeschreiblich, er hat eine Verbindung zu Sattwa, Rajas und Tamas, den drei Gunas im Gleichgewicht.

Sanat Kumara erteilt die esoterische Einweihung des solaren Astralkörpers.

Zusammenfassung

Unsere Schüler müssen lernen, im Astralkörper zu reisen, um die weißen Logen der Welt zu besuchen, wo sie persönlich mit Christus und mit all den Meistern der weißen Loge sprechen können.

Die Atome der Faulheit sind ein schwerwiegendes Hindernis für die Entwicklung in den höheren Welten.

Das große Gesetz ist die Rückkehr des Lebens in die höheren Welten.

Betet und meditiert intensiv.

Die göttliche Mutter lehrt ihre Kinder. Man muss beten und die Meditation mit dem Schlaf verbinden.

Dann, wie in einer Traumvision, kommt die Erleuchtung.

Die göttliche Mutter kommt zu ihrem Schützling, um ihn in die großen Mysterien einzuführen.

Arkanum 4

Der Kaiser

Im Arkanum Nummer vier gibt es die vier Konkordanzen. Diese sind: Bestätigung, Verneinung, Diskussion, Verführung.

Kabbalistische Sephira: Chesed.

Hebräischer Buchstabe: Daleth.

Transzendentes Axiom: „Segne die Arbeit deiner Hände und mache die Gedankenarbeit mit Herz."

Element der Vorhersage: „Verheißt materielle Erfolge, Grundlagen für höchste Unternehmungen. Günstige Ergebnisse durch aufgewendete Anstrengungen und schwierige Bedingungen, um sie zu erreichen. Die Freundschaften sind Hilfe und Hindernis gleichzeitig. Das Glück ist einem gleichzeitig hold und abgeneigt."

Beschreibung der Karte

Von der Stirn des Kaisers ragt die Schlange hervor, das Symbol der Meisterschaft. Die Krone, geformt aus einer Natter, Thermutis genannt, bezieht sich auf Isis, unsere persönliche göttliche Mutter Kundalini. Auf seinem Kopf ist eine Kopfbedeckung mit vier Spitzen, vier Winkeln, welche die vier Elemente, die vier Evangelien, die vier

Veden, usw. darstellen. Die Kopfbedeckung repräsentiert auch den Destillierkolben, das Gefäß (die Sexualorgane); den Ofen, das Muladhara Chakra (die Wirbelsäule) und das Destilliergefäß (das Gehirn).

In seiner rechten Hand hält er den Stab der Macht. Er sitzt auf dem vollkommen bearbeiteten kubischen Stein, dem Ergebnis der vorherigen Arkana. Die Katze innerhalb des Steines ist das Feuer. In den Wassern des Lebens findet man den Stab der Macht, die Wirbelsäule.

Esoterische Bedeutung des Arkanums

Das Kreuz hat vier Spitzen. Das Kreuz der Einweihung ist phallisch; die Einfügung des senkrechten Phallus in das weibliche Geschlecht bildet das Kreuz. Es ist das Kreuz der Einweihung, das wir schultern müssen.

Wir müssen verstehen, dass das Kreuz mit seinen vier Enden die vier Hauptrichtungen der Erde symbolisiert: Norden, Süden, Osten und Westen.

Die vier Zeitalter: das goldene, silberne, kupferne und eiserne Zeitalter. Die vier Jahreszeiten.

Die vier Mondphasen. Die vier Wege: Wissenschaft, Philosophie, Kunst und Religion. Wenn wir von den vier Wegen sprechen, sollten wir verstehen, dass sie in Wirklichkeit nur einer sind; der schmale und enge Weg auf des Messers Schneide, der Weg der Revolution des Bewusstseins.

Das Kreuz ist ein sehr altes Symbol, es wurde schon immer in allen Religionen, bei allen Völkern verwendet, und es wäre ein Fehler, es als ein exklusives Wahrzeichen der einen oder anderen religiösen Sekte zu betrachten. Als die spanischen Eroberer das heilige Land der Azteken erreichten, fanden sie das Kreuz auf den Altären vor.

Das Zeichen des Kreuzes, das erhabene Monogramm von Christus, unserem Herrn. Das Kreuz des Heiligen Andreas und der wunderbare Schlüssel des Heiligen Petrus sind zwei wundervolle Nachbildungen davon, mit dem gleichen alchemistischen und kabbalistischen Wert.

Es ist das Zeichen, das jenen den Sieg sichern kann, die am großen Werk arbeiten. Das sexuelle Kreuz, das lebendige Symbol der Vereinigung des Lingam-Yoni, trägt den unverkennbaren und wundervollen

Abdruck der drei Nägel, die dazu dienten, den materiellen Christus zu opfern, ein Abbild der drei Läuterungen durch Eisen und Feuer, ohne die unser Herr nicht fähig gewesen wäre, die Auferstehung zu erreichen.

Das Kreuz ist eine alte alchemistische Hieroglyphe, abgeleitet von *crisol* (spanisch für Schmelztiegel), das auf französisch früher *cruzel, crucible, croiset* hieß. Die Wurzel des lateinischen *crucibulum crisol* ist *crux, crucis* (Kreuz). All das lädt uns eindeutig zum Nachdenken ein.

Im *crisol* (spanisch für Schmelztiegel) erträgt die Prima Materia mit unendlicher Geduld die Passion Christi. Im erotischen Schmelztiegel der sexuellen Alchemie stirbt das Ego und der Phönix erhebt sich aus seiner eigenen Asche: INRI, *In Necis Renascor Integer*. (Durch den Tod rein und unversehrt wiedergeboren).

Die Anordnung des senkrechten Phallus innerhalb der waagrechten Gebärmutter bildet ein Kreuz; das ist etwas, das jeder überprüfen kann.

Wenn wir sehr ernsthaft über die enge Beziehung zwischen dem „S" und dem Tau, dem Kreuz oder „T" nachdenken, kommen wir zu dem logischen Schluss, dass wir nur durch das Kreuzen von Lingam-Yoni (Phallus-Uterus), unter völligem Ausschluss des physiologischen Orgasmus, Kundalini, die feurige Schlange unserer magischen Kräfte, erwecken können.

In der Vorstellung der Nahuas und der Maya wurde die heilige Swastika der großen Mysterien immer durch ein Kreuz in Bewegung definiert; es ist das Nahui Ollin der Nahuas, das heilige Symbol der kosmischen Bewegung.

Die zwei möglichen Richtungen der Swastika stellen deutlich die männlichen und weiblichen, die positiven und negativen Prinzipien der Natur dar. Zwei Swastika, eine in jeder Richtung, die sich perfekt überlagern, bilden zweifelsohne das Kreuz der Macht und stellen in diesem Sinn die erotische Verbindung der Geschlechter dar.

In Übereinstimmung mit der aztekischen Legende war es ein Paar, Mann und Frau, die das Feuer erfunden haben; und das ist nur mit dem Kreuz möglich, das in Bewegung ist. INRI: *Ignis Natura Renovatur Integra*. Das Feuer erneuert unablässig die Natur.

Das Kreuz offenbart auch die Quadratur des Kreises, den Schlüssel der ewigen Bewegung. Diese ewige Bewegung ist nur durch die sexuelle Kraft des dritten Logos möglich.

Die Quadratur des Kreises (Michael Maier, 1618).

Wenn die Energie des dritten Logos aufhören würde, in das Universum zu fließen, würde die ewige Bewegung enden und es gäbe einen kosmischen Zusammenbruch. Der dritte Logos organisiert die grundlegende wirbelnde Bewegung von allem, was im Universum geboren wird, bis hin zum unendlich kleinen Scheitelpunkt des allerletzten Atoms jeder Schöpfung.

Durch das Arkanum Nummer vier des Tarot nimmt das Sein das Kreuz der Einweihung auf seine Schultern.

Wenn wir folgende kabbalistische Summe des Arkanums Nummer vier bilden: 1 + 2 + 3 + 4 = 10, entdecken wir, dass 10 = 1 + 0 = 1 ist: die Monade.

Tetragrammaton ist dasselbe wie die Monade.

Bedeutung in Bezug auf die Einweihung

Das Arkanum Nummer vier ist sehr interessant, es bezieht sich auf das Kreuz mit seinen vier Spitzen, den kubischen Stein, der die Basis des großen Werkes ist, der bearbeitet werden muss.

Wenn wir von der Schule des vierten Weges sprechen, stellen wir fest, dass Gurdijeff, Ouspensky und Nicoll das, was sie wissen, erläutert haben, aber diese Erläuterung enthält viele Fehler. Zum Beispiel: Gurdijeff irrt sich, weil er Kundalini mit dem entsetzlichen Organ Kundartiguador verwechselt, und Ouspensky begeht denselben Fehler. Wir dürfen nicht vergessen, dass es eine blinde fohatische Kraft gibt, die die Menschen hypnotisiert hat, aber das hat nichts mit Kundalini zu tun; Kundatiguador ist das lunare Feuer.

Die Bibel spricht von 44 Feuern, aber man kann nur von zwei großen Feuern sprechen: Kundalini und Kundartiguador. Das Erste ist das Pfingstfeuer, der Strahl des Vulcanus, der die Wirbelsäule hinaufsteigt; das positive Feuer, das zu Welten und Sonnen kristallisiert.

Sein Gegensatz ist Kundartiguador, das negative Feuer, das sich zu diesen psychischen Aggregaten, diesen schreienden und lästigen Ichs kristallisiert, die wir in uns tragen. Sie sind die negativen Kristallisationen, die bewirken, dass die Menschen in Unbewusstsein versunken bleiben.

Gurdijeff begeht auch den Fehler, nichts über die lunaren Körper, die jeder hat, zu sagen, er erwähnt nur, dass wir das Sein transformieren und die solaren Körper herstellen müssen. Ouspensky spricht von der zweiten Geburt, aber seine Lehren sind unvollständig. Zuerst werden die solaren Körper in der neunten Sphäre erzeugt, um die zweite Geburt zu erlangen; aber weder Gurdjieff noch Ouspensky gaben den Schlüssel.

Die Schule des vierten Weges ist sehr alt; sie kommt aus archaischen Ländern; sie ist die Grundlage der großen Mysterien. Sie ist lebendig im Gnostizismus, in den Religionen der Ägypter, der Lemurer, der Atlanter, der Phönizier, usw. Man muss den Pfad des vierten Weges beschreiten. Wir müssen im Gleichgewicht in der Wissenschaft, Philosophie, Kunst und Religion voranschreiten.

Früher, in der Kunst des Theaters, wurden alle drei Gehirne des Individuums unterrichtet: das motorische, das emotionale und das intellektuelle. Die heutigen Schulen informieren nur das intellektuelle Gehirn; infolgedessen treten ungesunde Geisteszustände und Neurosen auf. Indem man die drei Gehirne ins Gleichgewicht bringt, wird mentale Unausgeglichenheit vermieden.

Die Wissenschaft ist im gesamten Kosmos enthalten; sie würde existieren, selbst wenn die Wissenschaften nicht existieren würden. Das Arkanum Nummer vier des Tarots ist das heilige und geheimnisvolle Tetragrammaton.

Der heilige Name des Ewigen hat vier Buchstaben: Jod, He, Vau, He.

Jod: Mann – Mann

He: Frau – Frau

Vau: Phallus – Feuer

He: Uterus – Wasser

Das sind die vier Worte, die uns in die neunte Sphäre führen, zur Sexualität, in die Schmiede der Zyklopen, in die berühmte Schmiede des Vulcanus, damit wir die heilige Schlange unserer magischen Kräfte erheben und sie zum Herzen bringen, um so das heilige Kreuz der Einweihung im Tempel der heiligen Mutter zu erhalten.

Die Zahl vier repräsentiert auch die vier physischen Elemente und die vier Elemente der Alchemie.

Erde – Salz

Feuer – Schwefel

Wasser – Quecksilber

Luft – Azoth

Die alten Alchemisten behaupteten, dass der Schwefel das Quecksilber der geheimen Philosophie befruchten muss, damit das Salz erneuert werden kann. Das heißt, dass das Feuer das Wasser befruchten muss, damit der Mensch sich erneuern, selbstverwirklichen kann. In diesem Arkanum finden wir auch das Geheimnis der Sphinx und wir werden an die heiligen Tiere der sexuellen Alchemie erinnert:

Der Löwe: Verbirgt das Geheimnis des Feuers (die Klauen des Löwen).

Der Mensch: Das Wasser (das Gesicht des Menschen – Intelligenz).

Der Adler: Die Luft (die Flügel der Sphinx – Geist).

Der Stier: Die Erde (die Hinterbeine – Ausdauer).

Das sind die Werte, die die Sphinx kennzeichnen: die vier Elemente der solaren Alchemie. Wir benötigen die Ausdauer des Stiers und die Flügel des Geistes.

Die Sphinx erzählt uns vom großen Werk, das sich mit den vier Elementen verwirklicht. Zu einer bestimmten Gelegenheit traf ich den Elementargeist der Sphinx; es ist ein wunderbarer Elementargeist. Seine Füße waren voller Schlamm; er segnete mich und ich sagte ihm: *Jetzt verstehe ich, warum deine Füße voller Schlamm sind, weil es das Zeitalter des Kali Yuga ist.*

Der Eingang zu den archaischen Tempeln der Vergangenheit war normalerweise ein Loch, versteckt an einem geheimnisvollen Ort im dichten Wald.

Wir verließen den Garten Eden durch die Tür der Sexualität und nur durch diese Tür können wir in den Garten Eden zurückkehren. Eden ist die Sexualität selbst, es ist das schmale, enge und schwierige Tor, das zum Licht führt. In der Einsamkeit solcher rätselhaften Heiligtümer wurden die Neophyten den vier Einweihungsprüfungen unterzogen.

Die Prüfungen des Feuers, der Luft, des Wassers und der Erde bestimmten immer genau die verschiedenen Reinigungen der Neophyten. Die Neophyten werden vier Einweihungsprüfungen unterzogen, die in den inneren Welten stattfinden.

Der Mensch ist noch nicht der König der Natur, aber er ist auf Befehl Melchisedeks dazu aufgerufen, es zu sein. Der Schüler muss in den vier Elementen geprüft werden. Um ihn gründlich zu untersuchen, wird er in den 49 Niveaus der Gedanken geprüft. Diese Prüfungen sind für alle, Männer und Frauen. Es kann hilfreich sein, reine Gedanken zu haben, aber das genügt nicht, man braucht die Meditation.

Alle Studenten der Kabbala müssen sich mit den sämtlichen Elementarwesen vertraut machen:

Luft: Sylphen

Wasser: Undinen und Nereiden

Feuer: Salamander

Erde: Gnomen

Diese Elementarwesen macht man sich zunutze, um an der Umwandlung von Blei zu Gold entlang der zentralen Gebirgskette (der Wirbelsäule) zu arbeiten.

In den Worten Jod-He-Vau-He finden wir das Geheimnis des Tetragrammaton (die heilige Vier), die vier Worte, die vier Elemente. Noch weiter in der Tiefe finden wir unser Sein, die vollkommenste Gottheit.

Von Ain Soph, dem übergöttlichen Atom in uns, entfalten sich die drei göttlichen Kräfte, die des Vaters, des Sohnes und des Heiligen Geistes, sie ergeben die endgültige Synthese: 3 + 1 = 4. Das Tetragrammaton (Jod-He-Vau-He). Dies ist die heilige Zusammenfassung der Zahl vier.

Zusammenfassung

Der Meister besteht aus Atman-Buddhi.

Atman ist der Innerste.

Buddhi ist die göttliche Seele, man kann sagen, das göttliche Bewusstsein des Innersten.

Wenn der Logos eine Welt erlösen will, erzeugt er aus sich selbst ein himmlisches Urbild, geformt aus Atman-Buddhi.

Der Logos ist die sephirotische Krone, er ist der individuelle Strahl, aus dem der Innerste selbst entspringt.

Dieser Strahl ist dreifach, die heiligste Dreiheit in uns.

So ist also jeder Logos dreifach.

Der Vater ist Kether, der Alte der Tage.

Der Sohn ist der kosmische Christus in uns.

Der Heilige Geist ist die göttliche Mutter in uns.

Die Mutter trägt eine Laterne in ihrer Hand.

Diese Laterne ist der Innerste, der in unserem Herzen brennt.

Arkanum 5

Der Hierarch

Das Arkanum Nummer fünf ist Anleitung, Erklärung, Lehre, karmisches Gesetz, Philosophie, Wissenschaft, Kunst.

Es ist Gesetz, Strenge.

Kabbalistische Sephira: Geburah.

Hebräischer Buchstabe: He.

Transzendentes Axiom: „Ich habe von dir gehört, doch jetzt sehen dich meine Augen und mein Herz fühlt dich."

Element der Vorhersage: „Verheißt Freiheit und Beschränkungen, neue Erfahrungen, Erhalt zuträglicher Lehren, Liebe und Liebschaften; Reisen, auf denen es einem nicht wohl ergeht. Hilfreiche Freunde und Freunde mit düsteren Vorzeichen. Wesen und Dinge, die kommen und gehen, die ersten, um zu gehen, die zweiten, um zurückzukommen."

Beschreibung der Karte

Auf dieser Karte trägt der Hierarch sein Kettenhemd, in der rechten Hand hält er den Stab der Macht. Die Schakalmaske benutzt er nur, wenn er sein Amt ausübt, wenn er Recht spricht; sie symbolisiert das höchste Erbarmen und die höchste Erbarmungslosigkeit des Gesetzes.

In den Wassern des Lebens sieht man die Waage des Gesetzes, sie zeigt an, dass die Bewegungen, Aktionen und Reaktionen des physischen Körpers auf Energie basieren.

Esoterische Bedeutung des Arkanums

Die Zahl fünf ist eindrucksvoll, erhaben; es ist die Zahl der Strenge und des Gesetzes, es ist die Zahl von Mars und die des Krieges.

Das Arkanum Nummer fünf des Tarot gibt uns die Lehre, das Karma und die Erklärung. Sie steht für den fünften Zyklus, die fünfte Rasse, die fünfte Sonne, die fünf Tattwas, die fünf Finger, die fünf Evangelien, die fünf Sinne, die fünf Zellen des Gehirns und der Eierstöcke und die fünf Aspekte der göttlichen Mutter.

Die Karte Nummer fünf des Tarot ist Einweihung, Erklärung, Lehre, karmisches Gesetz, Philosophie, Wissenschaft, Kunst.

Wir leben im Zeitalter von Samael, dem Fünften der Sieben; die Rückkehr zum großen Licht wurde eingeleitet.

Das Leben hat begonnen, von außen nach innen zu fließen; wir werden mit dem Dilemma von sein oder nicht sein konfrontiert; wir müssen uns als Engel oder Teufel definieren, als Adler oder Reptil, unserem eigenen Schicksal entgegentreten.

Der Mikrokosmus Mensch (Robert Fludd)

Das Arkanum Nummer fünf ist der Hierophant, das Gesetz, die Strenge. Es ist das lodernde Pentagramm, der flammende Stern, das Zeichen göttlicher Allmacht, dies ist das unbeschreibliche Symbol des fleischgewordenen Wortes, der schreckliche Stern der Weisen.

Das Pentagramm stellt den Menschen dar; den Mikrokosmos Mensch, der mit geöffneten Armen und Beinen den fünfzackigen Stern bildet.

Das Pentagramm mit den zwei nach oben weisenden Spitzen stellt Satan dar und wird in der schwarzen Magie benutzt, um die finsteren Mächte anzurufen.

Wenn eine Spitze nach oben zeigt, stellt es den inneren Christus eines jeden Menschen dar, der auf diese Welt kommt, es symbolisiert das Göttliche und wir benutzen es in der weißen Magie, um göttliche Wesen anzurufen.

Wenn es auf der Türschwelle mit den zwei Spitzen nach draußen platziert wird, können dunkle Wesenheiten nicht eintreten. Andererseits erlaubt das umgekehrte Pentagramm, mit den zwei nach innen schauenden Spitzen, den finsteren Mächten einzutreten.

Im oberen Winkel des Pentagramms finden wir die Augen des Geistes und das Zeichen von Jupiter, dem heiligen Vater der Götter.

Auf den Armen befindet sich das Zeichen von Mars, das Symbol der Kraft.

Auf den Füßen das Zeichen von Saturn, das Symbol der Magie.

Im Zentrum sind das Symbol der okkulten Philosophie, der Merkurstab und das Zeichen der Venus.

Der Merkurstab stellt die Wirbelsäule dar und die zwei Flügel den Aufstieg des heiligen Feuers entlang der Wirbelsäule, wodurch mithilfe der wissenschaftlichen Keuschheit die sieben Kirchen der Apokalypse des Johannes (die sieben Chakren) geöffnet werden.

Der Kelch, das Symbol der weiblichen Yoni, stellt auch den kristallisierten Verstand dar, der den Wein des Lichtes enthält, welcher das Gehirn befruchtet.

Das Schwert ist der männliche Phallus.

Wir können auch den Schlüssel und das Pentakel des Salomon finden.

Tetragrammaton ist ein Mantra von großer priesterlicher Macht. In Übereinstimmung mit der transfiniten Mathematik heißt es: Unendlichkeit + Unendlichkeit = das Pentagramm.

$$\infty + \infty = 5$$

Die Schüler können ein Elektrum herstellen, um sich vor den finsteren Mächten zu schützen. Im Okkultismus wird ein Pentagramm, das aus den sieben Metallen der sieben Planeten hergestellt wird, Elektrum genannt.

Silber - Mond

Quecksilber - Merkur

Kupfer - Venus

Gold - Sonne

Eisen - Mars

Zinn - Jupiter

Blei - Saturn

Man macht ein Pentagramm und weiht es mit den vier Elementen: Feuer, Luft, Erde und Wasser; man räuchert es mit den fünf Düften: Weihrauch, Myrrhe, Aloe, Schwefel und Kampfer.

Von diesen fünf Substanzen, die der Weihung des Pentagramms dienen, sind die ersten drei für die Anrufung der weißen Mächte, der Schwefel, um die finsteren Wesenheiten zu vertreiben und der Kampfer, um es mit Duft zu erfüllen und den Erfolg anzuziehen. Man muss lernen, mit diesen Substanzen umzugehen.

Die vier Buchstaben, Jod - He - Vau - He, müssen auf das Pentagramm graviert werden und es sollte um den Hals getragen werden, damit es uns außerordentlichen Schutz gibt.

Während der Weihe muss fünfmal der Atem darauf gehaucht werden, damit das wahre christische Sein des inneren Meisters das Pentalpha weiht und man ruft die fünf Erzengel Gabriel, Raphael, Samael, Anael und Orifiel an.

Wenn wir in der Lage sind, ein Pentagramm aus Metall herzustellen und zu weihen, können wir auch uns selbst mit denselben Riten und Räucherungen weihen, die wir für unser metallisches Pentagramm benutzen, weil der Mensch ein fünfzackiger Stern ist.

Alle, die sich beschmutzt fühlen, Larven haben oder Not leiden, müssen die fünf Düfte benutzen, um sich damit zu räuchern, unter der Voraussetzung, dass man den Weg der perfekten Keuschheit geht.

In den Lumisialen sollte es zum Brauch werden, jene Brüder, die sich voller Larven fühlen, zu reinigen.

So empfangen sie diese Wohltat in ihren Seelen und Körpern.

Im Totenbuch, Kapitel LIX, sagt der Sieger Nu: *Ich bin der oberste Schakal, ich atme in Gegenwart des Gottes des Lichts und bringe diesen Atem bis zu den oberen Grenzen des Himmelszeltes und bis zu den Enden der Welt und bis zu den Grenzen der weitesten Flüge des Vogels Neveh. Auf diese Weise wird der Atem all den jungen göttlichen Wesen gewährt.*

Der Hierarch des Arkanums Nummer fünf, der Schakal der Schakale, ist das Oberhaupt der Archonten des Schicksals. Er ist Anubis, der schakalköpfige Gott.

Der Tempel von Anubis ist der Tempel der Herren des Karmas. Anubis prüft die Bücher des Karmas in der Unterwelt.

Jedes menschliche Wesen hat sein Kontobuch.

Diejenigen, welche lernen, ihr Ka (den Astralkörper) zu beherrschen, können den Tempel des höchsten Schakals aufsuchen, um ihr Buch einzusehen und ihre Belange in Ordnung zu bringen.

Man kann die Herren des Karmas auch um Kredite bitten.

Jeden Kredit muss man bezahlen, indem man am großen Werk des Vaters mitarbeitet oder indem man unsäglich leidet.

Als mir der Logos des Sonnensystems den Umhang und den Mantel eines Hierophanten der höheren Mysterien verlieh, sprach er zu mir: *Hier gebe ich dir, was ich dir für die Übungen, die du gelehrt hast, schulde.*

Jeder, der das Licht erstrebt, muss Licht geben, um seinen Lohn zu erhalten.

Der Schakal der Schakale leitet das Licht zu den äußersten Grenzen des Himmels, er gelangt sogar bis zu den Grenzen des Vogels Neveh, der großen Schlange, einem der 42 Richter im Gerichtshof von Maat.

Dieser große Richter ist der Logos des Sonnensystems. Der Schakal der Schakale arbeitet unter den Befehlen dieses großen Richters.

Diese jungen göttlichen Wesen, die mit Anubis zusammenarbeiten, sind die Herren des Karmas.

Der Alchemist muss lernen, sein Ka zu beherrschen, um den Tempel des Schakals der Schakale zu besuchen und seine Geschäfte in Ordnung zu bringen.

In unserer Arbeit mit dem geweihten Stein ist es unbedingt notwendig, zu lernen, bewusst unsere Geschäfte abzuwickeln.

Niemand kann dem Gericht entkommen, weil es in der Tiefe unseres Bewusstseins das Kaom gibt, die Polizei des Karmas, die jedes Mal in Erscheinung tritt, wenn eine gute oder schlechte Tat anzeigt wird.

Bedeutung in Bezug auf die Einweihung

Das Arkanum fünf des Tarot ist das lodernde Pentagramm, der Flammenstern.

Das Pentagramm stellt den Mikrokosmos Mensch dar.

Vom esoterischen Standpunkt aus erkennen wir, dass es da einen Kampf zwischen dem Verstand und der Sexualität gibt. Wenn die Sexualität den Verstand besiegt, fällt der fünfzackige Stern (der Mensch) mit den Füßen nach oben und kopfüber in den Abgrund; er wird zu einem Wesen der Finsternis. Das ist der umgekehrte Stern, das ist der Ziegenbock des Mendez. Der Ziegenbock symbolisiert die schwarze Magie.

Eine menschliche Figur, die mit dem Kopf nach unten und mit den Füßen nach oben weist, stellt natürlich einen Dämon dar. Im fünfzackigen Stern liegt die gesamte magische Macht. Die gesamte Wissenschaft der Gnosis ist im flammenden Stern zusammengefasst.

Viele Bodhisattwas (die menschlichen Seelen der Meister) fielen wie der fünfzackige Stern, umgekehrt, mit der oberen Spitze nach unten und den unteren Spitzen nach oben. Man muss sich voll und ganz darüber bewusst sein, was ein Bodhisattwa ist. Die höhere Triade jeder unsterblichen Seele, jedes Menschen, besteht aus Atman, Buddhi und Manas.

1. Atman: das Sein, der göttliche unsterbliche Funken hat zwei Seelen, die in der Esoterik Buddhi und Manas genannt werden.

2. Buddhi: das grundlegende Prinzip, die weibliche geistige Seele, das höchste Bewusstsein des Seins.

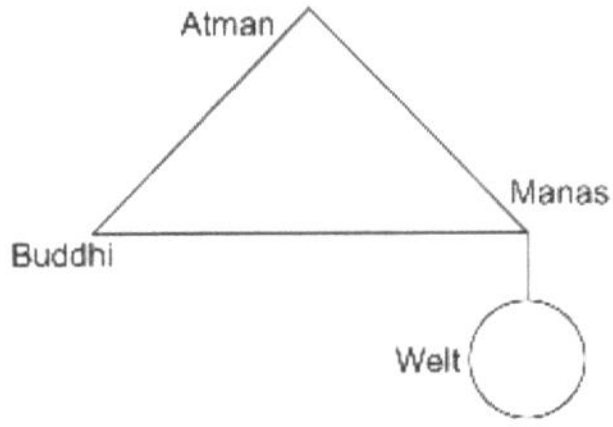

3. Manas: die männliche menschliche Seele.

Der Meister selbst ist Atman, das Sein, Buddhi und Manas.

Wenn ein Meister auf die Welt kommt, muss er einen Körper annehmen; Atman befiehlt Manas, seiner menschlichen Seele, und sie erscheint und lebt in der physischen Welt. Das nennt man einen Bodhisattwa und er verwirklicht das, was er verwirklichen muss.

Zusätzlich kann Buddhi in ihn hineinversetzt werden, und sie tut, was sie tun muss.

Deshalb haben wir den Fall des Meisters Jehova, der seinen Bodhisattwa nach Chile sandte. Derzeit ist er ein Jüngling, der Torheiten begeht, und der Meister wartet einfach, bis sein Bodhisattwa voll entwickelt ist, damit er in ihn Einzug halten kann.

Jehova ist der Herrscher des alten Mondes; er ist ein großer Meister, der absichtlich mit Jahwe, dem Oberhaupt der schwarzen Loge, verwechselt wurde, der Jesus in Versuchung geführt hat, indem er ihm all die Schätze dieser Welt angeboten hat. Jesus antwortete: *Satan, Satan, du sollst Gott, deinen Herrn, nicht versuchen.*

Jahwe kann durch den fünfzackigen Stern, der mit den Füßen nach oben zeigt, dargestellt werden.

Ein Bodhisattwa, der zulässt, dass er fällt, wird ein schwarzer Magier, und wenn er sich nicht selbst erhebt, kommt es zu einer Wiedergeburt, die härter und bitterer ist; er leidet fürchterlich. Und wenn er sich am Ende vieler Wiedergeburten, jede immer schwieriger als die vorherige, nicht erhebt, wird er in die Höllenwelten geschickt und dreier Verbrechen angeklagt:

1. Den Buddha ermordet zu haben.

2. Die Götter entehrt zu haben.

3. Verschiedener anderer, weniger schwerwiegender Vergehen.

Madame Blavatsky hatte eine sehr gute Erklärung für das, was ein Bodhisattwa ist, aber ihre Anhänger haben sie nicht verstanden. In dieser Epoche ist die größte Mehrheit der Bodhisattwas gefallen, und sie durchlaufen Leben um Leben. Wir müssen demütig sein, um die Weisheit zu erlangen, und danach umso demütiger.

Bodhisattwas fallen wegen der Sexualität und sie erheben sich durch die Sexualität.

Die Sexualität ist der Stein der Weisen. Es wäre unmöglich, die Medusa zu enthaupten (den Satan, den wir in uns tragen), ohne den kostbaren Schatz des Steines der Weisen. Erinnern wir uns, dass die Medusa die Jungfer des Bösen ist (das psychologische *Ich*), deren Haupt von zischenden Schlangen bedeckt ist.

In der okkulten Wissenschaft spricht man davon, dass die Vereinigung des sophischen Quecksilbers und des sophischen Schwefels als Ergebnis den heiligen Stein der Weisen bildet.

Das *Ens Seminis* ist das Quecksilber, der Schwefel ist das heilige Feuer der Liebe. Apollo und Diana, Mann und Frau, müssen am großen Werk arbeiten, die Medusa enthaupten, die Schlange der Versuchung überwinden, den Löwen von Nemea töten, den Höllenhund Zerberus aus dem Tartarus holen. Sie müssen am großen Werk arbeiten, die zwölf Aufgaben des Herkules ausführen. Herkules (der kosmische Christus), Sohn des Jupiter (IO Phiter) und der Alkmene erledigte zwölf Arbeiten:

1. Die Gefangennahme und die Tötung des nemeischen Löwen (die Kraft der Instinkte und der unkontrollierten Leidenschaften, die alles vernichtet und alles verschlingt).

2. Die Zerstörung der Hydra von Lerna (die psychologischen Defekte des Unterbewusstseins).

3. Die Gefangennahme der kerynitischen Hirschkuh und des erymanthischen Ebers (die niederen tierischen Leidenschaften).

4. Das Ausmisten der Ställe des Augias (tief versunkenes Unterbewusstes).

5. Die stymphalischen Vögel mit Pfeil und Bogen töten (verhexende psychologische Aggregate der unterbewussten Hintergründe).

6. Die Gefangennahme des kretischen Stiers (sexuelle Impulse, leidenschaftliche Antriebe, Unbesonnenheit, infrahumane Elemente).

7. Das Einfangen der Stuten des Diomedes (unmenschliche Elemente der Leidenschaft, tief verborgen in unseren eigenen unbewussten Abgründen).

8. Kakus, den Dieb eliminieren (der schlechte Dieb, der unser Sexualzentrum ausraubt, um seine tierischen Leidenschaften zu befriedigen.)

9. Den Gürtel der Hippolyte gewinnen (der weibliche psychologische Aspekt unserer wahren inneren Natur).

10. Die Rinder des Geryon rauben (das bezieht sich auf die Loslösung)

11. Die Äpfel aus dem Garten der Hesperiden stehlen. (Der Baum der Wissenschaft des Guten und des Bösen).

12. Den dreiköpfigen Hund aus dem plutonischen Herrschaftsgebiet herausholen (der Leithund, der sexuelle Instinkt).

Jedes Mal, wenn Herkules, der Lehrer der Welt, kommt, muss er dasselbe tun, eine Arbeit der vollkommenen Reinigung. Der kosmische Christus praktiziert, was er predigt; von klein an kommen die Schlangen der Finsternis, um ihn anzugreifen, kommt Herodes, um ihn zu verfolgen, usw.

Der kosmische Christus fordert nichts anderes als das, was er selbst auch tut. Er ist der Meister aller Meister, er vollbringt seine Arbeiten der Reinigung, der Auflösung der *Ichs*, der *Egos*.

Die Mythologie erwähnt die Bemühungen der „Soplonen“, die versuchen, den Stein zum Gipfel zu bringen, und dieser Stein fällt wieder hinab; das gleicht den Bemühungen der Studenten, die das *Ens Seminis* vergießen. Das Arkanum Nummer fünf ist das Gesetz; dieses Arkanum steht für das Karma des Eingeweihten. Wir müssen verstehen, dass das Karma letztendlich dazu dient, die gesamte Passion unseres Herrn Jesus Christus im Fleisch zu erleben.

Es ist notwendig für die Menschen, zu verstehen, was das Sanskritwort Karma bedeutet. Meine Freunde, es gibt ein Gesetz, das Karma genannt wird, und man muss erklären, dass das Wort an sich das *Gesetz von Ursache und Wirkung* bedeutet.

Offensichtlich gibt es weder eine Ursache ohne Wirkung noch eine Wirkung ohne Ursache. Das Gesetz des Gleichgewichtes, das schreckliche Gesetz des Karmas regiert die gesamte Schöpfung.

Jede Ursache wird zu einer Wirkung und jede Wirkung wird in eine Ursache umgewandelt. Sie müssen verstehen, was das Gesetz des Ausgleichs ist. Man muss für alles, was man tut, bezahlen, weil es keine Ursache ohne Wirkung und keine Wirkung ohne Ursache gibt.

Uns wurde Freiheit gegeben, der freie Wille, und wir können tun, was wir wollen. Es ist jedoch klar, dass wir uns für alle unsere Taten vor Gott verantworten müssen. Jede Handlung unseres Lebens, ob gut oder schlecht, hat ihre Folgen.

Das Gesetz von Ursache und Wirkung regelt den Lauf unserer verschiedenen Existenzen und jedes Leben ist das Ergebnis des vorhergehenden.

Es ist unverzichtbar, die Gründe und den *Modus Operandi* des Gesetzes des Karmas vollkommen zu verstehen, um das Schiff unseres Lebens auf eine positive und erbauliche Weise durch die verschiedenen Lebensstufen zu lenken.

Karma ist das Gesetz des Ausgleichs, nicht der Vergeltung. Manche verwechseln dieses kosmische Gesetz mit dem Determinismus, sogar mit Fatalismus, da sie glauben, dass alles, was dem Menschen in seinem Leben widerfährt, bis aufs Kleinste vorher festgelegt ist. Es stimmt, dass die Handlungen des Menschen durch seine Herkunft, seine Erziehung und seine Umgebung bestimmt werden. Genauso wahr ist aber, dass jeder Mensch den freien Willen besitzt und seine Handlungen verändern kann; seinen Charakter verfeinern, sich bessere Lebensgewohnheiten schaffen, Schwächen überwinden, die Tugenden stärken kann, usw.

Karma ist die Medizin, die uns zu unserem eigenen Besten gegeben wird; unglücklicherweise, anstatt ehrerbietig vor dem ewigen lebendigen Gott niederzuknien, protestieren die Menschen, schmähen Gott, rechtfertigen sich, verteidigen sich auf törichte Weise, und waschen ihre Hände wie Pilatus. Mit solchen Protesten wird das Karma nicht verändert, im Gegenteil, es wird härter und strenger.

Jeder, der auf diese Welt kommt, bringt sein eigenes Schicksal mit, manche werden mit einem goldenen Löffel geboren, andere im

Unglück. Wenn wir in der Vergangenheit getötet haben, werden sie uns jetzt töten, wenn wir verletzt haben, werden wir jetzt verletzt werden, wenn wir gestohlen haben, werden wir nun bestohlen werden, und *nach dem Maß, mit dem wir andere messen, werden wir gemessen werden.*

Wir verlangen Treue von unserem Ehepartner, während wir selbst ehebrecherisch in diesem oder im vorigen Leben waren. Wir bitten um Liebe, obwohl wir herzlos und grausam waren. Wir suchen Verständnis, obwohl wir nie fähig waren, irgendjemand zu verstehen; obwohl wir nie imstande waren, zu lernen, den Standpunkt des anderen zu sehen.

Wir wünschen uns unermessliches Glück, während wir immer der Grund für so viel Elend waren.

Wir wären gerne in einem sehr schönen Heim mit allen Bequemlichkeiten geboren worden, während wir es in den letzten Leben nicht verstanden haben, ein schönes Heim für unsere Kinder zu schaffen.

Wir beschweren uns darüber, beleidigt worden zu sein, während wir selbst immer die andern um uns beleidigt haben. Wir wollen, dass unsere Kinder uns gehorchen, obwohl wir es nie verstanden haben, unseren Eltern zu gehorchen.

Üble Nachrede verärgert uns furchtbar, während wir immer die anderen verleumdet und die Welt mit Schmerz erfüllt haben. Klatsch macht uns wütend; wir möchten nicht, dass irgendjemand etwas über uns sagt; dennoch haben wir Klatsch und Gerüchte verbreitet, schlecht über unsere Mitmenschen gesprochen und haben anderen Menschen ein Leben in Verzweiflung bereitet.

Das heißt, immer fordern wir, was wir nicht gegeben haben; in all unseren vorherigen Leben waren wir bösartig und verdienen das Schlimmste, aber wir sind der Ansicht, dass uns das Beste zusteht. Glücklicherweise, meine Freunde, sind Gerechtigkeit und Gnade die zwei Torsäulen der universellen weißen Loge.

Gerechtigkeit ohne Barmherzigkeit ist Tyrannei; Barmherzigkeit ohne Gerechtigkeit bedeutet, dem Verbrechen gegenüber tolerant und nachsichtig zu sein. Karma ist verhandelbar, und das ist etwas, was sehr viele Anhänger der verschiedenen orthodoxen Schulen überraschen mag.

Einige Pseudo-Esoteriker und Pseudo-Okkultisten sind übertrieben pessimistisch geworden in Bezug auf das Gesetz von Ursache und Wirkung; sie nehmen fälschlicherweise an, dass es mechanisch, automatisch, auf grausame Weise agiert. Die Gelehrten glauben, dass es nicht möglich ist, das Gesetz zu verändern; es tut mir wirklich leid, aber ich bin nicht einverstanden mit dieser Denkweise.

Wenn das Gesetz von Aktion und Reaktion, wenn die Nemesis der Existenz nicht verhandelbar wäre, was bliebe dann von der göttlichen Gnade?

Offen gesagt, ich kann keine Grausamkeit in der Göttlichkeit akzeptieren.

Das Wahre, die vollkommene Perfektion, das was verschiedene Namen hat, wie Tao, Aum, Inri, Allah, Brahma, Gott, oder besser gesagt, Götter, usw. kann auf keinen Fall etwas Unbarmherziges, etwas Grausames, Tyrannisches, usw. sein.

Aufgrund all dessen wiederhole ich ausdrücklich, dass Karma verhandelbar ist.

Es ist möglich unser eigenes Schicksal zu ändern, denn: *Wenn ein niederes Gesetz durch ein höheres überwunden wird, wäscht das höhere Gesetz das niedere weg.*

Indem man die Ursache verändert, verändert man die Wirkung. Der Löwe des Gesetzes wird mit der Waage bekämpft. Wenn wir in eine Waagschale unsere guten Taten und in die andere unsere schlechten Taten legen, werden entweder beide Schalen dasselbe wiegen oder es wird ein gewisses Ungleichgewicht geben.

Wenn die Schale der schlechten Taten mehr wiegt, müssen wir gute Taten auf die Schale der guten Handlungen legen, damit sich das Gleichgewicht zu unseren Gunsten neigt; so lösen wir Karma auf. Vollbringe Gutes, um deine Schulden zu bezahlen; merke dir, dass man nicht nur mit Schmerz bezahlt, man kann auch bezahlen, indem man Gutes tut.

Nun werdet ihr verstehen, meine teuren Freunde, wie wundervoll es ist, Gutes zu tun. Zweifelsohne sind korrektes Denken, korrektes Fühlen und korrektes Handeln die beste Art der Verhandlung. Nie dürfen wir gegen das Karma protestieren, entscheidend ist, dass wir darüber zu verhandeln wissen.

Unglücklicherweise ist das Einzige, was den Menschen in den Sinn kommt, wenn sie sich in sehr schmerzlichen Umständen befinden, sich die Hände wie Pilatus zu waschen und zu behaupten, dass sie nichts

Falsches getan haben, dass sie nicht schuld sind, dass sie rechtschaffene Seelen sind, usw.

Denen, die in Not sind, erkläre ich, dass sie ihre Handlungsweise überprüfen sollten; dass sie sich selbst richten sollten; dass sie, wenn auch nur für einen Augenblick, auf der Anklagebank Platz nehmen sollten; dass sie nach einer umfassenden Analyse ihrer selbst ihr Verhalten ändern sollten.

Wenn diejenigen, die finden, dass sie sich nicht angestrengt haben, nun keusch, unendlich wohltätig, friedlich und vollkommen höflich werden würden, wäre es offensichtlich, dass sie die Ursache ihres Unglücks radikal ändern würden, und somit auch die Auswirkungen.

Es ist unmöglich, eine Auswirkung zu verändern, wenn wir nicht zuvor radikal den Grund, der sie hervorgerufen hat, ändern; denn, wie wir bereits erwähnten, existiert die Ursache nicht ohne Wirkung und die Wirkung ohne Ursache.

Man muss immer selbstlos und mit unendlicher Liebe für die Menschheit arbeiten; auf diese Weise verändern wir schlechte Ursachen, die schlechte Folgen bewirken.

Es gibt keinen Zweifel, dass dieses Elend seine Ursache in der Trunksucht, in der widerlichen Lüsternheit, in der Gewalt, in Ehebrechereien, in der Verschwendungssucht und der Habgier, usw. hat.

Willst du geheilt werden? Dann heile andere. Jemand aus deiner Familie ist im Gefängnis? Dann arbeite für die Freiheit anderer. Du bist hungrig? Teile dein Essen mit jenen, denen es noch schlechter als dir geht, usw.

Viele Menschen, die leiden, entsinnen sich nur ihrer eigenen Nöte und sehnen sich nach einem Heilmittel dafür; aber sie denken nicht an die Leiden anderer, es geht ihnen nicht einmal durch den Kopf, für die Bedürfnisse ihrer Mitmenschen zu sorgen.

Dieser egoistische Zustand ihres Lebens hat keinerlei Zweck; und so ist alles, was sie erreichen, eine Verschlimmerung ihrer Leiden.

Wenn solche Menschen an andere denken würden, daran denken würden, ihren Mitmenschen zu dienen, oder den Hungrigen Essen zu geben, den Dürstenden etwas zu Trinken und den Nackten Kleidung zu geben, diejenigen zu lehren, die unwissend sind, usw., sie würden eindeutig gute Taten auf die Waagschale der kosmischen Waage legen

Der Prozess der Seelen. Hier sieht man Anubis mit seinen 42 Richtern des Gesetzes.

und sie damit zu ihren Gunsten neigen. Dies würde ihr Schicksal wenden und das Glück würde sie begünstigen.

Das heißt, für all ihre lebensnotwendigen Bedürfnisse würde gesorgt werden. Die Menschen sind jedoch sehr egoistisch, und deshalb leiden sie.

Niemand denkt an Gott oder seinen Nächsten, außer er ist in Verzweiflung und das ist etwas, was jeder an sich selbst feststellen kann; so ist die Menschheit.

Unglücklicherweise, meine lieben Freunde, macht das Ego, das jeder in sich trägt, genau das Gegenteil von dem, was wir hier sagen; deshalb ist es dringend nötig, unaufschiebbar, das *Ich selbst* zu kosmischem Staub zu reduzieren.

Lasst uns für einen Moment die Masse der Humanoiden betrachten, die das Antlitz der Erde bevölkern. Sie leiden unbeschreiblich, sind Opfer ihrer eigenen Irrtümer. Ohne das *Ego* gäbe es weder diese Fehler, noch würden sie an deren Folgen leiden.

Das Einzige, was erforderlich ist, um ein Anrecht auf das wahre Glück zu haben, ist vor allem kein *Ego* zu haben.

Zweifellos, wenn es die psychischen Elemente, die unmenschlichen Elemente, die uns so schrecklich und bösartig machen, in uns nicht gibt, dann gibt es kein Karma zu bezahlen und das Ergebnis ist das Glück.

Es ist auch gut zu wissen, dass die Möglichkeit zu verletzen ausgemerzt ist, wenn wir das Ego vollständig vernichtet haben und infolgedessen kann das Karma verziehen werden.

Das Gesetz des Karma, das Gesetz des kosmischen Gleichgewichts, ist kein blindes Gesetz; wir können die Meister des Karma auch inständig um ein Darlehen bitten, und das ist etwas, das viele nicht wissen. Es ist jedoch notwenig zu wissen, dass jedes Darlehen mit guten Taten bezahlt werden muss und wenn man nicht bezahlt, wird es vom Gesetz durch höchste Qual zurückgeholt.

Wir müssen uns selbst unseres eigenen Karmas bewusst werden, und das erfordert einen Zustand ständiger Alarmbereitschaft. Jede Auswirkung, jede Begebenheit hat ihre Ursache in einem vorigen Leben; aber wir müssen uns das bewusst machen. Jeder Moment des Glücks oder des Leids muss mit ruhigem Geist und in tiefer Stille in der Meditation studiert werden. Das Ergebnis wird die Erfahrung desselben Ereignisses in einem früheren Leben sein. Dann können wir uns die Ursache der Begebenheit bewusst machen, sei sie angenehm oder unangenehm.

Wer das Bewusstsein erweckt, kann mit seinen inneren Körpern mit vollkommen bewusstem Willen außerhalb seines physischen Leibes reisen und sein eigenes Schicksalsbuch im Tempel von Anubis und seinen zweiundvierzig Richtern studieren.

Das Oberhaupt des Gerichtes des Karmas ist der große Meister Anubis. Der Tempel des Anubis, des höchsten Regenten des Karma, befindet sich in der molekularen Welt, oder, wie man sie oft nennt, der Astralwelt. In diesem Tempel herrscht nur der Schrecken von Liebe und Gerechtigkeit. Dort gibt es ein Buch für jeden mit den Schulden und den Guthaben. Jeden Tag werden dort die guten und die schlechten Taten peinlich genau notiert.

Die guten Taten werden durch seltene Münzen dargestellt, die die Meister für die Männer und Frauen sammeln, die sie vollbringen.

Es gibt auch Strafverteidiger in diesem Gerichtshof. Aber alles wird bezahlt. Es gibt nichts geschenkt. Wer Gutes getan hat, kann bezahlen und schneidet bei den Geschäften gut ab. Ein erbetener Kredit wird mit selbstlosen Taten bezahlt, inspiriert durch die Liebe für die Leidenden.

Die Meister des Karmas sind bewusste Richter, die im Jinas-Zustand leben. Wir müssen ständig gute Werke tun, damit wir etwas haben, womit wir die Schulden dieses Lebens und der vorigen Leben bezahlen können. Alle Handlungen des Menschen werden von Gesetzen geregelt; von höheren und niederen. In der Liebe sind alle höheren Gesetze verkörpert. Ein Akt der Liebe gleicht vergangene Taten aus, die von niedrigen Gesetzen bestimmt waren.

Deshalb sagte der Meister Paulus bezüglich der Liebe Folgendes: *Liebe ist geduldig, Liebe ist gütig. Liebe ist nicht neidisch, sie tut nichts Böses, sie kennt keinen Stolz; sie ist weder gemein noch eigennützig; sie ist bedächtig gegenüber dem Zorn, glaubt an kein Unrecht, erfreut sich nicht an der Ungerechtigkeit, sondern an der Gerechtigkeit. Liebe verteidigt alles, Liebe glaubt alles, Liebe hofft alles, Liebe erträgt alles.*

Wenn sie ihr Amt als Richter ausüben, tragen die Herren des Karmas heilige Masken in Form eines Schakalkopfes oder eines gefiederten Wolfes; und so erscheinen sie den Eingeweihten in den inneren Welten. Das ist die Härte des Gesetzes der Liebe.

Durch Meditation ist es möglich, mit den Meistern des Karma zu verhandeln: betet, meditiert und konzentriert euch auf Anubis, den erhabensten Herrscher des Gesetzes. Für die Unwürdigen sind alle Türen geschlossen außer einer: der Tür der Reue. Bittet, und es wird euch gegeben werden, klopfet an und man wird euch öffnen.

Zusammenfassung

Man zahlt nicht nur Karma für das Schlechte, das man getan hat, sondern auch für das Gute, das man hätte tun können und nicht getan hat. Jede schlechte Tat ist ein Schuldschein, den man unterschreibt, um ihn im folgenden Leben zu bezahlen.

Wenn ein niederes Gesetz von einem höheren überwunden wird, dann wäscht das höhere das niedere weg. Man sollte sich nicht selbst täuschen; was der Mensch sät, wird er ernten; und seine Taten werden ihm folgen.

Die Herren des Karmas im Gerichtshof der objektiven Rechtssprechung beurteilen die Seelen nach ihren Taten, anhand klarer und eindeutig greifbarer Tatsachen und nicht nach den guten Vorsätzen.

Es sind immer die Ergebnisse ausschlaggebend; es hat keinen Zweck, gute Vorsätze zu haben, wenn die Taten schrecklich sind.

Während der esoterischen Einweihung des Feuers musste ich folgende Postulate vollständig verstehen:

Den Löwen des Gesetzes bekämpft man mit der Waage.

Wer das Kapital hat, um zu bezahlen, der bezahlt und macht ein gutes Geschäft.

Wer nicht die Mittel hat zu bezahlen, der muss mit Schmerz bezahlen.

Vollbringe gute Taten, um deine Schulden zu bezahlen.

Arkanum 6

Die Unentschlossenheit

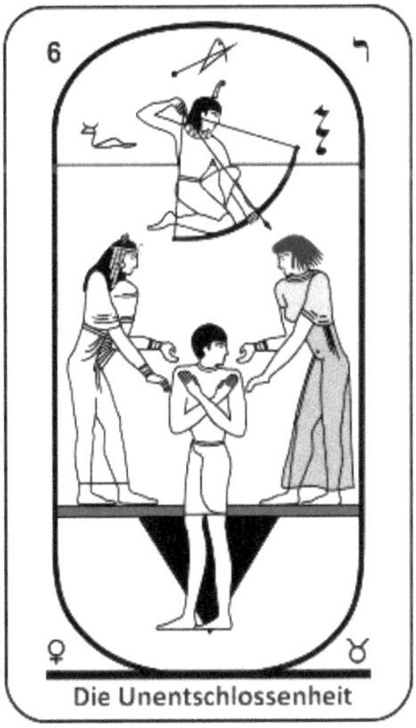

Das Arkanum Nummer sechs ist der Verliebte, die Verkettung, das Gleichgewicht, der schreckliche Kampf zwischen Liebe und Begehren.

Liebevolle Verbindung zwischen Mann und Frau, Verlobung.

Es ist die höchste Bejahung des inneren Christus und die höchste Verneinung des Dämons.

Im Arkanum Nummer sechs steht man vor der Entscheidung zwischen diesem und jenem Weg.

Im Arkanum Nummer sechs findet der Kampf zwischen den zwei Dreiheiten statt. Die Mysterien von Lingam-Yoni.

Kabbalistische Sephira: Tipheret.

Hebräischer Buchstabe: Vau.

Transzendentes Axiom: „Arbeiten gibst du mir, oh Herr, doch mit ihnen auch Stärke."

Element der Vorhersage: „Verheißt Privilegien und Pflichten in den Beziehungen zwischen den Geschlechtern. Gegensätzliche Kräfte. Trennungen und Scheidungen. Besitz dessen, was man verfolgt und brennende Wünsche, die sich erfüllen; einige befriedigen, andere enttäuschen."

Beschreibung der Karte

Man sieht den Schüler vor einem Dreieck mit abwärts zeigender Spitze in den Wassern des Lebens stehen. Sein linker Arm liegt über dem rechten.

All das zeigt, dass der Schüler gefallen ist; deshalb fühlt er sich mehr von der Medusa (dem psychologischen *Ego*), die zu seiner Linken ist, angezogen. Zu seiner Rechten befindet sich eine Meisterin.

Dieses Arkanum wird die Unentschlossenheit genannt, weil der Schüler nicht weiß, für welchen Weg er sich entscheiden soll. Im oberen Bereich sitzt ein Herrscher des Gesetzes mit einem Bogen in Form eines Dreiecks mit nach oben zeigender Spitze.

Er zielt mit seinem Pfeil auf den Kopf der Medusa, in Übereinstimmung mit dem Grundsatz: Die Medusa muss enthauptet werden.

Jede der beiden Figuren zeigt dem Neophyten einen anderen Weg.

Den Pfad zur Linken und den Pfad zur Rechten. Der Pfeil der Gerechtigkeit richtet sich gegen den Pfad zur Linken.

Esoterische Bedeutung des Arkanums

Das Arkanum Nummer sechs ist der Verliebte des Tarots, es bedeutet die Verwirklichung.

Der Mensch befindet sich zwischen Laster und Tugend, zwischen der Jungfrau und der Hure, Urania-Venus und Medusa. Man stellt fest, dass man sich für diesen oder jenen Weg entscheiden muss.

Das Arkanum Nummer sechs ist die Verknüpfung, das Gleichgewicht, die liebende Vereinigung von Mann und Frau; ein furchtbarer Kampf zwischen Liebe und Begehren.

Hier finden wir die Mysterien von Lingam-Yoni. Es ist die Verbindung. Im Arkanum Nummer sechs finden wir den Kampf der zwei Dreiheiten. Dies sind die Bejahung des inneren Christus und die höchste Ablehnung des Satans. Das Arkanum Nummer sechs ist der Kampf zwischen dem Geist und der animalischen Bestie.

Die Nummer sechs stellt den Kampf zwischen Gott und Teufel dar. Dieses Arkanum wird durch das Siegel Salomons ausgedrückt.

Das obere Dreieck repräsentiert Kether, Chochmah und Binah, den strahlenden Drachen der Weisheit (Vater, Sohn und Heiligen Geist). Das untere Dreieck stellt die drei Verräter dar, die den Gegensatz zur göttlichen Triade bilden. Sie sind die Dämonen des Wunsches, des Verstandes und des schlechten Willens. Ständig verraten sie den inneren Christus, und sie sind die Grundlagen des Egos (Judas, Pilatus und Kaiphas); das untere Dreieck ist der schwarze Drache.

Mit seiner eigenen schöpferischen Energie erschafft der Krieger seine silbene Rüstung.

Bedeutung in Bezug auf die Einweihung

Das Arkanum Nummer sechs wird durch das Siegel Salomons ausgedrückt. Der Stern von Bethlehem ist das Siegel Salomons. Die sechs Spitzen des Sternes sind männlich. Die sechs Einbuchtungen, die zwischen den Spitzen gebildet werden, sind weiblich. (Insgesamt hat der Stern zwölf Spitzen; sechs männliche, sechs weibliche.)

In diesen sind die Geheimnisse des Arkanums A.Z.F. zusammengefasst und synthetisiert (die sexuelle Magie).

Das Siegel Salomons, der Weihnachtsstern, ist das perfekte Symbol der Zentralsonne (der kosmische Christus, die vollkommene vielfache Einheit). Das Kind Gottes kann niemals im Herzen eines Menschen geboren werden, ohne den Glanz und das Leben des strahlenden Weihnachtssternes. Man muss mit dem Arkanum A.Z.F. arbeiten, um es inkarnieren zu können.

Im Siegel Salomons sind alle Maße des Tierkreises zusammengefasst; die zwölf Strahlen des strahlenden Sternes kristallisieren sich mithilfe der Alchemie in die zwölf Sternbilder des Tierkreises. Im Siegel Salomons sind die engen Beziehungen, die es zwischen dem Tierkreis und der unüberwindlichen Zentralsonne gibt, beschrieben.

Die sexuelle Genesis des Tierkreises wird durch das Siegel Salomons repräsentiert.

Der E. M. des Lichtes, Hilarius IX, sagt in Bezug auf den strahlenden Stern: *Er ist die Grundform aller Kristallisationen und das schematische Modell aller Blüten. Seine zwei Dreiecke, die die Liebe vereinen oder trennen, sind die Webschiffchen, mit denen man das unaussprechliche Geheimnis des ewigen Lebens webt und entwirrt. Oben ist die heiligste Ewigkeit, die als der Vater, der Sohn und der Heilige Geist wirkt. Unten ist ihr Gegenstück, mit der Kraft, die lenkt, der Kraft, die befreit und der Kraft, die handelt.*

Ich bin der strahlende Morgenstern, rief Johannes, der Liebling des Christus aus, während dieser aus seinen Händen die venusische Einweihung erhielt.

Und so entsteht jedes Mal, wenn der ewige Geometriker seine Aufmerksamkeit auf einen Punkt im All richtet, aus diesem Punkt der herrliche Stern, der die Geburt eines neuen Stadiums des Bewusstseins, den Archetypen eines Lebewesens, eine Weltkugel, einen Himmelskörper, eine Sonne ankündigt. (Vierte Botschaft des Avatars Ashrama).

Das obere Dreieck im Siegel Salomons stellt die ewige, unsterbliche Triade dar. Das untere Dreieck steht für die drei Verräter, die in uns sind:

1. Der Dämon des Wunsches
2. Der Dämon des Verstandes
3. Der Dämon des schlechten Willens

Das sind die drei schlechten Freunde des Hiob. Die drei Mörder des Hiram Abiff:

Judas, Kaiphas, Pilatus in der christlichen Symbolik.

Apopi, Hai, Nebt in der ägyptischen Symbolik.

Sebal, Orteluk, Stokin in der Symbolik der Freimaurer.

Diese drei Verräter leben im Verstand, sie befinden sich in uns. Erinnern wir uns, dass Dante Luzifer als ein Wesen darstellt, das in der Mitte der Erde lebt und drei Mäuler hat, und in jedem dieser Mäuler ist ein Verräter.

Die Bibel führt diese drei Verräter in der Offenbarung des Johannes (16:13-14) an: *Und ich sah aus dem Munde des Drachen und aus dem Munde des Tiers und aus dem Munde des falschen Propheten drei unreine Geister gehen, gleich den Fröschen.*

Diese drei Geister in Form von Fröschen sind die Verräter, die den inneren Christus ständig betrügen, und die die Grundlage des reinkarnierenden Egos bilden, des *psychologischen Ichs*, des Satans, der aufgelöst werden muss, um den inneren Christus zu inkarnieren.

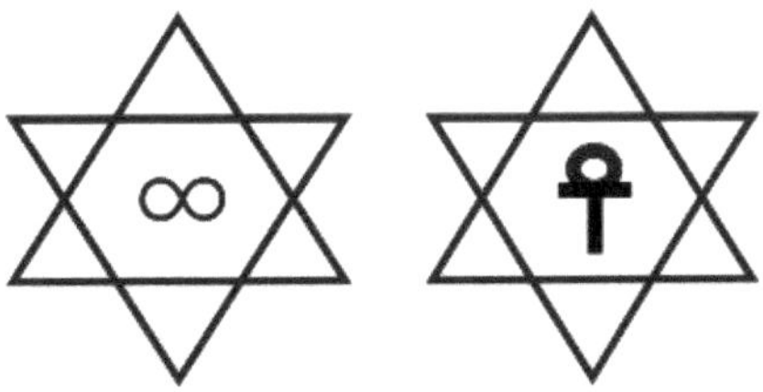

Im Zentrum der beiden Dreiecke von Salomons Siegel befindet sich das Kreuz Tau oder das Zeichen des Unendlichen. Beide Zeichen sind phallisch (sexuell). Die Seele befindet sich zwischen den beiden

Dreiecken und muss sich zwischen dem einen und dem anderen Weg entscheiden; dem des Lichts oder dem der Dunkelheit und das Problem ist vollkommen sexueller Natur. Der Schlüssel liegt in der heiligen Schlange, im Hahn, der das I.A.O., das Wort repräsentiert.

Es gibt die Schlange der Versuchung von Eden, die Schlange der Dunkelheit, die den schrecklichen Schwanz Satans bildet; und es gibt die kupferne Schlange des Moses, die sich um das Tau windet, also dem sexuellen Lingam, welche die Israeliten in der Wüste geheilt hat.

Die Schlange schlummert, dreieinhalb Mal eingerollt, in der Kirche von Ephesus. Die Schlange muss aus ihrer Kirche im Muladhara Chakra herauskommen und durch die Wirbelsäule emporsteigen, um uns in Engel zu verwandeln. Wenn sie in Richtung der atomaren Höllen des Menschen absteigt, dann werden wir zu Dämonen. Nun werdet ihr verstehen, warum die Schlange des Merkurstabs immer doppelt ist.

Wenn der Schüler den Samen während seiner Übungen mit dem Arkanum A.Z.F. verschüttet, begeht er das Verbrechen der Nikolaiten, die mit der Maithuna in der neunten Sphäre arbeiten, jedoch den Samen vergießen. Sie benutzen diese Methode, um die Schlange absteigen zu lassen. Sie stürzt in die atomaren Höllen und bildet den Schwanz des Satan. So wird der Mensch zum Dämon.

Ich denke an Krumm-Heller, der weißes Tantra gelehrt hat, aber sein Sohn lehrte das schwarze – Praktiken des Maithuna mit dem Vergießen und dem Verlust der Samenflüssigkeit. Er war fasziniert von dieser Lehre und wurde ein Dämon, mit einem Schwanz und Hörnern auf der Stirn. Viele Schüler wurden durch den Sohn von Krumm-Heller vom rechten Weg abgebracht. Er war einer, der sich aufrichtig irrte und glaubte, dass das große Gesetz ihn leite.

Die alchemistische Hochzeit bedeutet die perfekte Ehe. Der Alchemist muss nicht nur das Verlangen auslöschen, sondern selbst den kleinsten Schatten dieses schrecklichen Baumes der Begierde. Es hat keinen Zweck, die Sexualität abzulehnen, wenn man vorher nicht daran gearbeitet hat, die solaren Körper zu erschaffen und die zweite Geburt zu erreichen. Nur dann kann man darauf verzichten.

Zuerst muss man mit dem dritten Logos arbeiten, in der schrecklichen Schmiede der Zyklopen. Dann mit dem zweiten Logos, Herkules und später mit dem ersten Logos. Der Fehler der Mönche und Nonnen ist es, die Sexualität zurückzuweisen, ohne die solaren Körper hergestellt zu haben. Das Ergebnis ist, dass sie sich im Limbus wiederfinden, gekleidet in Lumpen. Man muss das Hochzeitsgewand tragen, um das Himmelreich betreten zu können.

In den Mysterien von Eleusis tanzten die Paare, um sich gegenseitig zu magnetisieren. Die Natur muss in allem nachgeahmt werden; das heißt, dass die Energie umgewandelt werden muss.

Im Tempel der Sphinx wird das Buch der Naturgesetze studiert. Darauf folgt eine Prüfung, genannt die Prüfung des Heiligtums. Hat er sie bestanden, erhält der Schüler einen Ring mit dem Siegel Salomons (das nie mit der linken Hand berührt werden darf), der mit großem Glanz in den inneren Welten strahlt.

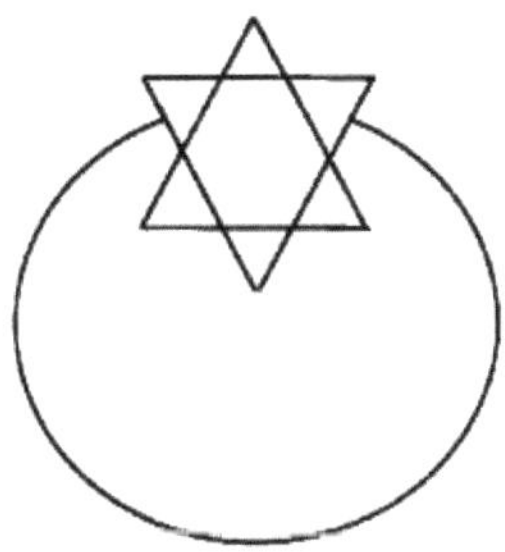

In den Arbeiten der hohen Magie muss ein Kreis aufgezeichnet werden, der mit dem Siegel Salomons zu schließen ist. Man kann Amulette und Ringe mit dem Siegel Salomons aus den sieben Metallen anfertigen. Das Siegel Salomons sollte bei allen Arbeiten der Anrufung und in den Übungen mit den Elementargeistern verwendet werden. Die Elementarwesen erzittern vor dem Siegel des lebendigen Gottes.

Der Engel des sechsten Siegels der Offenbarung ist jetzt in einem weiblichen Körper wiedergeboren (sie ist eine Spezialistin in der geheimen Wissenschaft des Jinas).

Die Bibel sagt in der Offenbahrung 7:1-3: *Und ich sah einen Engel aufsteigen von der Sonne Aufgang, der hatte das Siegel des lebendigen Gottes (das Siegel Salomons), und schrie mit großer Stimme zu den vier Engeln (die vier Hüter des Karma, die die vier Himmelsrichtungen der Erde durch das Gesetz überwachen), welchen gegeben war, zu beschädigen die Erde und das Meer. Und er sprach: Beschädiget die Erde nicht, noch das Meer noch die Bäume, bis dass wir versiegeln die Knechte unseres Gottes an ihren Stirnen.*

Es ist gewisse Zeit nötig, damit die Menschen die Lehre des Christus erforschen können und sich für Christus oder Jahwe entscheiden, für die weiße oder die schwarze Loge. Die Diener Gottes werden an ihrer Stirn gezeichnet. Die Diener Satans werden ebenfalls an ihrer Stirn gezeichnet (das Zeichen der Bestie).

Die Zeiten des Endes sind schon gekommen, wir leben in ihnen. Die zehn Tage sind schon abgelaufen (das Rad der Zeitalter, das Arkanum Nummer zehn).

Die Menschheit ist durch das Siegel des lebendigen Gottes klassifiziert. Die Mehrheit hat schon das Zeichen der Bestie auf ihrer Stirn und auf ihren Händen. Nur wenige haben das Zeichen des Lammes auf ihrer Stirn erhalten.

Zusammenfassung

Wir haben die Welt des Willens und der Liebe betreten.

Um in das Amphitheater der kosmischen Wissenschaft einzutreten, muss man dem Teufel das Feuer stehlen.

Der Liebende muss der Dunkelheit das Licht stehlen.

Die sexuelle Magie muss intensiv mit der Ehefrau praktiziert werden.

Das Flammenschwert Edens muss zurückerobert werden.

Arkanum 7

Der Sieg

Das Arkanum Nummer sieben ist Kampf, Schlacht, Schwierigkeiten. Der Krieger muss lernen, den Stab und das Schwert zu benutzen, so wird er den großen Sieg erringen.

Unser Leitspruch ist Thelema (Wille).

Kabbalistische Sephira: Netzach.

Hebräischer Buchstabe: Sajin.

Transzendentes Axiom: „Wenn die Wissenschaft Eingang in dein Herz findet und die Weisheit süß für deine Seele ist, bitte und es wird dir gegeben werden.“

Element der Vorhersage: „Verheißt magnetische Kraft, treffendes Verständnis (Verbindung von Intellekt und Intuition); Gerechtigkeit und Entschädigungen, Ehre und Schande; Erreichen des Angestrebten durch Anstrengung, Befriedigungen und Widrigkeiten.“

Beschreibung der Karte

Auf dieser Karte erscheinen in den Wassern des Lebens zwei Sphinxen, eine weiße und eine schwarze. Sie ziehen einen Wagen und stellen die männlichen und weiblichen Kräfte dar.

Ein Krieger, der den Innersten verkörpert, steht in seinem Kriegswagen, innerhalb des kubischen Steines (der Sexualität) und zwischen den vier Säulen, die aus Wissenschaft, Kunst, Philosophie und Religion gebildet werden und innerhalb derer er sich entwickelt. Die vier Säulen entsprechen ebenso den vier Elementen, was bedeutet, dass er sie beherrscht.

In seiner rechten Hand ist das flammende Schwert, und in seiner linken der Stab der Macht. Der Brustpanzer ist die göttliche Wissenschaft, die uns starkmacht. Der Krieger muss lernen, den Stab und das Schwert zu gebrauchen; auf diese Weise wird er den großen Sieg erlangen.

Auf seinem Kopf trägt er einen Hut mit drei Spitzen, die die drei Grundkräfte darstellen. Im oberen Teil erscheint Ra, der kosmische Christus (die Flügel).

Esoterische Bedeutung des Arkanums

Das Arkanum Nummer sieben steht für die sieben Töne der Leier des Orpheus, die sieben Noten der Musik, die sieben Farben des solaren Prismas, die sieben Planeten, die sieben Laster, die wir in die sieben Tugenden verwandeln müssen, die sieben sideralen Genien, die sieben Körper, die sieben Dimensionen, die sieben Grade der Macht des Feuers, die sieben geheimen Worte, gesprochen vom solaren Logos (auf Golgatha), usw.

Das Arkanum Nummer sieben ist der Kriegswagen, den die Monade Wirklichkeit werden ließ, um sich in dieser Welt zu manifestieren, mit der Fähigkeit, in diesem Lebensbereich zu arbeiten. Es ist die bereits verwirklichte Monade, die sich durch ihre sieben Körper ausdrückt.

Von einem anderen Standpunkt aus steht die Sieben für Kämpfe, Schlachten, Schwierigkeiten; doch trotz der Kämpfe siegt sie immer.

Der Vater, der im Verborgenen ist, oder die göttliche Monade, ist unsterblich, allwissend. Doch ohne Selbstverwirklichung ist er nicht fähig, das Physische zu beherrschen, er hat keine Hoheitsgewalt über die Elemente. Es scheint unglaublich, dass wir armselige Würmer den Vater mächtig machen müssen, es scheint blasphemisch; aber Er muss sich selbst verwirklichen.

Eine verwirklichte Monade ist mächtig, sie hat Macht über Feuer, Luft, Wasser und Erde. Deshalb wendet sich im ägyptischen Totenbuch ein Glaubender an Horus: *Ich stärke deine Beine und deine Arme.*

Dafür bittet der Gläubige, dass er seine drei Gehirnzentren (intellektuell, emotional und motorisch) stärken möge, weil es für Horus nötig ist, dass der Gläubige drei starke Gehirnzentren hat.

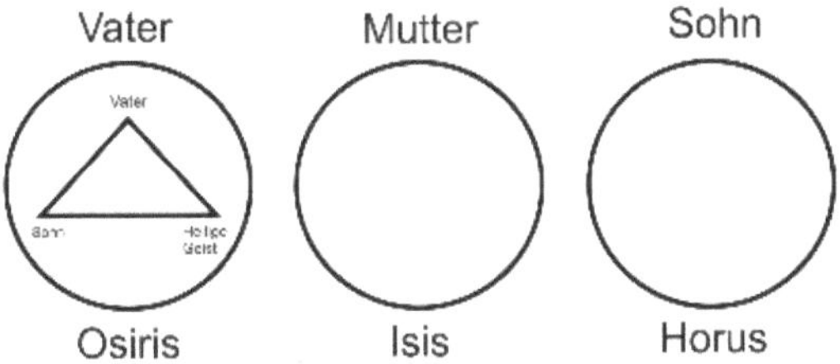

In der ägyptischen Theogonie ist der Vater (Vater, Sohn und Heiliger Geist) Osiris oder Ra; und Ra ist der Logos mit seinen drei Aspekten.

Wird von der Monade gesprochen, so bezieht sich das auf Osiris; er ist es, der sich selbstverwirklichen muss und der sich dafür in Vater, Mutter und Sohn entfaltet. Der Sohn entfaltet sich in die Essenz, die uns verschluckt, damit die selbstverwirklichte Monade übrigbleibt.

Essenz — Sohn — Mutter — Vater

Die Monade eines jeden von uns braucht uns und wir sie.

Als ich mit meiner Monade sprach, wurde mir gesagt: *Ich verwirkliche dich, was ich mache, ist für dich.*

Um es anders auszudrücken: Wofür leben wir?

Es gibt ein Ziel: die Monade möchte sich selbstverwirklichen, und aus diesem Grund sind wir hier.

Bedeutung in Bezug auf die Einweihung

Die Zahl sieben steht für die magische Kraft mit all ihrer Macht. Die heilige Sieben ist der allerheiligste Bereich der heiligen Magie, der hohen esoterischen Magie der Kabbala, der Streitwagen. Die Zahl sieben ist der Innerste, unser wahres Sein, dem all die elementaren Kräfte der

Natur dienen. Die Natur ist ein großer, lebendiger Organismus, und in letztendlicher Synthese wird diese große Maschine von den Elementarkräften beherrscht. Das heilige Feuer wird vom physischen Standpunkt aus durch Verbrennung erzeugt. Jedoch vom Gesichtspunkt der Essenz aus kann das elementare Feuer existieren, das Feuer der Weisen und innerhalb dieses elementaren Feuers leben die Salamander.

Franz Hartmann beschreibt sie in seinem Buch „*Die Elementargeister*". Die Esoteriker wissen, dass die Elementargeister und die elementaren Götter des Feuers existieren. Wenn wir uns die Mayas, die Azteken, usw. ansehen, werden wir die Götter des Feuers finden. Das elementare Feuer der Weisen gibt es überall in der Natur. Die Luft ist in letzter Synthese elementar. Das Tattwa Vayu, das elementare Prinzip der Luft, ist belebt mit Elementarwesen oder den Sylphen, über die die Kabbalisten sprechen. Diese elementare Luft der Weisen ist in Wirklichkeit Äther in Bewegung.

Die Physiker behaupten, dass Wind Luft in Bewegung ist, aber die Okkultisten sehen, dass es in der sich bewegenden Luft Kräfte gibt, die sie antreiben, und das sind die Sylphen.

Wasser hat ein elementares Prinzip, das Tattwa Apas. In diesem Prinzip, in diesem Grundstoff, in dieser Substanz finden wir die Undinen, Nereiden, Nymphen. Jeder, der die alten oder klassischen lateinischen Werke studiert hat, wird in ihnen die Elementargeister des Wassers finden. Das Element Erde wird durch bestimmte Elementarwesen regiert; im Tattwa Prithvi befinden sich die Gnome und Pygmäen der Kabbala.

Feuer wird in Luft umgewandelt, Luft in Wasser und Wasser in Erde. Die Tattwas helfen uns mittels des Merkurstabes bei der Umwandlung von Blei zu Gold.

Tattwas	Elemente
Akasha	Prinzip des Äthers
Vayu	Prinzip der Luft
Tejas	Prinzip des Feuers
Prithvi	Prinzip der Erde
Apas	Prinzip des Wassers

Die erste hier angeführte Reihenfolge ist in Übereinstimmung mit Râma Prasâd. Die richtige Reihenfolge lautet:

Tattwas	Elemente
Akasha	Prinzip des Äthers
Tejas	Prinzip des Feuers
Vayu	Prinzip der Luft
Apas	Prinzip des Wassers
Prithvi	Prinzip der Erde

Das Erste, was es in der Schöpfung gibt, ist der unendliche Raum, der eine große Seele ist. Das Feuer steigt auf und wird zur Luft; Luft wird zu Wasser und Wasser wird zu Erde und die Welten treten in Erscheinung. So ist die wahre Anordnung der Elemente. Der Innerste ist göttlicher Geist und Herrscher über alle elementaren Kräfte.

Alle, die mit dem Arkanum A.Z.F. arbeiten, erhalten das Flammenschwert. Dieses Schwert bezieht sich auf das Arkanum Nummer sieben der Kabbala.

Die Wächter der alten Mysterientempel benutzen das Flammenschwert und diejenigen, die Kundalini erweckt haben, bekommen es. In der geheimen Freimaurerei wird das Schwert gebraucht, es wird bei der Ankunft des Feuers empfangen. Aus Sicht der okkulten Freimaurerei ist das Schwert das Ergebnis unablässiger Transmutationen.

Die Elohim oder Prajapatis tragen ihre Flammenschwerter. Diese Elohim sind göttlich und ein Elohim ohne ein Schwert ist unvorstellbar.

Wir wissen, dass die Sexualorgane das wahre allerheiligste Laboratorium des dritten Logos bilden, sie sind die Schöpfungsorgane des Flammenschwertes.

Die 22 Arkana gehören im Grunde zu der neunten Sphäre. Das Amphitheater der ewigen Weisheit liegt in den Zeugungsorganen, da alles Leben daraus hervorgeht.

Im Garten der Wonnen der Alchemie finden wir das Wort VITRIOL; dieses Wort findet sich in den alchemistischen Abhandlungen und alten Traktaten der Kabbala.

Das oben genannte Wort ist ein Rebus, abgeleitet von dem Satz: *Visita Interiora Terrae Rectificando Invenies Occultum Lapidem.* (Suche das Innere unserer Erde auf und läutere es, dann wirst du den verborgenen Stein finden).

Wir müssen im Innern unserer philosophischen Erde (dem menschlichen Organismus) suchen, damit wir den Stein der Weisen finden, indem wir uns verbessern und mit dem Arkanum A.Z.F, der Maithuna, arbeiten.

Die Sonne (der Phallus), das männliche Prinzip, ist der Vater des Steins. Der Mond (der Uterus), das weibliche Prinzip, ist die Mutter des Steins der Weisen. Der Wind (die Samendämpfe) trug den Sohn in seinem Schoß und die Erde nährte ihn, dies steht in Beziehung zu den vier Elementen, die die lebendigen Manifestationen des Akasha sind.

Die Sonne und der Mond, die männlichen und weiblichen Prinzipien sind innerhalb des Kelches (des Gehirns) verbunden, der von dem Merkurstab mit den beiden Kanälen Ida und Pingala gestützt wird.

Von den beiden Einflüssen, die auf den unbearbeiteten Stein einwirken, dem wir eine perfekte Würfelform geben müssen, ist einer männlicher, der andere weiblicher Natur.

Das menschliche Wesen hat sieben Körper, jeder Körper hat seine Wirbelsäule und seine heilige Schlange.

Die sieben Körper des Menschen sind folgende:

1. Der physische Körper
2. Der Astral- oder Wunschkörper
3. Der Mentalkörper
4. Der Kausalkörper
5. Der Willenskörper
6. Der Körper des Bewusstseins
7. Der Körper des Innersten

Wir haben sieben Schlangen; zwei Gruppen zu je drei, mit der erhabenen Krönung der siebten Schlange des Feuers, die uns mit dem Einen, dem Gesetz, mit dem Vater vereint.

Das gesamte Werk wird mit dem großen Arkanum verwirklicht. Der siebenstrahlige Stern ist der untrennbare, wichtige Aspekt des Vitriols, der Arbeit mit der Maithuna. Die sieben Schlangen der Alchemie sind verbunden mit den sieben Planeten, den sieben großen kosmischen Verwirklichungen, den sieben Graden der Macht des Feuers.

Der Rebus Vitriol mit seinen sieben Buchstaben und seinen sieben Worten symbolisiert die Gesamtheit des großen Werkes, er nennt die sieben geheimen Worte, die der Logos der Sonne auf Golgatha aussprach.

Die Mysterien des Arkanums sieben sind schrecklich göttlich.

Im anthropologischen Nationalmuseum von Mexiko City gibt es eine aztekische Skulptur, die einen geköpften Mann darstellt. Anstelle des Kopfes gibt es die sieben Schlangen, die die sieben Grade der Macht des Feuers darstellen.

Die sieben Schlangen (eine phallische Darstellung) sind verbunden mit den sieben Planeten, mit den sieben grundlegenden, fundamentalen Dimensionen, den sieben Vokalen I.E.O.U.A.M.S., die in der ganzen Natur widerhallen, den sieben Worten des Vitriol.

All das steht in Zusammenhang mit dem Gesetz von Heptaparaparshinock, dem Gesetz der ewigen Sieben, dem unbeschreiblichen kosmischen Gesetz.

Der siebenzackige Stern ist ein esoterisches kabbalistisches Symbol, umgeben von einem doppelten Kreis, mit den Zeichen der sieben Planeten; er ist ein kraftvoller Talisman. Die beiden Kreise stellen die ewigen männlichen und weiblichen Prinzipien dar.

Jene Studenten des Okkultismus, die daran denken, die Selbstverwirklichung ohne das Arkanum A.Z.F. zu erlangen, liegen absolut falsch.

Frau Blavatsky sagte, nachdem sie die sechs Bände der Geheimlehre geschrieben hatte, dass diejenigen, die die Geheimnisse des Chiram kennenlernen wollen, bei den alten Alchemisten suchen müssen.

Sie war in Agarthi, verzichtete auf das Nirvana, um die venusische Einweihung zu erlangen, sie ist nun zweimal geboren, hat die solaren Körper, lebt in geheimen Klöstern und ist dabei, in diese Welt zurückzukehren, was bitterer als Galle ist. Sie bereitet sich darauf vor, in den Vereinigten Staaten, in New York, einen Körper anzunehmen.

Diese große Meisterin war eine wahrhafte Yogini, eine Schülerin von Kout Humi, und nachdem sie die Witwe von Graf Blavatsky wurde, heiratete sie Colonel Olcott, um mit dem Arkanum der sexuellen Magie zu arbeiten.

Nur dadurch erreichte sie die tiefe Selbstverwirklichung. Der große Yogi-Avatar Lahiri Mahasaya wurde vom unsterblichen Babaji zur Einweihung gerufen, als er noch eine Frau hatte; auf diese Weise verwirklichte er sich selbst. In Indien ist die Sexualmagie unter dem Sanskritnamen Urdhvaratus bekannt.

Echte Yogis praktizieren die sexuelle Magie mit ihren Frauen. Es gibt zwei Arten der Bramacharya (sexuelle Enthaltung), die solare und die lunare. Die Solare ist für die, welche die zweite Geburt erreicht haben und die Lunare ist diese absurde sexuelle Enthaltsamkeit, die zu nichts anderem dient als zu widerwärtigen nächtlichen Ergüssen mit all ihren schrecklichen Folgen.

Es gibt sieben Laster, die wir umwandeln müssen:

Den solaren Stolz in Glauben, in Demut.

Die lunare Habsucht in Nächstenliebe.

Die venusische Wollust in Keuschheit.

Den marsianischen Zorn in Liebe.

Die merkurianische Faulheit in Fleiß.

Die saturnische Gefräßigkeit in Mäßigung.

Den jupiterianischen Neid in Freude über das Wohl der anderen.

Nur durch die Wissenschaft der Transmutationen sind wir imstande unsere Defekte zu zerstören und das psychologische *Ich* aufzulösen. Nur mithilfe der Wissenschaft der Transmutationen können wir unsere Fehler korrigieren, die unedlen Metalle in reines Gold verwandeln und herrschen. Arbeitet mit dem Arkanum A.Z.F, damit ihr das Schwert empfangen könnt.

Das Arkanum Nummer sieben, der Triumph, wird durch sehr viele Kämpfe und große Bitternis erreicht. Wir erkennen das an den sieben Hauptsünden, die in die sieben Tugenden umgewandelt werden müssen.

Die Transmutation der sieben niederen Metalle in reines Gold.

Die Herrscher der sieben Planeten sind:

Gabriel:	Mond
Raphael:	Merkur
Uriel:	Venus
Michael:	Sonne

Samael: Mars
Zachariel: Jupiter
Orifiel: Saturn

Die sieben kabbalistischen Zeichen der Planeten sind:

Mond: Eine Kugel, geteilt in zwei Halbmonde

Merkur: Der Merkurstab und der Pavian

Venus: Der sexuelle Lingam

Sonne: Eine Schlange mit einem Löwenkopf

Mars: Ein Drache, der in den Griff eines Schwertes beißt.

Jupiter: Das Pentagramm oder der Schnabel eines Adlers

Saturn: Ein lahmer alter Mann oder ein Stein mit einer eingerollten Schlange.

Die sieben Talismane haben die Macht, die sieben Planetenkräfte anzuziehen. Mit den Steinen und Metallen können perfekte Talismane angefertigt werden.

Zusammenfassung

Das Vaterunser ist das vollkommenste Gebet. Das Vaterunser mit seinen sieben esoterischen Bitten ist eines der magischsten Gebete. Über jede Bitte muss meditiert werden. Wer ein Magier werden will, muss das Schwert erlangen.

Das Schwert ist Kundalini. Das Schwert ist das Feuer des Heiligen Geistes. Man muss mit dem Arkanum A.Z.F. arbeiten, um das Schwert zu bekommen. Der Kampf ist fürchterlich. Der Krieger kann sich nur durch das Arkanum A.Z.F. von den vier Körpern der Sünde befreien.

Wir erreichen nichts, wenn wir unseren Kopf mit Theorien vollstopfen.

Es ist besser, eine gute Frau zu lieben und mit ihr täglich die sexuelle Magie zu praktizieren, als die Zeit mit polemischen Intellektualismen und Theorien zu verschwenden.

Auf diese Weise erwerben wir das Schwert von Kundalini und erwecken all unsere magischen Kräfte, um durch die Tore der Triumphstadt zu schreiten.

Arkanum 8

Die Gerechtigkeit

Das Arkanum Nummer acht bedeutet harte Proben, es ist die Aufrichtigkeit, die Gerechtigkeit, das Gleichgewicht. Man muss das Gute um jeden Preis suchen. Denn im Fall eines Kranken, der im Sterben liegt, versuchen die Meister der Medizin ihn zu retten, denn so ist das Gesetz; sie erfüllen es, indem sie das Gute tun. Im Arkanum Nummer acht sind die Einweihungsprüfungen enthalten.

Kabbalistische Sephira: Hod

Hebräischer Buchstabe: Cheth

Transzendentes Axiom: „Errichte einen Altar in deinem Herzen, doch mache nicht aus deinem Herzen einen Altar."

Element der Vorhersage: „Verheißt Vergütung, Strafen und Belohnungen, Dankbarkeit und Undankbarkeit. Belohnung für erwiesene Dienste."

Beschreibung der Karte

In den Wassern des Lebens dieses Arkanums wird eine Schlange gezeigt, die sich in den Schwanz beißt, und dadurch das Zeichen der kosmischen Mutter, das Unendliche (0, Null) bildet.

Man sieht eine Frau auf einem Hügel mit drei Stufen knien, der das Arkanum A.Z.F. darstellt. (Wasser und Feuer gleich Bewusstsein).

Die Frau hält mit der linken Hand das Schwert der Macht nach oben und mit ihrer anderen Hand hält sie eine Waage im Gleichgewicht, damit zeigt sie, dass ein Gleichgewicht zwischen dem Verstand, dem Herzen und der Sexualität bestehen muss. Ra erscheint im oberen Teil der Karte (außer den Flügeln ist dies ein weiteres Symbol für Ra).

Esoterische Bedeutung des Arkanums

Das Arkanum Nummer acht ist das Urteil, es ist die Zahl Hiobs, Prüfungen und Leiden. Es wird dargestellt, durch ein Schwert, das der Esoterik entspricht.

Die Zahl acht ist die Zahl des Unendlichen. Die lebendigen Kräfte des Feuers von Phlegeton und des Wassers von Acheron fließen im Kreis und treffen sich in der neunten Sphäre im Herzen der Erde in Form einer Acht. Das Zeichen der Unendlichkeit ist ebenfalls in der Wirbelsäule abgebildet. Das Zeichen der Unendlichkeit bedeutet in der neunten Sphäre zu arbeiten, welche die Sexualität ist. Das Arkanum Nummer acht des Tarot ist eine Frau mit einem Schwert in ihrer Hand vor der Waage der kosmischen Gerechtigkeit. Tatsächlich kann nur sie dem Magier das Schwert überreichen. Ohne die Frau ist kein Eingeweihter imstande, das Schwert zu erhalten.

Es gibt Eva-Venus, die instinktive Frau. Venus-Eva, die edle Dame des Hauses. Und es gibt Venus-Urania, die Frau, die in die großen Mysterien eingeweiht wurde. Und schließlich bestätigen wir die Existenz von Urania-Venus, der weiblichen Adeptin, die eine vollkommen verwirklichte Frau ist.

Die Frau im Arkanum Nummer acht des Tarot hat die Waage in der einen und das Schwert in der anderen Hand. Es ist notwendig, die Kräfte auszugleichen, es ist zwingend und unerlässlich, uns gänzlich von Sünden zu reinigen und das Arkanum A.Z.F. zu praktizieren; die Kräfte von Mann und Frau gleichen sich in der Liebe und der Weisheit aus.

Der wunderbare Aufstieg der Samenenergie zum Gehirn wird durch ein bestimmtes Nervenpaar ermöglicht, das in Form einer Acht rechts und links der Wirbelsäule verläuft.

In der chinesischen Philosophie ist dieses Paar Nervenfasern unter den klassischen Namen Yin und Yang bekannt, wobei das Tao der Weg der Mitte ist, das Rückenmark, der geheime Weg, durch den die Schlange aufsteigt.

Offensichtlich ist der erste der beiden Kanäle lunarer Natur, und der zweite solarer Art. Wenn sich die lunaren und solaren Atome am Knotenpunkt der heiligen drei Ströme in der Nähe des Steißbeines treffen, erwacht die feurige Schlange unserer magischen Kräfte.

Die Schlange, die mit ihrem Körper einen Kreis bildet, in jener gnostischen Trance des Verschlingens ihres eigenen Schwanzes, ist eine außergewöhnliche Synthese der wunderbaren Botschaft des Herrn Quetzalcoatl. In der senkrechten Position veranschaulicht sie die Vorstellung der Mayas und Nahuas von der göttlichen Viper, die die Seele und den Geist des Menschen verschlingt, oder letztlich die sexuellen Flammen, die das tierische Ego verzehren, es vernichten, es zu Asche zerfallen lassen.

Die Schlange ist fraglos das Symbol für Weisheit und okkultes Wissen. Die Schlange wurde schon in alten Zeiten mit dem Gott der Weisheit in Verbindung gebracht. Die Schlange ist das heilige Symbol von Thoth und all den heiligen Göttern wie Hermes, Serapis, Jesus, Quctzalcoatl, Buddha, Tlaloc, Dante, Zarathustra, Bochica, usw.

Jeder Adept der universellen weißen Bruderschaft kann durch die „große Schlange" korrekt dargestellt werden, welche eine so herausragende Stellung unter den Symbolen der Götter einnimmt, die auf den schwarzen Steinen der Bauten Babylons abgebildet sind.

Äskulap, Pluto, Esmun, Kneph sind laut Dupuis alles Gottheiten mit den Attributen der Schlange. Alle sind sie Heiler, Spender geistiger und physischer Gesundheit und der Erleuchtung.

Die Brahmanen erhielten ihre Kosmogonie, Wissenschaft und kulturellen Künste von den berühmten Naga-Mayas, die später Danavas genannt wurden. Die Nagas und die Brahmanen benutzten das heilige Symbol der gefiederten Schlange, unbestreitbar ein Emblem der Mexikaner und der Mayas.

Die Upanishaden enthalten eine Abhandlung über die Wissenschaft der Schlangen, oder, was dasselbe ist, die Wissenschaft des okkulten Wissens.

Die Nagas (Schlangen) des esoterischen Buddhismus sind wirkliche Menschen, vollkommen, selbstverwirklicht. Aufgrund ihres okkulten Wissens und als Beschützer des Gesetzes von Buddha konnten sie seine metaphysische Lehre richtig auslegen. Der große Kabir Jesus von Nazareth hätte seinen Schülern niemals geraten, weise wie die Schlange zu sein, wenn diese ein Symbol des Bösen wäre.

Wir tun gut daran, uns an die Ophiten zu erinnern, die weisen ägyptischen Gnostiker der Bruderschaft der Schlange. Niemals hätten sie in ihren Zeremonien die lebendige Schlange als Emblem der Weisheit verehrt, als göttliche Sophia, wenn dieses Reptil mit den Mächten des Bösen in Verbindung gestanden hätte.

Die Schlange oder der rettende Logos inspiriert den Menschen, seine Identität mit dem Logos zu erkennen und so zu seiner eigenen Essenz zurückzukehren, die dieser Logos ist.

Die heilige Schlange oder der rettende Logos schläft eingeschmiegt in die Tiefen der Bundeslade, mystisch verharrend; den Augenblick erwartend, an dem sie erweckt wird. Kundalini, die feurige Schlange unserer magischen Kräfte, eingerollt im magnetischen Zentrum des Steißbeins (der Basis der Wirbelsäule), strahlt wie ein gleißender Blitz.

Diejenigen, die die esoterische Physiologie studieren, wie die Nahuas oder die Hindus, betonen das metaphysische Konzept eines wunderbaren magnetischen Zentrums, das an der Basis der Wirbelsäule auf halbem Weg zwischen Analöffnung und Sexualorganen liegt.

Im Zentrum des Mulhadara Chakra liegt ein gelbes Quadrat, das für die physischen Augen unsichtbar, aber mit der Hellsichtigkeit oder dem sechsten Sinn wahrnehmbar ist. Dem Hinduismus zufolge stellt dieses Quadrat das Element Erde dar.

Es wurde gesagt, dass innerhalb des erwähnten Quadrates eine Yoni oder ein Uterus existiert, und dass man in ihrer Mitte einen Lingam oder erotischen Phallus findet, in dem die Schlange eingerollt ist; die geheimnisvolle psychische Energie, die Kundalini genannt wird.

Der esoterische Aufbau dieses magnetischen Zentrums sowie seine ungewöhnliche Lage zwischen den Sexualorganen und dem Anus liefern uns einen unwiderlegbaren Bezug auf die tantrischen Schulen Indiens und Tibets.

Ohne Frage kann die Schlange nur mithilfe der Sahaja Maithuna oder der Sexualmagie erweckt werden.

Die Krone wird von der Aspisviper, der Thermutis gebildet, die zu Isis gehört, unserer individuellen göttlichen Mutter Kundalini; denn jeder von uns hat seine eigene.

Die Schlange als weibliche Gottheit in uns ist die Gemahlin des Heiligen Geistes, unsere jungfräuliche Mutter, die am Fuß des Kreuzes der Sexualität weint, ihr Herz durchbohrt von sieben Dolchen.

Die Schlange der großen Mysterien ist unzweifelhaft der weibliche Aspekt des Logos, Gott Mutter, die Gattin von Shiva.

Sie ist Isis, Adonia, Tonantzin, Rhea, Maria, oder, besser gesagt, Ram-Io. Sie ist Kybele, Opis, Dero, Flora, Paula, Io, Akka, die Große Mutter im Sanskrit. Sie ist die Göttin der Lha, Laren oder der Geister von hier unten, die schmerzgeplagte Mutter von Huitzilopochtli, Aka oder die weiße Göttin der Türken, die chaldäische Minerva der Einweihungsmysterien, die Akabolzub des Mondtempels von Chichen-Itza (Yucatan), usw.

Bedeutung in Bezug auf die Einweihung

Im Arkanum Nummer acht finden wir den achten Schlüssel von Basilius Valentin.

Er war ohne Zweifel ein großer Gnostiker.

Das Evangelium von Valentinus ist bewundernswert; der achte Schlüssel bezieht sich auf die Prozesse von Leben und Tod im Stein des Weisen, der mit dem Hammer der Klugheit und dem Meißel des Willens bearbeitet wird.

Der achte Schlüssel ist ein klares und perfektes Sinnbild für die Prozesse des Todes und der Auferstehung, die zwangsläufig die esoterische Erschaffung des Steins der Weisen begleiten, der sich zwischen den Säulen Jakin und Boaz befindet. Der raue Stein muss poliert werden, um ihn in einen Würfel zu verwandeln.

Der Stein ist Petrus, und er bezieht sich auf die gesegneten Wasser von Amrita. An den vollkommenen Kanten und Winkeln des Steines erkennen wir den Menschen, der mit Amrita arbeitet. Der raue und der glatte Stein befinden sich am Eingang des Tempels, hinter den Säulen. Der fertige Stein ist rechts, seine Besonderheit sind neun Winkel, die vier Kreuze bilden.

Wer den Tempel auf Sand baut, wird scheitern. Er muss auf dem lebendigen Fels errichtet werden, auf dem Stein. Jedes menschliche Material, das in dieser Arbeit verwendet wird, stirbt, verwest, verfault und wird schwarz im philosophischen Ei, später wird es wunderbar weiß.

Das heißt, dass das Schwarze in uns stirbt; dann erscheint das Weiße, das, was uns zu Meistern macht. Lasst uns für einen Augenblick an die Arbeit in der neunten Sphäre denken, an die Auflösung des *Ichs*.

Wir wollen uns an die Arbeit im Bereich des Fegefeuers erinnern. Die Eingeweihten erscheinen dort wie verwesende Leichen, wegen all der Larven, die wir in uns tragen, sie steigen zur Oberfläche auf und geben den Körpern der Eingeweihten das Aussehen von verfaulenden Kadavern.

Im achten Schlüssel, einer Darstellung aus dem *Viridarium Chymicum*, wird der Tod als Leichnam, die Verwesung durch ein paar Hörner, das Säen durch einen ärmlichen Bauern, das Wachstum durch einen Weizenhalm dargestellt. Die Auferstehung ist durch einen Körper, der sich aus dem Grab erhebt und durch einen Engel, der die Trompete der Jüngsten Gerichts bläst, symbolisiert.

Das Ganze zeigt, dass das Ego, das Ich-Selbst, in uns sterben muss, bis wir weiß, rein, sauber, vollkommen werden.

Das Verfaulen setzt ein, wenn man im Fegefeuer ist, dargestellt durch die Hörner. Ein Leichnam im Zustand der Verwesung erscheint dort mit abstoßenden Formen von Tieren, Reptilien, Spinnen, schmutzigen Würmern, schrecklichen Larven.

Mithilfe der göttlichen Mutter Kundalini werden solche tierhaften Formen zu kosmischem Staub reduziert.

Nachdem die Keime des Egos durch die Reinigung des Verfaulten im Fegefeuer verbrannt worden sind, badet der Eingeweihte in den Flüssen Lethe und Eunoe, und seine Körper leuchten wunderbar.

Darauf muss er in dem Sexualität-Licht bestätigt werden und es folgt die initiatische Auferstehung, dargestellt durch den Engel, der die Trompete bläst. Jesus hat nach seiner Auferstehung viele Jahre seine Jüngern unterwiesen.

Der achte Schlüssel von Basilius Valentinus: die Verwesung.

Interessant ist, dass all diese Prozesse der Verwesung im philosophischen Ei (der Sexualität) stattfinden. Im achten Schlüssel von Basilius Valentin erreicht man die Bestätigung durch das Licht.

Nachdem man die zweite Geburt erlangt hat, ist Sexualität verboten und dem Meister wird gesagt: „Du darfst nicht mehr in der neunten Sphäre arbeiten, weil du das *Ich* wiederbeleben würdest, von dem du befreit worden bist. Deine esoterischen Prüfungen sind abgeschlossen und die Sexualität bleibt für dich verboten bis in alle Ewigkeit."

Die Sexualität ist der unterste Teil der Einweihung, und wenn wir Erleuchtung und Selbstverwirklichung erreichen wollen, dann müssen wir den Schleier der Isis zerreißen, den adamischen sexuellen Schleier.

Im philosophischen Ei (die Sexualität), das den Keim allen Lebens darstellt, befindet sich die gesamte Arbeit des großen Werkes.

Das Ei enthält die sexuellen männlich-weiblichen Prinzipien.

So wie aus dem Ei das Küken schlüpft, wie aus dem goldenen Ei Brahmas das Universum entsteht, so entsteht der Meister aus dem philosophischen Ei. Deshalb sagt man, dass sie Söhne der Steine sind und man verehrt die Steine.

Wir Gnostiker wissen, dass der Leichnam, der Tod des achten Schlüssels, die beiden Zeugen der Offenbarung (11:3-6) darstellt, die jetzt tot sind. Durch die alchemistische Fäulnis, dargestellt durch die zwei Hörner, durch die Arbeiten der Alchemie, werden die zwei Zeugen wiederbelebt. Die ganze Kraft ist in der Ähre des Weizens eingeschlossen. Der heilige Engel, den wir in uns tragen, bläst seine Trompete und die zwei Zeugen erheben sich aus dem Grab. Die zwei Zeugen sind ein Paar von Nervenkanälen, halb ätherisch, halb physisch, die um die Wirbelsäule gewunden sind und den Merkurstab bilden, die heilige Acht, das Zeichen des Unendlichen. Im Osten sind sie bekannt als Ida und Pingala.

Acht ist die Zahl des Hiob, des Menschen mit heiliger Geduld. Die Zahl repräsentiert das Leben und das Opfer des Hiob, das ist der Weg, der den Eingeweihten zur zweiten Geburt führt.

Die Prüfungen sind sehr hart, wir brauchen die Geduld des Heiligen Hiob; ohne sie ist es für uns unmöglich, diese Arbeit zu leisten.

Hiob wurde schwer krank (Hiob 2:9) (das Fleisch des Lazarus verweste; Lukas 16:19-31), und die Freunde von Hiob Eliphas, Bildad und Zophar (die drei Verräter des inneren Christus) sagten zu ihm: *Wenn du ein Freund von Gott bist, warum beklagst du dich dann nicht?* Er antwortete: *Der Herr hat gegeben, der Herr hat genommen* (Hiob 1:21).

Die Zahl des Hiob bedeutet Geduld und Sanftmut; hierin liegt der Weg des „Fäulnisprozesses“.

Die ursprüngliche Bibel, die die Werke der Äneis, der Odyssee und der Machabäer einschließt, bezeugt dies. Beispiele aus der oben genannten Bibel können im Londoner Museum, im Vatikan und im Museum von Washington gefunden werden.

Die moderne Bibel ist ein Kadaver.

Die Bibel ist ein Arkanum. Die Psalmen sprechen in Kapitel 19 über das Tarot. Das Arkanum Nummer acht beinhaltet die Prüfungen der Einweihung. Jede Einweihung, jeder Grad hat seine Prüfungen. Diese Einweihungsprüfungen werden mit zunehmendem Grad immer schwieriger.

Die Nummer acht ist die Stufe des Hiob; dieses Zeichen, diese Zahl bedeutet Prüfungen und Leiden. Einweihungsprüfungen werden in den höheren Welten und in der physischen Welt durchgeführt. Die

Prüfungen der Einweihung sind wahrhaft fürchterlich. Man braucht große Geduld, um nicht in den Abgrund zu fallen. Wir werden viele Male geprüft.

Zusammenfassung

Wenn unsere Schüler die Herrscher des Karmas um Hilfe bitten wollen, sollen sie den sechszackigen Stern auf den Boden zeichnen, ihre Arme in Form einer Waage öffnen und sie auf und ab bewegen, den Verstand konzentriert auf Anubis.

So können wir die Herrscher des Karmas um den erwünschten Dienst bitten.

Während wir die Arme wie eine Waage bewegen, sprechen wir die Silben aus: Ni, Ne, No, Nu, Na.

Auf diese Weise können wir die Herrscher des Karmas in Augenblicken der Not oder Gefahr um Hilfe bitten. Alle Kredite müssen bezahlt werden.

Arkanum 9

Der Eremit

Das Arkanum Nummer neun ist der Eremit, umsichtig und weise, es ist die Einsamkeit.

In der neunten Sphäre gibt es große Schmerzen.

In der neunten Sphäre existiert der allerhöchste Schmerz, wie es Dante in der Göttlichen Komödie sagt.

Man muss lernen, zu verstehen, man muss lernen, zu leiden, sich abzufinden.

Diejenigen, die es nicht tun, scheitern.

Kabbalistische Sephira: Jesod.

Hebräischer Buchstabe: Teth.

Transzendentes Axiom: Erklimme den Berg und betrachte das versprochene Land, doch ich sage nicht, dass du es betreten wirst.

Element der Vorhersage: Verheißt Wissenschaft, um Entdeckungen zu machen, Ordnung bei ihrer Umsetzung und Vorsicht bei ihrer Nutzung. Günstige Verbindungen und unglückliche Verbindungen. Hilfreiche Freunde und hinderliche Freunde.

Licht der Vernunft und Licht der Intuition, das erste für das, was ist und das zweite für das, was sein wird.

Beschreibung der Karte

In diesem Arkanum sehen wir einen aufgehenden Mond in den Wassern des Lebens. Im mittleren Abschnitt einen alten Eremiten, der im Begriff ist, vorwärts zu schreiten, in seiner linken Hand hält er die Lampe, die seinen Pfad erhellt. Es ist die Lampe des Hermes, die Weisheit. Mit seiner rechten Hand stützt er sich auf den Stab der Patriarchen, der die Wirbelsäule mit ihren sieben Kirchen verkörpert.

Der umsichtige und kluge Eremit ist in den schützenden Mantel des Apollonius gehüllt, der die Bedachtsamkeit symbolisiert. Hinter ihm befindet sich die Palme des Sieges. Im oberen Teil ist eine Sonne, die mit drei Strahlen scheint, sie zeigt die drei Grundkräfte. Sie steigt herab, um sich mit dem Mond zu vereinen. Der Mond steigt auf und die Sonne steigt hinab, was uns zeigt, dass wir durch die Transmutation den Mond in die Sonne verwandeln müssen; wir müssen mit dem Arkanum A.Z.F. die lunaren Körper in solare Körper verwandeln.

Das Arkanum Nummer neun verweist eindeutig auf die neun Kreise der atomaren Höllen der Natur und die neun Sphären der neun Himmel. Dieses Arkanum stellt auch die neun Planeten dar, die in den neun Sphären des Planeten Erde dargestellt sind. Der Eingeweihte muss in die neun unterirdischen Sphären hinabsteigen, damit er sich später die neun Himmel, die den jeweiligen Planeten entsprechen, verdienen kann.

Esoterische Bedeutung des Arkanums

Das Arkanum Nummer neun ist der Eremit, die Einsamkeit. In seiner höheren Form ist dieses Arkanum die neunte Sphäre, die Sexualität.

In den alten Tempeln war der Abstieg in die neunte Sphäre die größte Prüfung für die höchste Würde des Hierophanten. Hermes, Buddha, Jesus Christus, Zarathustra, Dante und viele andere große Eingeweihte mussten diese größte Prüfung bestehen: hinabzusteigen in die neunte Sphäre, um mit Feuer und Wasser zu arbeiten, dem Ursprung der Welten, Tiere, Menschen und Götter. Jede wahre weiße Einweihung beginnt hier.

In der neunten Sphäre oder der neunten Schicht der Erde, im Mittelpunkt der Erde, dem Herzen der Erde selbst befindet sich das strahlende Zeichen der Unendlichkeit. Dieses Zeichen hat die Form einer Acht. Das Zeichen der Unendlichkeit ist die heilige Acht. Das Herz, der Verstand und die Sexualität des Genius der Erde sind in diesem Symbol dargestellt. Der geheime Name dieses Genius ist Changam.

Der Sohar informiert uns mit Nachdruck darüber, dass in der Tiefe des Abgrundes Adam-Protoplastos lebt, das Prinzip, das die Seelen unterscheidet. Wir müssen uns diesem Prinzip stellen, in einem Kampf auf Leben und Tod. Die Schlacht ist schrecklich; Verstand gegen Sexualität, Sexualität gegen Verstand und was am schrecklichsten und schmerzhaftesten ist: Herz gegen Herz.

Offensichtlich drehen sich alle Kräfte im menschlichen Wesen um die heilige Acht.

Wer die Stadt mit den neun Toren, die in der Bhagavad-Gita erwähnt wird, betreten will, der muss sich entschließen, in die feurige Schmiede des Vulcanus hinabzusteigen.

Die Kunst der Transmutation in der neunten Sphäre.

Im menschlichen Organismus ist die neunte Sphäre die Sexualität; wer sich selbst verwirklichen möchte, der muss in die neunte Sphäre hinuntersteigen, um durch die Arbeit mit Wasser und Feuer die zweite Geburt zu erlangen.

In der neunten Sphäre befindet sich die feurige Schmiede des Vulcanus (die Sexualität). Dorthin stieg Mars hinab, um sein Flammenschwert neu zu schmieden und das Herz von Venus zu erobern (die venusische Einweihung). Herkules stieg hinab, um die Ställe des Augias auszumisten (die niederen tierischen Aspekte).

Perseus, um mit seinem Flammenschwert das Haupt der Medusa abzuschlagen (das psychologische *Ich* oder der irdische Adam). Und dieses mit Schlangen bedeckte Haupt muss der esoterische Schüler Minerva, der Göttin der Weisheit, übergeben.

Der Fötus verbleibt neun Monate im Mutterleib und neun Zeitalter im Mutterleib von Rhea, Tonantzin, Kybele, in anderen Worten, der Mutter Natur, sind notwendig, damit eine planetarische Menschheit geboren wird. Genauso offensichtlich ist es auch, dass wir in die neunte Sphäre hinabsteigen müssen, um uns zu entwickeln und die zweite Geburt erreichen zu können.

Jesus sagte zu Nikodemus: *Es ist notwendig, dass du nochmals geboren wirst, damit du in das Königreich der Himmel eintreten kannst.* (Johannes 3:1-15)

Damit ist die Erschaffung der solaren Körper gemeint; niemand kann das Königreich der Himmel betreten, der in lunare Lumpen gekleidet ist.

Die solaren Körper müssen erschaffen werden und dies wird nur durch Umwandlung der schöpferischen Energie erreicht. In der ägyptischen Theogonie werden die solaren Körper durch das ägyptische Sahu dargestellt. Niemand hat das Recht, an der Tafel der Engel zu sitzen, wenn er nicht mit solaren Körpern bekleidet ist. Wir müssen das To Soma Helikon erschaffen, den goldenen Leib des solaren Menschen.

Es steht geschrieben: *Schmal ist der Weg, der zum Licht führt*. Wer dem Weg folgen will, *verneine sich selbst, nehme sein Kreuz und folge mir nach*. (Die drei Faktoren der Revolution des Bewusstseins; sterben, geboren werden und sich opfern). Wer sich selbstverwirklichen will, muss bereit sein, alles aufzugeben: Vermögen, Ehren, Frieden und Ansehen und er muss sein eigenes Blut geben.

Man muss einen Schwerpunkt haben, ein permanentes Zentrum des Bewusstseins. Wir menschlichen Wesen sind nichts anderes als Maschinen, die von unseren *Ichs* (das Ego ist vielfältig) gesteuert werden. Wir sind in einer sehr unvorteilhaften Lage, was bedeutet, dass wir sehr, sehr große Anstrengungen benötigen und das *Ich* töten müssen. Das Ego ist Mephistopheles; es ist die Wurzel all unseres Leidens und unserer Qual; es lebt gemäß seinen eigenen Bedingungen. Wir müssen es in kosmischen Staub verwandeln, um ein erwachtes Bewusstsein zu haben und den Weg erkennen zu können.

Unter Wissen versteht man, die großen Wahrheiten zu sehen, zu hören und zu fühlen.

Es ist eine Notwendigkeit, zu verstehen, was die Tiefen des Abgrundes bedeuten. Wenn vom Hinabsteigen in die Tiefen des Abgrundes gesprochen wird, so ist das real.

Aufgrund des Gesetzes der Konkomitanz oder der gegenseitigen Beziehung bringt uns der Abstieg in die neunte Sphäre in Einklang mit dem planetarischen Organismus, auf dem wir leben. Wer in der neunten Sphäre arbeitet, ist zu den Tiefen seines wahren Inneren hinabgestiegen. Wenn jemand während dieser Arbeit stirbt, wird er sehen, dass er wirklich in dieser Region lebt (die neunte Sphäre ist der Mittelpunkt der Erde). Natürlich wird der, der sein Bewusstsein erweckt hat, derjenige sein, der das bemerken wird.

Es ist notwendig, dem Neophyten den Hinweis zu geben, dass in der neunten Sphäre die größten Qualen existieren, wie Dante in der Göttlichen Komödie beschrieb: *bei den Verdammten, deren Tränen in ihren Augen geronnen sind, und anderen, denen die Wasser bis zu ihren Schöpfungsorganen hinaufgestiegen sind.*

Man muss zu verstehen wissen, man muss lernen zu leiden, sich abzufinden. Wer es nicht tut, scheitert. Es ist eine Anmaßung, ein Paradox, in der neunten Sphäre das Glück finden zu wollen. Es wäre widersinnig, weil es eine Tatsache ist, dass die innere Selbstverwirklichung etwas kostet, einen Preis hat, vielleicht das Leben selbst.

Wurde nicht Hiram Abif ermordet und von 27 Meistern verfolgt? Kabbalistisch zusammengezählt ergibt das: 2 + 7 = 9

Es herrscht ein großer Schmerz in der neunten Sphäre, bis man endlich die zweite Geburt erlangt. Als Jesus zu Nikodemus sagte, dass er nochmals geboren werden müsse, verstand er es nicht. Jesus kannte selbstverständlich das große Mysterium. Wird es einen Zeitpunkt geben, an dem man die neunte Sphäre verlassen kann? Ja, wenn die zweite Geburt erlangt wurde.

Nachdem ich das To Soma Heliakon in der Schmiede der Zyklopen (die Sexualität) erschaffen hatte, musste ich eine Zeit in tiefer Besinnung verbringen. Im Wohnsitz der Liebe, im Tempel der zweimal Geborenen traf ich andere Brüder und Schwestern, die auch intensiv in der feurigen Schmiede des Vulcanus (die Sexualität) gearbeitet hatten. Sie strahlten alle herrlich inmitten der unbeschreiblichen göttlichen Verzückung des Karfreitags.

Wir versammelten uns und sprachen über die Kämpfe und Qualen, aus denen wir siegreich hervorgegangen waren. Doch all das ist nur der Anfang des Anfangs, nur die Basis der Basis; es gibt noch einiges mehr darüber zu sagen und es ist erforderlich, dass Sie darüber unterrichtet werden.

Wenn ein zweimal Geborener, oder jemand, der die Adeptschaft erreicht hat, versucht, den Zustand eines Engels zu erreichen, so muss er noch einmal hinab in den tiefen Schacht des Universums, in die neunte Sphäre, und nach Beendigung seiner Arbeit muss er die Leiter, d. h. die Leiter des Luzifer, hinaufsteigen, um auf diese Weise die Stufe eines Engels zu erreichen.

Wenn er wünscht, ein Erzengel zu werden, ein Fürst, ein Thron oder ein Cherub, so muss er dasselbe tun, hinabsteigen, um aufzusteigen.

Es ist notwendig, zu verstehen und den Unterschied zu sehen zwischen einem Fall und einem Abstieg. Derjenige, der enthauptet wurde, kann nicht wieder enthauptet werden. Wenn man dabei ist, in das Absolute einzutreten, muss man in die neunte Sphäre hinabsteigen.

Wenn man die zweite Geburt erlangt hat, ist die Sexualität verboten; man darf die Sexualität nicht mehr praktizieren, nur weil man es möchte. Wenn man jedoch den Befehl der weißen Bruderschaft, des heiligen Ordens, oder des Vaters erhält, der im Geheimen ist und man angewiesen wird, in die Tiefen des Abgrundes hinabzusteigen, muss man gehorchen. Das ist kein Vergnügen, sondern Schmerz und Opfer.

Über die Leiter des Luzifer muss man hinabsteigen und hinaufsteigen. Wir müssen Meister beider Kräfte, der oberen wie der unteren, werden. Der Vater im Verborgenen befiehlt, was getan werden muss; nur auf Erhalt des Befehles steigt man hinab.

Nur der, der fällt, verliert seine Einweihungsgrade, nicht der, der hinabgestiegen ist. Die Befehle werden empfangen, wenn das Werk abgeschlossen ist. Man macht nicht länger nach Lust und Laune von der Sexualität Gebrauch.

Der Vater ist der Herr dieses Aktes; und es ist der Vater, von dem der Befehl kommen muss. Die Sexualität gehört nicht uns, sondern dem Vater.

Das Gesetz Leviathans gilt für den Freimaurer, der bereits alle Arbeiten oder esoterischen Grade bestanden hat. Weil er schon geköpft wurde, kann er nicht wieder geköpft werden. Ihm kann weder von oben noch von unten Schaden zugefügt werden; er lebt in Übereinstimmung mit dem Gesetz, dem großen Gesetz.

Dies ist die höhere Weisheit der esoterischen Freimaurerei. Zuerst handelt man nach seinem eigenen launischen Willen. Später muss man nach dem Willen des Vaters handeln.

Wenn man kein Ego mehr hat, verschwindet das Böse, und man weiß nur, wie man den Willen des Vaters erfüllt.

Er ist unser wahres Sein, der Alte der Tage, er ist höher als Atman, wenn er befiehlt, so müssen seine Befehle ausgeführt werden.

Man wird frei von der neunten Sphäre, wenn man ein Paramarthasattya (ein Bewohner des Absoluten) wird. Dann wird man in die abstrakte Freude eintauchen. Bevor man jedoch dorthin gelangt, wird man einer Demütigung unterzogen; man muss noch einmal hinuntersteigen, sonst verletzt man das Gesetz des Leviathan, das Siegel Salomons.

Wir finden die Mysterien der neunten Sphäre auch in der Offenbarung in der Bibel: *Und ich hörte die Zahl derer, die versiegelt wurden; hundertvierundvierzigtausend, die versiegelt waren von allen Geschlechtern der Kinder Israel.* (Off. 7:4)

Wenn wir die Zahlen kabbalistisch addieren, erhalten wir die Zahl neun, 1 + 4 + 4 = 9. Neun ist die Zahl der neunten Sphäre, der Sexualität. Nur die, die absolute Keuschheit erreicht haben, werden gerettet werden.

Und ich sah das Lamm stehen auf dem Berg Zion, und mit ihm hundertvierundvierzigtausend, die hatten seinen Namen und den Namen seines Vaters geschrieben an ihrer Stirn. (Off. 14:1-5)

Der Berg Zion ist in den höheren Welten, die Zahlen drücken eine symbolische und kabbalistische Menge aus, die sich wie folgt aufschlüsselt: 1 + 4 + 4 = 9, die Sexualität. Nur durch das große Arkanum können wir gerettet werden und den Namen des Vaters auf unserer Stirn erhalten.

Das Volk Zion ist das spirituelle Volk Gottes. Dieses Volk schließt all jene ein, die die sexuelle Magie praktizieren (das Volk der Keuschheit).

Bezüglich des neuen Jerusalem wird gesagt: *Und er maß die Mauer, hundertvierundvierzig Ellen, nach Menschenmaß, das der Engel hat.* (Off. 21:17)

144 = 1 + 4 + 4 = 9, die Sexualität.

Die Neun ist das Maß des Menschen, das heißt, eines Engels. Wir bleiben neun Monate im Mutterleib. Nur in der neunten Sphäre kann der Menschensohn geboren werden. Es gab niemals einen Engel, der nicht in der neunten Sphäre geboren wurde.

Wer der Medusa (dem *Ich*) den Kopf abschlagen will, muss in die neunte Sphäre hinabsteigen.

Wer den Christus inkarnieren möchte, muss in die neunte Sphäre hinabsteigen. Wer das *Ich* auflösen möchte, muss in die neunte Sphäre hinabsteigen. Die neunte Sphäre ist das heilige Königreich der göttlichen Allmacht des dritten Logos. In der neunten Sphäre finden wir die feurige Schmiede des Vulcanus.

Jeder Neuling, der am großen Werk arbeitet, muss sich auf seinen eigenen Stab stützen, sich mit seiner eigenen Lampe leuchten und sich in seinen heiligen Mantel hüllen. Jeder Neuling muss besonnen sein.

Wenn ihr den Christus inkarnieren wollt, seid wie die Zitrone. Meidet die Wollust und den Alkohol. Zerstört die tiefsten Wurzeln des Begehrens.

Es gibt esoterische Schüler im Überfluss, die fälschlicherweise beteuern, dass es zahlreiche Wege gibt, die zu Gott führen. Aber der große göttliche Meister Jesus sagte: *Und die Pforte ist eng und der Weg ist schmal, der zum Leben führet; und wenige sind ihrer, die ihn finden.* (Matthäus 7:14)

Wenn der Schüler der Esoterik geduldig und gründlich all das untersucht, was die vier Evangelien beinhalten, wird er sich selbst überzeugen können, dass Jesus niemals behauptet hat, dass es viele Wege gäbe.

Der verehrungswürdige Retter der Welt sprach nur von einer schmalen Tür und von einem einzigen Weg, eng und schwierig. Und diese Türe ist die Sexualität! Und dieser Weg ist die Sexualität! Es gibt keinen anderen Weg zu Gott. In aller Ewigkeit wurde niemals ein Prophet bekannt, der eine andere Türe außer der Sexualität gekannt hätte.

Einige Schüler der Esoterik, die sich im Irrtum befinden, verwirrt und fehlgeleitet sind, erheben Einspruch gegen diese Lehren und behaupten, dass Pythagoras, Zarathustra, Jesus und andere Eingeweihte unverheiratet waren und angeblich nie Frauen hatten.

In allen Tempeln der Mysterien gab es heilige Vestalinnen. Die Materialisten, die Respektlosen, die, die schlechte Absichten hatten, versuchten willkürlich, sie als „heilige Huren" abzustempeln.

Diese Vestalinnen waren jedoch tatsächlich eingeweihte Jungfrauen. Esoterische Jungfrauen, obwohl ihre Körper physiologisch nicht mehr jungfräulich waren.

Die Eingeweihten des Tempels, Pythagoras, Zarathustra, Jesus Christus und alle alten Eingeweihten haben ohne Ausnahme das Arkanum A.Z.F. mit den Vestalinnen des Tempels praktiziert.

Nur innerhalb der feurigen Schmiede des Vulcanus konnten diese großen Eingeweihten ihre Waffen neu schmieden und das Herz der Venus erobern.

Bedeutung in Bezug auf die Einweihung

Dieses Arkanum ist das des Eremiten. Er tritt als ein alter Mann in Erscheinung, der eine Laterne in seiner rechten Hand trägt.

Diese Laterne muss emporgehalten werden, um den Weg zu beleuchten, sie muss erhoben werden, hoch hinauf gehalten werden, um zu erleuchten.

Wenn man die Zahl neun mit jeder beliebigen Ziffer multipliziert, erhält man in der Quersumme immer neun.

Beispiel:

2 x 9 = 18	1 + 8 = 9
4 x 9 = 36	3 + 6 = 9
5 x 9 = 45	4 + 5 = 9

Das ist sehr interessant; es gibt neun Höllenkreise im Inneren der Erde. Wir können sagen, dass es von der Oberfläche der Erde bis zu ihrem Inneren neun parallele höllische Universen gibt, die sich bis ins tiefste Herz der Erde erstrecken; der neunte Kreis ist das Zentrum der Erde. Diese neun Kreise sind die dämonischen und teuflischen Regionen. Es gibt auch neun höhere Kreise, die im Okkultismus als die neun Himmel bezeichnet werden. Wir können diese neun Himmel durch die neun Planeten darstellen.

Mond

Merkur

Venus

Sonne

Mars

Jupiter

Saturn

Uranus

Neptun

Wenn wir uns zum Beispiel auf den Mond beziehen, sollten wir nicht an den physischen Satelliten Mond denken. Die teuflische sublunare Region darf nicht auf dem Mond gesucht werden, sondern im Inneren der Erde.

Nun lasst uns über den lunaren Himmel nachdenken; das bedeutet nicht unbedingt, dass er sich auf dem Mond befindet, sondern in den höheren Regionen, das heißt in den molekularen Regionen, die lunar sind und vom Mond regiert werden. Es ist eine molekulare, lunare Welt, die sich hier befindet, in unserer Welt.

Dieser erste lunare Himmel hat seine Wissenschaft, hier findet man die Seelen, die es verdienen, in diese Region aufzusteigen, denn es gelingt nicht allen Verstorbenen, diesen Himmel zu erreichen. Die Mehrheit der Verstorbenen kehrt an der Schwelle um, um in die Region der Toten einzutreten und später in eine neue Gebärmutter einzugehen. Andere gehen in die absteigende Involution der neun höllischen Sphären.

Man betritt den ersten lunaren Himmel, um sich auszuruhen; der Mond ist mit der Keuschheit, mit der Sexualität verbunden. Hier kann man sich an die verschiedenen Fehler erinnern, die man im Zusammenhang mit der Sexualität begangen hat.

Es gibt ein schwerwiegendes Problem: der Mond tendiert zum Materialismus, die ganze Mechanik der Erde ist vom Mond beherrscht.

Alles Leben auf der Erde, die gesamte irdische Mechanik wird vom Mond regiert. Das ganze mechanische Leben, das wir führen, ist lunarer Art.

Der Mond bewegt die irdische Mechanik wie das Pendelgewicht einer großen Uhr. Das Wachstum der Pflanzen, der Tiere, der Eisprung der Frau, die Ebbe und Flut der Meere, der Wasserhoch- und Tiefstand, usw. hängen vom Mond ab.

Aufgrund dieser Tatsache muss man, wenn man wahrhaft triumphieren will, sich den zunehmenden Mond bei seinen Handlungen zu Nutzen machen; ebenso den Vollmond. Wenn der abnehmende Mond benutzt wird, werden wir fehlschlagen. Der Neumond ist sehr schwierig, er hat keine Kraft.

Wenn man mit einer Tätigkeit oder geschäftlichen Transaktion Erfolg haben will, ist es notwendig, den zunehmenden oder vollen Mond zu nutzen. Beginne nie mit der Abwicklung eines Geschäftes bei abnehmendem Mond oder Neumond. Um den lunaren Materialismus zu beherrschen, muss man die Düfte der Rosen und Veilchen benutzen. Sie müssen benutzt werden, um den Materialismus zu kontrollieren, weil der Mond einen materialistischen Einfluss auf den menschlichen Verstand ausübt. Zu unserem Unglück werden die subjektiven Elemente, die wir in uns tragen, vom Mond gelenkt.

Die Seele jedes Lebewesens entsteht aus einem Atom, dem Ain Soph. Jeder hat sein Ain Soph; das ist der Stern, der im unendlichen Raum erstrahlt, jenseits der neun Himmel. Die Seelen müssen zu ihrem Ain Soph, zu ihrem Stern zurückkehren. Die Rückkehr zu ihrem Stern ist etwas Göttliches. In dem Augenblick, in dem man sich selbst verwirklicht, darf man zu seinem Stern zurückzukehren. Darüber spricht Platon in seinem *Timaeus*. Jeder dreihirnige Zweifüßler muss den

Schmetterling herstellen, muss ihn erschaffen, um zu diesem Stern zurückzukehren. Die neun Himmel haben eine Übereinstimmung, eine Verbindung mit den neun höllischen Kreisen. Im Ganzen haben wir:

9 Himmel + 9 höllische Kreise = 18.

1 + 8 = 9, die Zahl des Meisters, des Eingeweihten.

Wir müssen uns in den achtzehn Kreisen selbst verwirklichen. Ein Individuum, das sich nicht in den achtzehn Kreisen selbstverwirklicht hat, ist kein Meister. Zusammengefasst, die perfekte Neun zu sein bedeutet, sich in den achtzehn Kreisen zu entwickeln, um ein Meister zu sein.

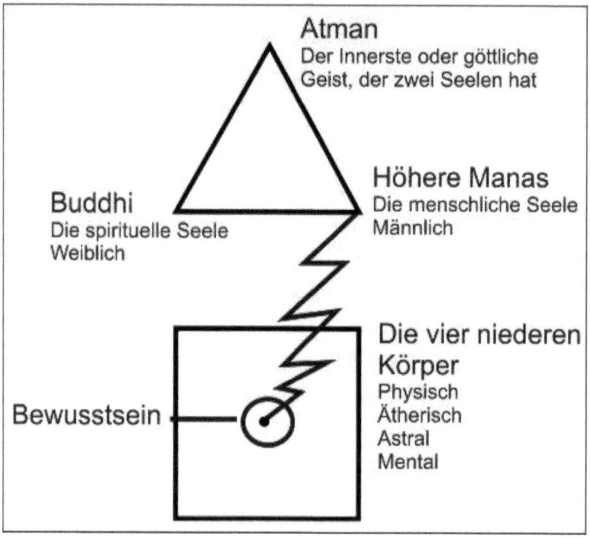

Atman ist der göttliche Geist (eine Entfaltung des Logos), der zwei Seelen hat, Buddhi und Manas. Es ist notwendig, das zu verstehen. Im Mittelalter, als der Ritter auszog, um für seine Dame zu kämpfen, war es nichts anderes als die menschliche Seele, die darum kämpfte, ihre spirituelle Seele zu erobern. Ich war in der Lage, dies zu verstehen, als mein wahres Sein mich in die Kausalwelt brachte, die von intensiver, elektrisch blauer Farbe ist.

Der König, Atman, der Herr, saß an der Tafel mit einer schönen Frau, seiner spirituellen Seele, seiner Beatrice, seiner Walküre; und zusammen mit der menschlichen Seele saßen sie in einem Dreieck.

Atman begann zu sprechen und sagte mir: *Ich habe zwei Seelen, die spirituelle Seele und die menschliche Seele, und während die menschliche Seele arbeitet, spielt die spirituelle Seele und lebt glücklich. Das ist meine Lehre. So sind wir drei eins.*

Wir, Atman, Buddhi und Manas vereinen uns in der Kausalwelt, der Welt der Ursachen. Ohne diese Erfahrung könnte ich dies nicht klar erläutern. Atman entfaltet sich in Buddhi, und Buddhi in Manas, so als würden wir uns in einem Spiegel sehen, und dann entsteht die Dreiheit.

Die Essenz ist eine Entfaltung des höheren Manas, diese Essenz wiederum ist gefangen im *Ego*.

Die Erweckung dieser Essenz ist die Erweckung des Bewusstseins. Es bedeutet, sich der Geheimnisse des Lebens und des Todes bewusst zu werden. Viele möchten das Bewusstsein erwecken, aber in einem bestimmten Augenblick geben sie die Arbeit auf. Deshalb wurde niemandem, der nicht zuvor das Bewusstsein erweckt hatte, die Maithuna vermittelt.

Das Sein, die göttliche Triade, zu inkarnieren, ist wirklich sehr schwierig. Es ist notwendig, die solaren Körper zu erschaffen.

Wenn das Sein inkarniert würde, ohne dass die solaren Körper geschaffen wurden, könnte man dem elektrischen Schock nicht standhalten, man würde sterben.

Die solaren Körper herzustellen, ist lebensnotwendig, man muss in der neunten Sphäre arbeiten; man muss in die Schmiede der Zyklopen hinabsteigen und mit dem Wasser und dem Feuer arbeiten.

Die schöpferische Energie ist der Heilige Geist.

Vulcanus ist der dritte Logos, die sexuelle Kraft, Shiva.

Das heilige Feuer ist „sie“, die feurige Schlange, die durch die Wirbelsäule aufsteigt, sie ist Mutter Kundalini. Sie vereint sich in der Zirbeldrüse mit ihrem Gatten.

Der dritte Logos, der Heilige Geist, der ewige Gemahl, ist der, der die göttliche Mutter Kundalini, die Wurzel der Monade, die Mutter des Weltraums, befruchtet.

Das kosmische Saatfeld, die Matripadma, ist die Deva Mater, die chaotische Materie, die Muttersubstanz, die Prima Materia des großen Werkes. Dies ist die Mutter des Weltraums.

Jeder, der die innere Selbstverwirklichung des Seins anstrebt, muss in die neunte Sphäre hinabsteigen, um mit Wasser und Feuer zu arbeiten.

Der Heilige Geist ist der dritte Logos, der sie befruchtet; er ist verborgen in der Matripadma. Ohne ihn bleibt sie unbewegt, mit ihm wird sie entflammt, hallt wieder und bläht sich auf.

Der Vater ist der erste Logos, der zweite ist der Sohn und der dritte der Heilige Geist.

Diese drei Aspekte liegen jenseits von Atman, Buddhi und Manas.

Aus Ain Soph entsteht der Vater, aus ihm der Sohn und aus dem Sohn der Heilige Geist. Diese drei Logoi sind das Tao, Brahma, der universelle Geist des Lebens und jenseits davon ist das Absolute. Diese drei Logoi gehen aus dem universellen Ozean des Lebens hervor. Eine Welle, die sich erhebt, kann Ishvara sein, ein Purusha, der lehrt, und nachdem er gelehrt hat, verschmilzt er wieder mit dem Geist des Ozeans.

In sich selbst hat das Absolute seine drei Aspekte; Ain, Ain Soph und Ain Soph Aur. über Ain zu sprechen ist schwierig, weil es das unmanifestierte Absolute ist. Im Absoluten gibt es weder Form noch Gestalt noch Zahl noch Gewicht. Wenn sich das Universum auflöst, bleibt nur die Erinnerung im Bewusstsein der Götter. Und mit diesen Erinnerungen wird das Universum des Pleroma gebildet. Wenn jemand etwas von dort nehmen wollte, würde es nicht existieren, weil es dort nur Erinnerungen gibt.

Zusammenfassung

Unter einem selbstverwirklichten Wesen versteht man jemanden, der die solaren Körper erschaffen und das *Ego* ausgelöscht hat.

Man steigt nur auf Befehl des Alten der Tage in den Abgrund, und nur um aufzusteigen.

Die Einweihung ist dein Leben selbst.

Der Innerste ist der, der die Einweihungen erhält.

Die Einweihung hat nichts zu tun mit jenen fantastischen Geschichten, die so häufig in bestimmten Büchern verbreitet werden.

Hier bekommen wir nichts geschenkt, alles hat seinen Preis.

Dem, dem nichts geschuldet wird, wird nichts bezahlt.

Die Einweihungen sind der Lohn, den der Logos dem Menschen gibt, wenn der Schüler sich für die Menschheit geopfert hat.

Diejenigen, die sich nur um ihren eigenen spirituellen Fortschritt kümmern und nicht für andere arbeiten, erhalten überhaupt nichts.

Wer vorankommen möchte, muss sich für die anderen opfern.

Die Einweihung ist das Leben selbst, intensiv gelebt, mit Rechtschaffenheit und Liebe.

Arkanum 10

Die Vergütung

Das Arkanum Nummer zehn ist vom esoterischen Standpunkt aus betrachtet wirklich transzendental. Der Kreis mit dem Punkt in der Mitte ist ein vollkommen phallisches Symbol; verlängern wir den Punkt, wird er zur Linie, zum Lingam.

Stellen wir die Linie nach links, so ist das die Zahl 10. In dieser Zahl sind all die Mysterien des Lingam-Yoni enthalten, die Gesetze der Ausstrahlung und Absorption. Es ist nicht möglich, zur inneren Selbstverwirklichung des Seins zu gelangen, ohne in der Sahaja Maithuna gearbeitet zu haben.

Das Arkanum Nummer zehn ist das Rad des Samsara, das kosmogonische Rad Hesekiels. In diesem Rad finden wir den Kampf der Antithesen.

Dieses Rad schließt das ganze Geheimnis des Baums der Erkenntnis ein.

Das Arkanum Nummer zehn ist das Rad der Jahrhunderte, das tragische Rad, welches das Gesetz der antiken Wiederkehr ist.

Es ist logisch, dass dieses Gesetz auf engste Weise mit dem Gesetz der Rekurrenz verbunden ist, das heißt, alles geschieht wieder, so wie es passiert ist, dazu kommen die guten oder schlechten Auswirkungen. Die gleichen Dramen wiederholen sich, das nennt man Karma.

Kabbalistische Sephira: Malkuth

Hebräischer Buchstabe: Jod

Wenn wir eine Bitte aussprechen, antworten die Engel oft, indem sie uns die Uhr zeigen. Der Schüler soll sich die Zeit auf der Uhr merken. Dies ist die Uhr des Schicksals. In der Uhr liegt die Antwort. In der esoterischen Allegorie wird immer mit der Uhr geantwortet. Man muss lernen, die Uhr zu verstehen.

Uhrzeit: Die erste Stunde des Apollonius: „Transzendentales Studium des Okkultismus."

Transzendentes Axiom: „Kostbar ist das Wissen, das du mit der Erfahrung bezahlst und noch kostbarer das, was du noch nicht bezahlt hast."

Element der Vorhersage: „Verheißt Glück und Unglück, Aufstiege und Abstiege, legitimer Besitz und zweifelhafter Besitz. Empfehlungen durch vergangene Gefahren und Umstände, die sich in anderer Weise wiederholen."

Beschreibung der Karte

Zwei Schlangen befinden sich in den Wassern des Lebens: die positive solare Schlange, die die Israeliten in der Wüste heilte; und die negative lunare Schlange, die Schlange der Versuchung des Gartens Eden, der lunaren Körper, der Körper der Sünden. Im mittleren Abschnitt ist das Glücksrad oder Rad des Samsara, das Rad von Geburt und Tod.

Auf der rechten Seite erhebt sich Hermanubis in Evolution; links steigt Typhon Baphomet ab, in Involution. Nach 108 Leben hat das Rad eine komplette Umdrehung vollendet. Beim Aufstieg beobachten wir die Evolution durch das mineralische, pflanzliche, tierische und menschliche Reich; beim Abstieg geht es denselben Weg hinab.

Das Rad des Samsara dreht sich 3000 Mal, danach kehrt die Essenz nach so vielen Reinigungen und Leiden ins Absolute zurück, jedoch ohne Selbstverwirklichung.

Im oberen Teil der Karte stellt die Sphinx, die auf dem Rad das Gleichgewicht erhält, die Mutter Natur dar. Die Sphinx ist die elementare Vermittlerin der gesegneten Muttergöttin der Welt.

In ihr finden wir die Darstellung der fünf Elemente:

Wasser - das Gesicht des Menschen

Luft - die Flügel des Adlers

Erde - die Beine des Stiers

Feuer - die Pranken des Löwen

Äther - der Stab

Esoterische Bedeutung des Arkanums

Im Arkanum Nummer zehn finden wir das Rad des Schicksals, das kosmogonische Rad des Hesekiel. Innerhalb dieses Rades sehen wir den Kampf der Gegensätze, Hermanubis zur Rechten, Typhon zur Linken. Dies ist das Rad der Jahrhunderte, es ist das Glücksrad, das Rad der Reinkarnation und des Karmas; das schreckliche Rad der Vergütung, über dem Rad befindet sich das Geheimnis der Sphinx.

Im Rad der Antithese bekämpfen sich die zwei Schlangen gegenseitig. In diesem Rad ist das vollständige Geheimnis des Baumes der Erkenntnis eingeschlossen. Die vier Flüsse des Paradieses fließen aus einer einzigen Quelle. Einer von ihnen fließt durch den dichten Wald der Sonne, er bewässert die philosophische Erde des Goldes des Lichtes. Der andere, dunkel und düster, schlängelt sich durch das Reich des Abgrundes. Licht und Dunkelheit, weiße und schwarze Magie bekämpfen sich gegenseitig. Eros und Anteros, Kain und Abel leben in uns in heftigem Kampf, bis wir, wenn wir das Geheimnis der Sphinx entdecken, das flammende Schwert ergreifen. Dann befreien wir uns vom Rad der Jahrhunderte.

Kabbalistisch bezeichnet man das Arkanum Nummer zehn als Königreich oder vitales Zentrum, man nennt es die gestaltende Wurzel aller Gesetze der Natur und des Kosmos.

Gestalten bedeutet intellektuell begreifen und später konstruieren oder zeichnen. Aus diesem Grund ist die Zehn das gestaltende Prinzip aller Dinge.

Der Kreis mit dem Punkt in der Mitte repräsentiert die Mysterien von Lingam-Yoni. Der Kreis ist das Absolute, das ewig weibliche Prinzip. Es ist die Yoni, aus der alle Universen geboren werden.

Der Punkt ist der Lingam, das ewig männliche Prinzip. Der Kreis mit dem Punkt ist der Makrokosmos, es sind die Mysterien von Lingam-Yoni, mit denen die Universen erschaffen werden können.

Der Kreis ist empfangend, der Punkt projizierend. Wenn der Punkt sich ausdehnt, verlängert, wird er zur Linie, er halbiert den Kreis. Wenn der Punkt sich bewegt, haben wir Lingam-Yoni, die zwei Geschlechter, das männliche und das weibliche.

 = 10 = IO

Entfernt man die Linie aus dem Kreis, dann erhalten wir die Zahl zehn und auch das Mantra der göttlichen Mutter.

Das gesamte Universum ist das Ergebnis der sexuellen Energie; ohne die Kraft der schöpferischen Energie kann das Universum nicht erschaffen werden. Ohne schöpferische sexuelle Energie gibt es kein Universum; deshalb ist die „10“ das gestaltende Prinzip der gesamten Natur.

Der Kreis mit dem Punkt in der Mitte kann also folgendermaßen beschrieben werden.

Die Zahl zehn lehrt uns viele Dinge. Wenn wir uns den Kreis, der das Symbol der göttlichen Mutter ist, vor Augen halten, können wir sagen, dass die folgenden Symbole im Grunde dieselben sind:

Es wird gesagt, dass die Zahl zehn die Basis, das Königreich ist, und dass die Person, die den Anordnungen dieses Arkanums gehorcht, die Wiederkehr aller Dinge sieht. Wenn der Schüler es versteht, zu gehorchen, sieht er die Wiederkehr aller Dinge, er erhebt sich zur Erleuchtung und wird imstande sein, die Ebbe und Flut aller Dinge zu sehen, weil er ein Erleuchteter ist. Die Kabbala sagt, dass wir die Dinge in dem Maß sehen, in dem wir beginnen, der „10" zu gehorchen.

In dieser Zahl 10 gibt es die Prinzipien:

- Schöpfung
- Erhaltung
- Erneuerung

Hier ist das Wort in seinem dreifachen Aspekt.

Der Punkt innerhalb des Kreises, der durch Bewegung zur Linie wird, kann folgende Formen annehmen:

Wir haben bereits gesehen, dass die 10 von dem oben erwähnten Symbol kommt, wie auch das IO, das Mantra der göttlichen Mutter, die auch zu den 10 Entfaltungen von Prakriti oder den 10 Sephiroth der Kabbala führt.

Die zehn Sephiroth sind:

1. Kether: der Vater, der Logos.
2. Chochmah: der Sohn, die Dreiheit.
3. Binah: der Heilige Geist, die sephirothische Krone.

Das ist das erste Dreieck. Nach der sephirothischen Krone folgen:

4. Chesed: Das ist Atman, der Innerste, unser göttliches Sein.

5. Geburah: die weibliche spirituelle Seele, Buddhi. Dies ist das höchste Bewusstsein des Seins, das Prinzip der Gerechtigkeit, das Gesetz. Wenn man von Bewusstsein spricht, ist es Buddhi, der Elohim, der sagt: „*Kämpft für mich im Namen von* Te-Tra-Gram-Ma-Ton."

6. Tipheret: Manas, die menschliche Seele.

Dies ist das zweite Dreieck. Im dritten Dreieck haben wir:

7. Netzach: den solaren Verstand, den christischen Verstand.
8. Hod: den wahren solaren Astralkörper.
9. Jesod: den kubischen Stein, die Sexualität.
10. Malchut: den physischen Körper.

Die zehn Sephiroth sind innerhalb von uns, sie liegen jeder organischen und anorganischen Substanz zugrunde. Jedes menschliche Wesen besitzt sie, es ist jedoch notwendig, sie zu inkarnieren. Die selbstverwirklichten Sephiroth strahlen in Atman wie kostbare Edel-

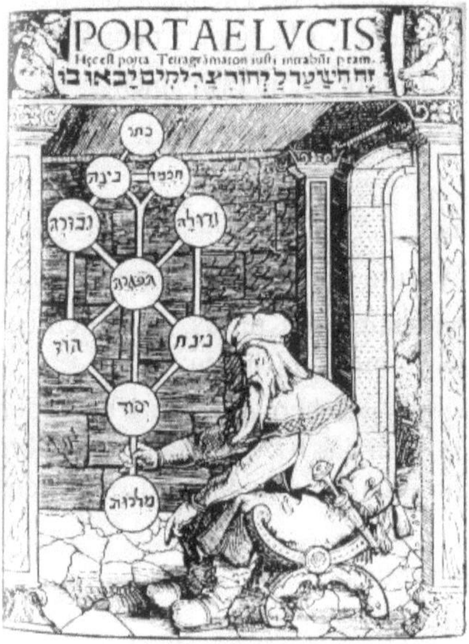

Die zehn Sephiroth der hebräischen Kabbala.

steine. Die Sephiroth bilden die Regionen, wo die Engel, die Cherubim, Mächte, usw. leben.

Die Sephiroth haben ihre Verbindungspunkte zum physischen Körper.

Die Lage der Sephiroth innerhalb des physischen Körpers:

Kether: die Krone, im oberen Teil des Kopfes

Chochmah: rechte Gehirnhälfte

Binah: linke Gehirnhälfte

Chesed: im rechten Arm

Geburah: im linken Arm

Tipheret: im Herzen

Netzach: im rechten Bein

Hod: im linken Bein

Jesod: in den Sexualorganen

Malchut: in den Füßen

Das sind die Berührungspunkte der Sephiroth mit dem physischen Körper. Die Sephiroth sind atomar; es sind keine Sauerstoff-, Kohlenstoff- oder Stickstoffatome, es sind Atome spiritueller Natur, die der okkulten, esoterischen und spirituellen Chemie angehören.

Es gibt männliche und weibliche Sephiroth, die neutrale Zone bildet der tiefe Raum, die magnetischen Felder, usw.

Das wird man nicht in Büchern finden, das muss man selbst entdecken. Ich spreche zu Ihnen vom direkten mystischen Standpunkt aus.

Bedeutung in Bezug auf die Einweihung

Das Arkanum Nummer zehn des Tarot ist das Glücksrad, es ist das Rad des Samsara, das tragische Rad, das das Gesetz der antiken Wiederkehr symbolisiert.

Man muss unterscheiden zwischen Wiederkehr, Reinkarnation und Seelenwanderung, die vollkommen verschieden sind.

Wiederkehr

Alle Welten, Himmel, Sterne und so auch die vier Jahreszeiten kehren zu ihrem ursprünglichen Lebenspunkt zurück. Während der 108 Leben jedes menschlichen Wesens, entsprechend der 108 Perlen am Halsband des Buddha, kehrt das Ego zurück.

Wenn man stirbt, treten einige Egos in die Unterwelten ein und andere kehren in einen neuen Mutterleib zurück; das *Ego* ist aus vielen Wesenheiten zusammengesetzt, manche verkörpern sich in einem bestimmten pflanzlichen oder tierischen Organismus wieder, andere in der menschlichen Gebärmutter. Dadurch gelangt das Ego zu einem neuen Organismus.

Innerhalb jener *Egos* kehrt der gefangene Teil des Buddhata (die Essenz), welcher der göttliche und substanzielle Teil ist, zurück. Ohne Zweifel leben viele Bestandteile von uns in tierischen Organismen. Bei der Rückkehr in dieses Tal der Tränen wird gemäß dem Gesetz der Rekurrenz immer dasselbe wiederholt; das bedeutet, dass alles auf dieselbe Weise wieder geschieht wie in den anderen Leben.

Das Gesetz der Wiederkehr ist eng verbunden und verknüpft mit dem Gesetz der Rekurrenz. Das heißt, alles passiert erneut genauso, wie es schon passiert ist, unter Hinzurechnung der guten und schlechten Konsequenzen der vergangenen Male. Die gleichen Dramen wiederholen sich; das nennt man Karma.

Reinkarnation

Die Reinkarnation ist der Abstieg einer Gottheit zu einem Menschen. Die Inkarnation von Vishnu in einem Menschen ist das, was als Avatar bezeichnet wird. Vishnu ist in Wahrheit der Christus, der solare Logos. Aus diesem Grund nannte man die Reinkarnation in Indien das Werk Vishnus. Krishna sprach darüber, indem er sagte: „Nur die Devas reinkarnieren sich."

Transmigration (Seelenwanderung)

Unter Transmigration versteht man, wenn das Lebewesen anfängt, zu einem Teil des mineralischen Reiches zu werden, sich dann nach langer Zeit hin zum Pflanzenreich entwickelt und später, nach einem Zeitraum von Ewigkeiten, sich zur menschlichen Daseinsform erhebt und 108 Leben erhält. Wenn es sich am Ende der 108 Leben nicht selbst verwirklicht hat, beginnt die Involution in den unterirdischen Reichen des Planeten Erde. Die tierischen, pflanzlichen und mineralischen Stadien werden wiederholt.

In den Tiefen des Abgrundes, in den atomaren Höllen der Erde, wird die Essenz oder das Buddhata gereinigt und befreit durch die Zerstörung des Egos. Und so steigt die befreite Essenz nach Ewigkeiten auf, beginnt erneut im Mineral-, dann im Pflanzen-, dann im Tierreich, bis zum Niveau des Menschen, das zuvor verloren wurde. Das ist das Gesetz der Transmigration der Seelen.

Nur indem wir das Bewusstsein erwecken, werden wir erfahren, ob wir bereits in der Involution waren und zurückgekehrt sind, um erneut zu beginnen. Alles, was mit Wiederkehr und Transmigration zu tun hat, ist lunarer Natur; nur die Reinkarnation ist solar.

Die solaren Kräfte entfernen sich vom Gesetz der Wiederkehr, vom Gesetz der Rekurrenz. Das alles ist Teil des Arkanums Nummer zehn; solange wir das Ego nicht auflösen, müssen wir immer wieder zurückkehren. Um sich selbst zu befreien, ist es notwendig, zu „sterben“; der Tod der Egos ist unerlässlich; erst dann hört man auf, „wiederzukehren“.

Wenn man das ägyptische Totenbuch studiert, stellt man fest, dass es Isis ist, die gerufen wird, um das Ego zu töten. Ohne die göttliche Mutter ist der Tod des Egos unmöglich.

Die Essenz wird durch den Tod befreit und löst sich in Osiris, dem göttlichen Christus auf. Die Essenz erwacht im Herzen von Osiris zu neuem Leben, wo unsere Gefühle, unsere Anhaftungen an Dinge und unsere Wünsche waren; all das wird es nicht länger geben.

Wir müssen sterben, um uns selbst von diesem tragischen Rad zu befreien; wir müssen die Keime verbrennen, damit das Ego nicht wieder auflebt, und in den Gewässern von Lethe und Eunoe baden, damit wir im Licht bestätigt werden und Kain töten, unseren lunaren Verstand. Dieser Verstand ist nutzlos, er muss getötet werden, weil er das Tier ist.

Deshalb sahen die Alten den Mond als das Abbild von Kain; der Verstand wurde Kain genannt, und er war der Jäger. Der Verstand jagt ständig nach Reichtum, sozialer Anerkennung und Ruhm.

Die Schurken nutzen diesen Verstand, um Erfolg zu haben; sie fühlen sich als mächtige Weise mit diesem gut kultivierten, lunaren, tierischen Verstand.

Es gibt eine Statue eines enthaupteten Engels, des Engels von Samothrake. Diese Skulptur zeigt, dass man, nachdem das *Ego* aufgelöst wurde, die Keime verbrannt wurden, nachdem man gebadet hat und im Licht bestätigt wurde, usw., durch den Prozess der Enthauptung gehen muss. Der Tod des lunaren Körpers und des lunaren Verstandes ist nötig. Diese zwei Körper, die den Kain bilden, sind die zwei subjektiven Elemente, die enthauptet werden müssen.

Dann bleiben nur Osiris und die Essenz, die im Herzen von Osiris ruht, übrig. Dann hat man das Recht, die Aspisviper (die Schlange) auf der Stirn zu tragen, und wie im Totenbuch erwähnt wird, „kann man sich nun so setzen, wie die anderen Osiris sich setzen und die Schlange auf der Stirn tragen“. Nun hat man das Wort, man hat triumphiert und seine Kräfte nicht auf eine egoistische Weise eingesetzt.

Osiris ist der kosmische Christus. Ein osirifizierter Mensch hat schon den kosmischen Christus, ein solcher Mensch hat keine subjektiven

Elemente mehr und hat sich somit selbst vom tragischen Rad des Lebens und Sterbens, in dem die Ursache allen Leids wurzelt, befreit.

Der heftigste Kampf, um die Auslöschung des *Egos* zu erreichen, ist der gegen die schreckliche Schlange der Versuchung, das verabscheuungswürdige Organ Kundartiguador, der Schwanz des Satans. Das ist die schreckliche Python, die Apollo mit seinen Pfeilen verwundet hat.

Sie ist die Antithese der göttlichen Mutter, die dichte und fürchterliche Materie, die gegen uns kämpft.

Solange wir nicht in der Barke der Isis sind, dienen wir zu nichts.

Der ägyptischen Wissenschaft zufolge ist Toth Hermes und Hermes ist Merkur. Er ist der große Hierophant, der Minister, der Botschafter des solaren Logos, der große Lehrer, der uns von Einweihung zu Einweihung erhebt.

Aber wo ist er innerhalb von uns? Er ist das „Ens Seminis“.

Nur mittels des großen Todes sind wir in der Lage, dem großen Rad und dem Leiden dieser Welt zu entkommen, die vergänglich und schmerzvoll ist.

Wir müssen die Zuneigung unserer geliebtesten Wesen überwinden, das kostet viel Arbeit.

Diese Welt ist furchtbar schmerzvoll; die einzig lohnende Sache im Leben ist die Selbstverwirklichung, weil alles andere sinnlos ist.

Zusammenfassung

Nur durch das Arkanum A.Z.F. befreien wir uns vom Rad des Samsara.

Die Sephiroth bilden den Körper von Adam-Kadmon.

Wenn man sich zutiefst selbstverwirklicht, betritt man das Reich von Adam-Kadmon.

Schließlich verliert sich das Reich von Adam-Kadmon im Absoluten, wo das Leben ungehindert in seiner Bewegung erstrahlt.

Arkanum 11

Die Überzeugung

Das Arkanum Nummer elf ist die Arbeit mit dem Feuer, mit der Macht der Liebe.

Die Überzeugung ist eine Macht subtiler Art, sie ist spirituell.

Die okkulte Weisheit besagt: *Belebt die Flamme des Geistes mit der Kraft der Liebe*.

Die Überzeugung hat mehr Kraft als die Gewalt.

Hebräische Buchstabe: Kaph.

Uhrzeit: Zweite Stunde des Apollonius: „Die Abgründe des Feuers; durch die Drachen und das Feuer bilden die astralen Tugenden einen Kreis."

Transzendentes Axiom: „Freudig in der Hoffnung, leidend in der Bedrängnis, sei konstant im Gebet."

Element der Vorhersage: „Verheißt Kontrolle über die Richtung, die man verfolgt, Herrschaft über die Elemente, Vitalität, Verjüngung; Gewinn und Verlust von Freunden wegen Familienangelegenheiten. Schmerzen, Hindernisse, Eifersucht, Verrat und Resignation, um Missgeschicke zu ertragen."

Beschreibung der Karte

In den Wassern des Lebens befindet sich der kubische Stein; innerhalb des Steines der Watvogel und auf ihm die Taube des Heiligen Geistes.

Im mittleren Abschnitt schließt eine Frau den Rachen eines wilden Löwen und zeigt damit, dass sie über der Gewalt steht. Auf ihrem Kopf ist die Krone und aus ihrer Stirn ragt die Schlange, welche die Meisterschaft anzeigt. Der Löwe ist das Feuerelement; er repräsentiert auch das Gold. In alten Zeiten wurden die Triumphwagen der Könige von Löwen gezogen, und in der esoterischen Symbolik steht der von Löwen gezogene Triumphwagen für die solaren Körper.

Esoterische Bedeutung des Arkanums

In der Kabbala ist das Arkanum elf unter dem Namen Überzeugung bekannt. Die Hieroglyphe dieses Arkanums ist eine schöne Frau, die in Ruhe und mit olympischer Gelassenheit mit ihren eigenen Händen den Rachen eines wilden Löwen schließt. Die Throne der Gottkönige waren mit Löwen aus massivem Gold geschmückt. Das Gold symbolisiert das heilige Feuer von Kundalini. Das erinnert uns an Horus: Aurum (Gold).

Wir müssen das Blei der Persönlichkeit in das Gold des Geistes umwandeln; diese Arbeit ist nur im Laboratorium des Alchemisten möglich. Wenn der Alchemist im Anfangsstadium gekrönt wird, verwandelt er sich in einen Gott des Feuers. Dann öffnet er mit seinen eigenen Händen den schrecklichen Rachen des wilden Löwen.

Das trinkbare Gold der Alchemie ist das heilige Feuer des Heiligen Geistes. Die Verbindung von Mensch-Kreuz in der Dreiheit des Geistes (Arkanum 12) wäre ohne das trinkbare Gold unmöglich.

Die Zahl elf entschlüsselt sich kabbalistisch wie folgt:

$$1 + 1 = 2$$

1 = Männlich; 2 = Weiblich

1 Mann + 1 Frau = 2 Mann-Frau: das Feuer

Die Zahl elf besteht aus zwei Elementen, die Henry Kunrath mit diesen zwei Worten übersetzt: *Coagula Solve*. Wir müssen das heilige

Solve et Coagula

Feuer ansammeln, und dann lernen, es zu projizieren. Der Schlüssel liegt in der Verbindung des *Membrum Virile* (männliches Geschlechtsteil) mit den *Genitalia Murielis* (weibliches Geschlechtsteil), die Ruhe des männlichen Gliedes und der weiblichen Geschlechtsteile, mit gelegentlicher sanfter Bewegung, um die tierischen Instinkte in Willen, die sexuelle Leidenschaft in Liebe, lüsterne Gedanken in Verstehen umzuwandeln und dabei die geheimen Mantras zu sprechen.

Der Mann ist eine Einheit, die Frau eine andere; das ist die Nummer elf des Tarot. Nur indem wir mit der Frau am großen Werk arbeiten, können wir das goldene Kind, Horus, das große Wort, inkarnieren. So ist die Zahl elf die Zahl, die am multiplizierbarsten ist.

Bedeutung in Bezug auf die Einweihung

In der Kabbala ist dieses Arkanum bekannt als das Arkanum der Überzeugung.

Die Überzeugung an sich ist eine subtile geistige Kraft. Eine okkulte Weisheit besagt: Verstärke die Flamme des Geistes mit der Kraft der Liebe. Die Liebe ist eine gewaltige, allmächtige Kraft. Die Macht der Liebe hält die Welten auf ihren Bahnen um ihre kosmischen Schwerkraftzentren. Diese kosmischen Zentren der Schwerkraft sind die Sonnen. Deshalb sagt Hermes Trismegistos: Ich gebe dir Liebe, in ihr ist die gesamte Weisheit enthalten.

Ein sanftes Wort beruhigt den Zorn. Überzeugung hat mehr Macht als Gewalt. Wenn eine gewalttätige Person angreifen möchte, richtet man ein freundliches Wort an sie und mildert ihre Gewalttätigkeit. Deshalb gibt es im Arkanum Nummer elf eine Frau, die das Maul eines Löwen öffnet; das ist die lebendige Kraft der Überzeugung.

Wenn wir das eingehender betrachten, stoßen wir auf den doppelköpfigen Löwen, der die zwei Welten repräsentiert, die sichtbare und die unsichtbare. Der Löwe an sich ist ein sehr wichtiges, ein sehr interessantes Tier. In Atlantis dienten die Löwen als Zugtiere, sie zogen Fuhrwerke, denn sie waren gezähmt. Nach dem Untergang von Atlantis wurden sie wild. Der Löwe ist das lebende Symbol des „Feuers". Betrachtet man die Sphinx, so sieht man, dass sie Löwentatzen hat, die das Element Feuer symbolisieren. Im aztekischen Kalender oder Sonnenstein findet man Löwenklauen abgebildet, die eine überaus eindrucksvolle Bedeutung haben.

Wenn wir die Zahl elf kabbalistisch zusammenzählen 1 + 1 = 2, erhalten wir das Arkanum Nummer zwei, die Priesterin, die geheime Wissenschaft, die göttliche Mutter. Sie ist das lebendige Feuer, deshalb nennt man sie im Fernen Osten Devi Kundalini, wenn man von ihr als Einzelwesen spricht, und Maha Kundalini, wenn man ihren Bezug zum Makrokosmos ausdrücken möchte. Es ist notwendig zu lernen, mit dem Feuer zu arbeiten, deshalb schlüsselt sich die Zahl zwei kabbalistisch in 1 Mann + 1 Frau auf, die mit dem Feuer arbeiten sollen, mit der Lehre des Feuers.

Der von einem Löwen gezogene Wagen ist ein ausgesprochen esoterisches Sinnbild und kommt aus uralten Zeiten. Der Wagen stellt den Menschen dar, der Löwe das Feuer. Es ist nichts anderes, als das lebendige Symbol des solaren Menschen, des Sonnenmenschen. Wenn der Wagen erwähnt wird, ist das ein Hinweis auf die inneren Körper des Menschen; den Vital-, Astral- und Mentalkörper; in diesen Wagen muss das wahre Sein einsteigen. Der Sohar beschreibt den Alten der Tage, wie er in seinem Wagen durch das Unendliche reist. Zweifelsohne muss das wahre Sein immer in diesem Wagen reisen, um in den Welten zu arbeiten.

Die Löwen des Feuers sind die Synthese dieser kabbalistischen Zahl, weil sich die 11 aufteilt in 1 + 1 = 2; und die 2 in zwei Einheiten; Mann-Frau; die beiden Säulen des Tempels, Jachim und Boas. Zwischen diesen beiden Säulen liegt das Arkanum. Wenn wir dieses Arkanum untersuchen, kommen wir am Ende zur Lehre des Feuers.

Das heilige Feuer kann weder mit dem Pranayama noch mit Atemübungen in Verbindung mit der Meditation erweckt werden. Dies bewirkt lediglich, dass kleine Bruchstücke oder Funken das Erwachen der Chakren fördern. Solche Funken steigen zum einen oder anderen Zentrum, das bedeutet aber nicht, dass die Schlange erhoben wurde.

Agni, der Gott des Feuers, hilft, das Feuer zu erwecken, aber nur durch die Arbeit in der neunten Sphäre. Ledige Personen können sich mit den Übungen des Pranayama behelfen, um diese Funken aufsteigen zu lassen, das heißt jedoch nicht, dass sie die Schlange erheben werden.

Wir haben einen Ofen, es ist das Steißbein, bzw. Muladhara Chakra. Dorthin muss gemäß der Anweisungen der Alchemisten das Gefäß gestellt werden. In diesem Gefäß befindet sich das Quecksilber der geheimen Philosophie oder das *Ens Seminis*, und in diesem ist das *Ens Virtutis*. Das Gefäß muss geschlossen sein, um die *Prima Materia* (den Samen) daran zu hindern, verloren zu gehen.

Das Labor hat einen Schornstein, durch den die Dämpfe aufsteigen müssen, das ist die Wirbelsäule; und einen „Destillierer“, der sich im Gehirn befindet, um das reine Gold zu destillieren. Das ist das Labor der mittelalterlichen Alchemisten, die Blei in Gold verwandelten.

Viele Menschen verhöhnen die Elementargeister, das dürfen wir nicht tun.

Die Salamander hüten das Feuer, die Undinen sind in der *Prima Materia* innerhalb ihres Gefäßes eingeschlossen. Die Undinen helfen uns, wenn wir sie beherrschen, wenn nicht, machen sie was sie wollen, denn sie sind sehr launenhaft. Die Sylphen sorgen dafür, dass die Dämpfe, die aus der *Prima Materia* austreten, aufsteigen. Die Gnome kümmern sich im Gehirn um die *Prima Materia*, damit sie so destilliert wird, dass sie zu Gold wird.

Ich kannte wahre Devas des Feuers, ich stand mit ihnen in Kontakt. Sie leben in der Kausalwelt oder der Welt des bewussten Willens; sie erklärten mir, dass jenseits der Hellsichtigkeit die Intuition ist, die höher ist, weil sie dem reinen Geist angehört. Mit der Hellsichtigkeit kann man die höheren und niederen Regionen der molekularen Welt erforschen. Die Intuition hingegen wirkt direkt in der Welt des reinen Geistes, deshalb steht sie höher. Die Intuition hat ihre Wurzel in der Zirbeldrüse, dem Sahasrara Chakra oder dem tausendblättrigen Lotus. Diese Fähigkeit ist verbunden mit Shiva oder dem lodernden Feuer, und deshalb verschafft sie uns Zugang zu der Welt des reinen Geistes.

Im menschlichen Wesen kann es 49 Feuer geben: die sieben Chakren oder Kirchen auf den sieben Niveaus ergeben 49 Feuer.

$$7 \times 7 = 49$$

Es gibt verschiedene Arten von Feuer; das Feuer des Blitzes, das Feuer, das sich in den Pflanzen befindet, das Feuer, das im Inneren der

Berge lodert und das die Vulkane auf die Erdoberfläche speien, das Feuer, das zum Kochen benutzt wird, das Feuer aller Welten. Zusammengefasst können wir jedoch von zwei sprechen: dem solaren Feuer und dem lunaren Feuer.

Das solare Feuer ist christisch, erhaben, es ist Devi Kundalini. Das lunare Feuer ist luziferisch, negativ, unheilvoll.

Das solare Feuer kristallisiert sich in Welten, Sonnen, Universen. Das lunare Feuer kristallisiert sich in all den Wesenheiten, die das tierische *Ego* bilden.

Man muss die 49 Feuer in den Chakren entwickeln.

Zusammenfassung

Das Arkanum elf ist die Arbeit mit dem Feuer, mit der Macht der Liebe, um uns in lebendiges Feuer zu verwandeln.

Die Undinen arbeiten im *Ens Seminis*.

Die Salamander halten das Feuer am Brennen.

Die Sylphen lassen die Dämpfe aufsteigen.

Die Gnome destillieren das *Ens Seminis* im Gehirn.

Die Wesen des Wassers werden mit einem Glas in der Hand beschworen.

Die Kreaturen der Luft werden mit der Feder eines Vogels beherrscht.

Die Kreaturen der Erde werden mit einem Stab oder Bischofsstab beschworen.

Die Kreaturen des Feuers werden mit dem Schwert beschworen.

Die Zahl elf der inneren göttlichen Mutter entsteht, wenn Mann und Frau sich vereinen, um mit der heiligen Alchemie zu arbeiten.

Arkanum 12

Das Apostolat

Das Arkanum Nummer zwölf bedeutet Opfer und Leiden, es ist die Karte des Apostolats.

Das Arkanum Nummer zwölf bringt viele Leiden, viele Kämpfe.

Es hat eine sehr schöne Synthese, denn 1 + 2 = 3, was Erschaffung auf materiellem wie auch spirituellem Gebiet bedeutet; die Zahl drei ist im spirituellen und sozialen mächtig.

Dieses Arkanum verheißt Kämpfe auf ökonomischem und sozialem Gebiet.

Hebräischer Buchstabe: Lamed.

Uhrzeit: Dritte Stunde des Apollonius: „Die Schlangen, die Hunde und das Feuer (sexuelle Magie, Arbeit mit Kundalini)".

Transzendentes Axiom: „Auch wenn die Sonne dich am Tag ermüdet und der Mond dich des Nachts traurig stimmt, lass nicht zu, dass deine Füße den Halt verlieren, wenn du Wache hältst."

Element der Vorhersage: „Verheißt Missgeschicke, Bedrückungen, Fall. Materiellen Verlust in bestimmten Lebensumständen und Gewinne in anderen. Vorahnungen, die ermutigen und Vorahnungen, die entmutigen."

Beschreibung der Karte

In den Wassern des Lebens ist das Pentakel des Salomon, eine Variante des sechszackigen Sternes. Die drei oberen Spitzen stellen die drei Verräter des Hiram Abif (der innere Christus) dar, Judas, Pilatus und Kaiphas (Begierde, Verstand und schlechter Wille).

In der Mitte sind zwei Säulen, jede mit neun Stufen, das ist die neunte Sphäre (die Sexualität). Erinnern wir uns, dass es neun Himmel (die weiße Säule) und neun höllische Regionen (die schwarze Säule) gibt. Wir müssen eine Stufe hinabsteigen, um eine hinaufzusteigen. Zwischen den zwei Säulen ist ein Mensch an einem Fuß aufgehängt und seine Hände sind aneinandergefesselt.

Mit seinen Füßen bildet er ein Kreuz und mit seinen Armen das umgekehrte Dreieck.

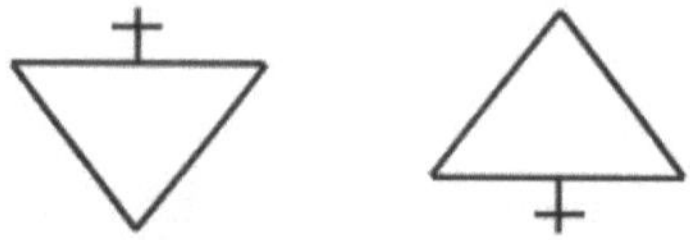

Diese Figur stellt die Tatsache dar, dass die Sexualität den Verstand beherrscht; es ist notwendig, das Symbol umzukehren.

Esoterische Bedeutung des Arkanums

Das Arkanum Nummer zwölf repräsentiert die zwölf Tierkreiszeichen, die zwölf Apostel, die zwölf Stämme Israels, die zwölf Stunden des Kochens der Alchemisten, die zwölf Fähigkeiten, den Wasserstoff Si-12. Das Arkanum Nummer zwölf des Tarot ist das Apostolat. Die Figur des hängenden Mannes bildet ein mit der Spitze nach unten weisendes Dreieck und seine Füße bilden ein Kreuz über dem Dreieck.

Die ganze Arbeit hat als Ziel, die Seele zu erlangen, das heißt, das Kreuz mit dem Dreieck zu verbinden. Das ist das große Werk. Die zwölfte Karte des Tarot ist die sexuelle Alchemie; das Kreuz des Menschen muss sich mit dem Dreieck des Geistes vereinen, mittels des sexuellen Feuers. In der chinesischen Überlieferung wird von zehn Stämmen (Shikan) und zwölf Ästen gesprochen; d. h. den zehn Sephiroth und den zwölf Fähigkeiten des menschlichen Wesens.

Wir erreichen die Vollendung des großen Werkes, wenn wir uns von den zwölf Sternzeichen leiten lassen.

Man muss wissen, dass die zwölf Fähigkeiten die sieben Chakren und die fünf Sinne sind.

Ohne Frage hat die Wirbelsäule sieben magnetische Zentren; das sind die sieben Chakren oder die sieben Kirchen der Apokalypse des Heiligen Johannes.

1. Ephesus: Basis der Wirbelsäule, 4 Blütenblätter
2. Smyrna: Auf Höhe der Prostata, 6 Blütenblätter
3. Pergamon: Auf Höhe des Solarplexus, 10 Blütenblätter
4. Thyatira: Im Herzen, 12 Blütenblätter
5. Sardis: Schöpferischer Kehlkopf, 16 Blütenblätter
6. Philadelphia: Zwischen den Augenbrauen, 2 Blütenblätter
7. Laodicea: In der Zirbeldrüse, 1000 Blütenblätter

Das sind die sieben Chakren, und mit ihnen und den fünf Sinnen wird man zum Erforscher der höheren Welten, das sind die zwölf Fähigkeiten jedes menschlichen Wesens.

Das Universum ging aus dem chinesischen Huel-Tum, dem Chaos hervor. Die zehn Stämme und die zwölf Äste entstammen ebenfalls dem Chaos, welches in der Alchemie als *Ens Seminis* bezeichnet wird, in dem das *Ens Virtutis* enthalten ist, das der Urstoff des großen Werkes ist. Dies ist nach Paracelsus das Wesen des Samens.

Diese Substanz wird zum Stein der Weisen oder *Lapis Philosophorum*, nach dem die Alchemisten des Mittelalters so gesucht haben.

Das ganze große Mysterium liegt eingeschlossen in dieser *Summa Materia* (dies ist der lateinische Ausdruck für das Arkanum A.Z.F.). Der Alchemist muss aus diesem *Menstruum Universalis* (das Chaos) das gesamte trinkbare Gold oder heilige Feuer extrahieren, welches durch den Rückenmarkskanal aufsteigen und dabei die sieben Kirchen öffnen muss.

Wenn wir das trinkbare Gold einmal extrahiert haben, sind wir fähig, das Kreuz mit dem Dreieck zu verbinden.

Das heißt, das menschliche Kreuz muss sich mit unserer unsterblichen Dreiheit vereinen, wir müssen den Geist inkarnieren. Das ist der einzige Weg, ein menschliches Wesen zu werden; bevor wir das erreicht haben, sind wir nur intellektuelle Tiere.

Das große Werk oder *Magnus Opus* ist durch das Arkanum Nummer zwölf des Tarot dargestellt (der Begriff *Magnus Opus* wird auf streng esoterische Weise verwendet).

Die Arme der Figur bilden das Dreieck, ihre Beine das Kreuz, ihr Kopf ist die Verbindung des Dreieckes mit dem Kreuz durch das trinkbare Gold.

Laut den Chinesen wurde der Gott Fu-ji (der Adam-Christus) um Mitternacht am vierten Tag des zehnten Mondes geboren und war genau zwölf Jahre alt. Die Jungfrau Hoa-Se empfing, während sie am Ufer des Flusses (die Samenflüssigkeit) entlangging, den Christus in ihrem Leib, indem sie ihren Fuß in die Fußabdrücke des großen Mannes setzte.

All diese Daten sind sehr interessant. Der vierte Tag steht für die vier Elemente.

Zwölfter Schlüssel von Basilius Valentinus.

In der 10 steckt das gesamte Geheimnis von Lingam-Yoni. Sie stellt die zehn Sephiroth dar, und der Kreis mit der Linie, die ihn halbiert, ist das Mysterium der Sexualität.

Die Zwölf sind die zwölf Fähigkeiten, die nötig sind, um den Christus im Herzen zu inkarnieren.

Es gibt eine tief greifende Studie des Arkanums Nummer zwölf in den zwölf Schlüsseln des Basilius Valentin.

Ebenso wie der Löwe die Schlange in sein eigenes Fleisch verwandelt, indem er sie verschlingt, so vernichtet auch die Macht von Devi Kundalini oder das transmutierte heilige Feuer all die Defekte, die Fehler.

Das Wichtige ist das große Werk. Den Schlüssel dafür kennen Sie schon, die Maithuna. Die Alchemisten müssen zwölf Stunden lang arbeiten, um das Gold fermentieren zu können. Das ist das zwölfte Arkanum; jeder, der fermentiertes Gold sein eigen nennt, kann sich freuen, wirklich zu Sein.

Die Essenz, oder der Bruchteil der inkarnierten Seele, ist im vielfältigen *Ich* gefangen, welches sich im tierischen Mentalkörper oder dem lunaren Wunschkörper befindet und sich mithilfe des physischen

Körpers ausdrückt. Wir unterscheiden uns von den Tieren nur durch den Intellekt; denn die Tiere besitzen auch einen Verstand, jedoch keinen Intellekt.

Der authentische Mensch muss das *Ego* vernichten und mithilfe der Transmutation von H-Si-12 (12 Gesetze) die solaren Körper herstellen. Die Erschaffung der solaren Körper steht in enger Beziehung zur Musik und ihren sieben Noten.

Wasserstoff Si-12 wird im menschlichen Körper hergestellt, dies wird durch den Prozess der Verdauung in Gang gebracht.

Do, wenn die Nahrung im Mund ist

Re, wenn sie die Kehle erreicht

Mi, wenn sie die Höhe der Lungen erreicht

Fa, wenn sie Magen, Milz und Leber erreicht

Sol, wenn sie den Solarplexus erreicht

La, wenn sie den Dickdarm und die Bauchspeicheldrüse erreicht

Si, wenn H-Si-12 hergestellt wurde und auf eine höhere musikalische Oktave erhoben werden kann (nach der Note Si kommt Do, das sich auf eine andere Tonleiter und eine höhere Oktave bezieht), indem man die sexuellen Triebe und die Ejakulation zurückhält, so kann sich H-Si-12 auf eine zweite Oktave erheben und den solaren Astralkörper bilden.

Durch einen dritten Schock würde der H-Si-12 in eine dritte Oktave übergehen und den solaren Mentalkörper erschaffen. Eine vierte Oktave würde den Körper des bewussten Willens erschaffen. Diese ganze Arbeit geschieht mithilfe der Maithuna.

Wenn wir im Besitz dieser vier Körper wären, würde unser göttliches Sein durch die Zirbeldrüse eintreten und wir würden die zweite Geburt erreichen und zu wahren Menschen werden. Solange wir die lunaren Tierkörper haben, sind wir intellektuelle Tiere und nur eine Schmetterlingspuppe, die sich in einen himmlischen Schmetterling verwandeln könnte. Dies erreicht man durch übergroße Anstrengungen.

Die Nahrung des physischen Körpers ist im H-48 (48 Gesetze) enthalten. Wenn wir diesen Wasserstoff bewahren, kann er in H-24 (24 Gesetze) umgewandelt werden, was zur Ernährung des solaren Astralkörpers dient. Dieser Wasserstoff (24) wird durch exzessive Arbeit, vergebliche Anstrengungen, Begierden, Emotionen und Zornausbrüche vergeudet.

H-12 ist die Nahrung des solaren Mentalkörpers; er wird mit intellektuellen Anstrengungen vergeudet. Wenn wir ihn bewahren, erhalten wir H-6, um den Körper des bewussten Willens zu ernähren. Jeder, der die höheren existenziellen Körper des Seins besitzt, hat die Berechtigung, seine göttliche Triade zu inkarnieren: Atman-Buddhi-Manas. Dann wird gesagt: *Ein neuer Menschensohn wurde geboren; ein Meister, ein Mahatma.*

Alles, was in der Apokalypse geschrieben steht, ist für das Ende der Tage. Wir müssen die Menschheit darüber in Kenntnis setzen, dass die Endzeit bereits begonnen hat.

Die gesamte arme Menschheit ist in zwölf Stämme aufgeteilt. Die gesamte Menschheit entwickelt und entfaltet sich innerhalb der Matrix der Tierkreiszeichen. Der Tierkreis ist der Mutterleib, in dem die Menschheit ausgetragen wird.

Die zwölf Stämme können das Zeichen Gottes auf ihrer Stirn nur erhalten, indem sie das Arkanum A.Z.F. praktizieren. *Und ich hörte die Zahl derer, die versiegelt wurden …* (Off. 7:4). *Und vom Geschlechte Juda wurden zwölftausend versiegelt. Vom Geschlechte Ruben wurden zwölftausend versiegelt …* (Off. 7:5-8).

Von jedem der zwölf Stämme der Tierkreiszeichen werden nur zwölftausend versiegelt. Hier haben wir das Arkanum Nummer zwölf des Tarot. Wir haben hier die Verbindung des Kreuzes mit dem Dreieck.

Wir haben hier die Sexualmagie. Wir haben hier verwirklichte Arbeit, den lebendigen Menschen, der die Erde mit nichts anderem, als seinen Gedanken berührt.

Von jedem der zwölf Stämme Israels werden nur die zwölftausend Versiegelten (diese Anzahl ist symbolisch) vor der großen Katastrophe bewahrt werden. Nur jene, welche die Verschmelzung des menschlichen Kreuzes mit der Dreiheit des Geistes erreicht haben, werden gerettet.

Wir erfahren Folgendes über das neue Jerusalem: *Und sie hatte eine große und hohe Mauer und hatte zwölf Tore* (die Türen der zwölf Tierkreiszeichen im Universum und im Menschen) *und auf den Toren zwölf Engel* (die Engel der Tierkreiszeichen) *und Namen darauf geschrieben, nämlich der zwölf Geschlechter der Kinder Israels,* (die zwölf Arten der Menschheit in Übereinstimmung mit dem Einfluss der zwölf Tierkreiszeichen). (Off. 21:12)

Wie oben, so unten. Der Mensch hat zwölf Fähigkeiten, regiert von den zwölf atomaren Engeln. Zwölf Tierkreiszeichen gibt es im sternenbesäten Raum und im Menschen. Es ist erforderlich, die sexuelle Energie umzuwandeln und sie durch die zwölf Tore des Tierkreises des menschlichen Organismus hindurchgehen zu lassen. Der Prophet sagte weiterhin Folgendes über die zwölf Tore des Tierkreises:

Im Osten drei Tore, im Norden drei Tore, im Süden drei Tore und im Westen drei Tore. (Off. 21:13)

Und die Mauer der Stadt hatte zwölf Grundsteine und auf ihnen die Namen der zwölf Apostel des Lammes. (Off. 21:14)

Die zwölf Tierkreiszeichen und die zwölf energetischen Sphären, die sich gegenseitig durchdringen und sich überlagern, ohne sich zu verwirren. Auf den zwölf Ebenen verwirklicht sich die solare Menschheit vollständig.

Das Arkanum Nummer zwölf ist das Fundament des himmlischen Jerusalem. Das zwölfte Arkanum ist das Symbol der sexuellen Alchemie.

Es ist das Opfer und die verwirklichte Arbeit. Man muss mit Gold und Silber arbeiten; man muss mit Mond und Sonne das himmlische Jerusalem innerhalb eines jeden Menschen erbauen. Das Gold und das Silber, die Sonne und der Mond sind die sexuellen Kräfte von Mann und Frau.

Das Arkanum Nummer zwölf umfasst das gesamte Wissen und die Philosophie des großen Werkes. Im christonischen Samen ist das lebendige und geheime philosophische Feuer verborgen. Die Mystik all der alten Eingeweihten ist jene der sexuellen Alchemie.

Die Philosophie der sexuellen Alchemie hat ihren Ursprung in der Schule der Essener, der Schule von Alexandria, in den Lehren des Pythagoras, in den Mysterien Ägyptens, Trojas, Roms, Karthagos, Eleusis, in der Weisheit der Azteken und der Mayas, usw.

Die Wissenschaft und die Systeme der sexuellen Alchemie müssen in den Büchern von Paracelsus, Nicolas Flamel, Raimundus Lullus studiert werden. Diese Methode finden wir auch, verborgen hinter dem Schleier der Symbole, in den vielen, rätselhaften Formen der alten

Hieroglyphen der zahlreichen alten Tempel sowie in den Mythen der Griechen und der Ägypter, usw.

Du, der du die Einweihung suchst! Du, der so viel liest! Du, der du dein ganzes Leben von Schule zu Schule flatterst, immer suchend, immer begehrend, immer seufzend. Sag mir aufrichtig: Hast du Kundalini schon erweckt? Hast du bereits die sieben Kirchen deines Rückenmarkkanals geöffnet? Hast du das Lamm inkarniert?

Antworte mir, lieber Leser. Sei ehrlich mit dir selbst. Leg deine Hand auf dein Herz und antworte mir mit Aufrichtigkeit. Hast du dich selbstverwirklicht? Bist du sicher, dass du dich mit deinen Theorien in einen Gott verwandelst? Was hast du erreicht? Was hast du erlangt mit all deinen Theorien?

Wer sich selbstverwirklichen will, braucht die Revolution des Bewusstseins; sterben, geboren werden und sich opfern. Eine Revolution des Bewusstseins, in der wir das *Ich* enthaupten. Eine Revolution des Bewusstseins, in der wir die solaren Körper erschaffen. Eine Revolution des Bewusstseins, in der wir das Sein inkarnieren. Bis dahin haben wir keine wahre Existenz.

Bedeutung in Bezug auf die Einweihung

Das Arkanum Nummer zwölf beinhaltet das Opfer; es ist die Karte des Apostolats; das Leiden. Dennoch ist diese Zahl eine überaus vollkommene Zahl; sie ist der berühmte Dodekaeder, auf dem alle universellen Schöpfungen des Sonnensystems basieren, das zwölf Fundamente und zwölf Planeten hat.

Die esoterische Wissenschaft lehrt, dass es sieben Hauptplaneten gibt:

Mond, Merkur, Venus, Sonne, Mars, Jupiter, Saturn.

Diese zusammen mit Uranus, Neptun und Pluto würden insgesamt zehn Planeten ergeben, aber die esoterische Wissenschaft behauptet, dass es zwei Planeten jenseits von Pluto gibt.

Es wird immer von den zwölf Retter-Planeten gesprochen; Meister Jesus hatte zwölf Schüler und die gnostischen Texte der Pistis Sophia weisen auf zwölf Retter hin.

Das Arkanum Nummer zwölf bringt viel Leiden, viele Kämpfe. Es hat eine sehr schöne Synthese, weil 1 + 2 = 3 ist, das bedeutet sowohl materiellen wie auch spirituellen Ertrag.

Lasst uns die wunderbare Vereinigung des Kreuzes mit dem Dreieck in Erinnerung rufen: im Arkanum Nummer zwölf sehen wir einen Mann, der an den Beinen aufgehängt ist, um die fruchtbare Arbeit in der neunten Sphäre, ohne die die Vereinigung von Kreuz und Dreieck nicht erreicht werden kann, aufzuzeigen. Ohne diese Vereinigung kann das philosophische Gold nicht erlangt werden.

Im Zeitalter der Fische gab es eine rückständige, zurückgebliebene Askese, welche die Sexualität verabscheut und gehasst hat.

Im Kaukasus gibt es noch immer Überreste einer Sekte, die die Sexualität tödlich hasst. Diejenigen, die in die Sekte eintraten, mussten sich selbst mit einem glühenden Stück Metall kastrieren; die Frauen hatten die kleinen Schamlippen der Vulva entfernt. Das war die erste Phase; in der zweiten Phase mussten die Männer den Phallus amputieren und den Frauen wurde eine Brust entfernt in einer völlig religiösen Zeremonie; sie tranken das Blut und aßen das Fleisch und wurden danach auf ein Bett aus Blumen gelegt. Das ist ungeheuerlich, entsetzlich, hier sehen Sie, wohin die Furcht vor der Sexualität führt; das gehört zur Sphäre von Lilith.

Die kabbalistische Überlieferung besagt, dass Adam zwei Frauen hatte; Lilith, die Mutter der Abtreibungen, der Homosexualität und des Hasses auf die Sexualität und das Gegenstück, Nahemah, die Mutter der verhängnisvollen Schönheit, der Leidenschaft, der Lust und allem, was einen Missbrauch der Sexualität darstellt.

Die kaukasische Sekte gehört zu Lilith, sie verabscheut den dritten Logos, den Heiligen Geist.

Sehen Sie, wie der Hass auf die Sexualität den Stein der Weisen ausschließt. Das ist absurd, dennoch glauben sie, dass sie im Recht sind.

Die Behörden griffen in der Angelegenheit einer anderen Sekte ein, wo man jedes Jahr einen Mann in Erinnerung an den großen Meister am Kreuz zu Tode brachte. Diese Art von Barbarei ist typisch für das Zeitalter der Fische.

Das Zeitalter des Wassermanns wird von Uranus regiert, er ist der Planet, der über die Sexualdrüsen herrscht. Wir müssen lernen, die

Sexualität zu nutzen; das „sexuelle Verlangen“ muss klug mit dem „mystischen Enthusiasmus“ verbunden werden, und aus dieser Mischung entsteht die revolutionäre, erotische Intelligenz des Wassermannzeitalters.

Das Zeitalter der Fische ist konservativ, rückschrittlich und rückständig. Wir müssen die gewöhnliche Vereinigung aufgeben und in den Kreis der Polarisierung Mann-Frau eintreten, das ist notwendig.

Wenn ein Mann und eine Frau sich vereinen, wird etwas erschaffen. In den alten Mysterien wurde der *Genius Lucis* der Sexualität geschaffen; in jenen Zeiten wurde die Sexualmagie praktiziert. Es gab gemeinsame Vereinigungen; es war eine andere Zeit, weil sie nicht das Niveau der heutigen Degeneration erreicht hatten. Deshalb sprachen sie immer den Namen der Gottheit im Moment des *Genius Lucis* aus.

Die Lanze des Longinus ist das außergewöhnliche Emblem des *Genius Lucis*, der Od- oder Magnetkraft, mit der das tierische Ego in kosmischen Staub verwandelt wird. Man muss lernen, den *Genius Lucis* zu gebrauchen, um das *Ich* auszulöschen. Der *Genius Lucis* von Frau und Mann kann all die Wesenheiten auslöschen, die das *Ich*, das *Mich selbst* bilden, weil er die Waffe ist, die es ermöglicht, dass das *Ego* zerstört wird.

Krishnamurti hat die Menschheit gelehrt, das *Ego* aufzulösen, aber die Lehre ist unvollständig, weil er glaubte, dass es nur aufgrund des Verstehens von Zorn, Eifersucht, usw. zerstört würde. Das ist nicht möglich. Man braucht eine Macht, die fähig ist, das *Ego* zu zerstören,

Einweihungsgrade	**Ebene**	**Planet**
Engel	Astralwelt	Mond
Erzengel	Mentalwelt	Merkur
Fürstentümer	Kausalwelt	Venus
Mächte	Intuitive-Buddische Welt	Sonne
Gewalten	Atmische Welt	Mars
Herrschaften	Nirvanische Welt	Jupiter
Throne	Paranirvanische Welt	Saturn
Cherubim	Mahaparanirvanische Welt	Uranus
Seraphim	Empyreum	Neptun

und das ist die Schlangenkraft, Devi Kundalini, die die Macht hat, unsere gesamten psychologischen Defekte zu eliminieren. Verständnis und Auslöschung müssen im Gleichgewicht sein. Devi Kundalini kann die Lanze ergreifen, und sie tut es während der Sahaja Maithuna, sie weiß, den *Genius Lucis* zu nutzen.

Bete im Brautbett des Gartens der Wonnen; im Brautgemach der erotischen Wunder. Flehe demütig im Augenblick der Glückseligkeit im unvergesslichen Moment der Vereinigung.

Bitte unsere anbetungswürdige göttliche Mutter Kundalini in diesen Momenten der Zärtlichkeit und des Küssens, dass sie die Lanze ruhmreich führen möge, um den Defekt, den wir auf allen Niveaus unseres Verstandes begriffen haben, zu vernichten.

Später ziehen wir uns zurück, ohne den heiligen Wein, das *Ens Seminis* zu verschütten. Das bedeutet Tod, Wonne, Verzückung, Freude, Glückseligkeit.

Diese Frage des Todes ist etwas Transzendentales und wird in Stufen verwirklicht. Wenn man den völligen Tod im Verstand erlangt hat, ist die Verwandlung des Eingeweihten erstaunlich; solch ein Tod bedeutet einen radikalen Tod.

Das kann nur auf der Ebene von Merkur getan werden; und das Element, das uns dabei helfen kann, ist dieser *Genius Lucis* des Mannes und der Frau. Es ist Isis, Kybele, Insoberta oder Shakti Kundalini, die uns zu dieser tief greifenden intellektuellen Transformation führen kann.

Der Tod vollzieht sich in den Sphären der verschiedenen Planeten.

Die Engel sind in der Astralwelt tätig und werden vom Mond regiert.

Die Erzengel arbeiten unter der Herrschaft von Merkur und ihre Arbeit findet in der Welt des Verstandes statt. Sie beherrschen die Substanzen oder die Essenz der Mentalwelt und das haben sie Schritt für Schritt in der neunten Sphäre erreicht.

Auf der Venus muss eine andere Arbeit getan werden; diese Welt bezieht sich auf das Kausalreich, das Reich der Fürstentümer. Die Mächte beziehen sich auf das intuitive Buddhi; sie gehören der Sphäre der Sonne an. Die Gewalten des Mars entsprechen Atman; darauf folgt Jupiter mit den Herrschaften. Saturn ist der höchste, der göttlichste und erhabenste der sieben angeführten Planeten. Jenseits von Saturn liegt die paranirvanische Welt.

Jenseits dieses Paradieses befinden sich die Erhabensten, die Seraphim.

Das ganze Sonnensystem befindet sich in uns selbst.

Auf jedem dieser Planeten müssen wir eine bestimmte Arbeit erledigen. Wie könnten wir den Willen haben, dem Vater zu dienen, wenn wir nicht in der Sphäre von Venus gearbeitet hätten?

Zuerst müssen wir uns vom Planeten Erde befreien; die zweite Geburt erlangen.

Danach befreien wir uns vom Mond; die Arbeit bezogen auf den Mond. Auf der Venus wird man vom schlechten Willen befreit; dies ist etwas wirklich Großartiges.

Zuerst muss man sich vom Sonnensystem befreien (Deuterokosmos), und später von der Galaxie (Makrokosmos). Durch transzendentale Arbeiten treten wir in den Protokosmos ein. Trotz der Tatsache, dass er im Absoluten liegt, müssen wir uns vom Protokosmos befreien. Der Weg ist sexuell; es gibt keinen anderen Weg.

Das Wassermannzeitalter steht im Zeichen des Wissens; alles ist revolutionär.

Uranus: Herrscher der sexuellen Drüsen.

Uranas: Feuer und Wasser

Jede Schule, die nicht die Sahaja Maithuna lehrt, gehört nicht dem Wassermannzeitalter an. Der Wassermann weist die Sexualität nicht zurück, er untersucht sie. Ein Mutant ist ein Mensch im weitesten Sinne. Es gibt keine Tabus mehr in der Ära des Wassermanns.

Die Psychologie des Wassermannzeitalters mit ihren fünf bedeutenden M (das Pancatattwa Ritual) ist revolutionär.

Wer die Sexualität hasst, ist genauso lächerlich wie der, der sie missbraucht; ein Trinker ist genauso lächerlich wie einer, der nicht trinkt.

Man muss den Mittelweg gehen, nicht in Extreme fallen.

Zusammenfassung

Der Alchemist braucht einen Athanor (Ofen), um das große Werk zu vollbringen. Dieser Athanor ist die Frau.

Wer ein unaussprechlicher Gott werden will, muss die Frau verehren.

Ich halte es für unmöglich, sich ohne eine Frau selbstzuverwirklichen.

Es ist nicht möglich, ein Alchemist zu sein, wenn man nicht mit dem Stein der Weisen arbeitet.

Dieser gesegnete Stein hat vier Namen: Azoe, Inri, Adam, Eva.

Der Sonnenkönig wird in uns erzeugt, indem wir intensiv die sexuelle Magie mit der Frau praktizieren.

Die Frau verwandelt uns in unaussprechliche Götter.

Arkanum 13

Die Unsterblichkeit

Das Arkanum Nummer dreizehn ist der Tod, doch es kann auch etwas Neues bedeuten. Es kann Reichtum geben, es kann Armut geben, es ist eine Nummer großer Synthesen.

Das Arkanum Nummer dreizehn enthält das Evangelium des Judas. Judas repräsentiert den Tod des *Ichs*.

Das Evangelium des Judas ist das des Todes, es ist die Auflösung des *Egos*. Judas symbolisiert das *Ego*, das man enthaupten muss.

Hebräischer Buchstabe: Mem.

Uhrzeit: Vierte Stunde des Apollonius: „Der Neophyt wird des Nachts zwischen den Gräbern umherstreifen, er wird den Schrecken der Visionen erleben, er wird sich der Magie und der *Goetia* (schwarze Magie) widmen. (Das bedeutet, dass der Schüler Angriffen von Millionen schwarzer Magier auf der Astralebene ausgesetzt sein wird; diese finsteren Magier versuchen, den Schüler vom Weg des Lichtes abzubringen)."

Transzendentes Axiom: „Die Nacht ist vorüber und der neue Tag ist angebrochen; bekleide dich also mit den Waffen des Lichtes."

Element der Vorhersage: Verheißt Enttäuschungen, Desillusionierungen, sterbende Zuneigung, Absagen von Anfragen, Kollaps, reine und angenehme Freuden für die Seele, schmerzhafte Verbesserungen,

Hilfe von Freunden. Erneuerung von Umständen, die guten werden schlechter und die schlechten besser.

Beschreibung der Karte

In diesem Arkanum stellen die Weizenähren ebenso wie die Blumen die Wiedergeburt dar; die Blumen den Anfang des Lebens, der Weizen das Ende.

Ein Hierarch des Gesetzes schneidet einige Büschel Weizen ab, die große und kleine Körner tragen. Dies sind die sogenannten *Boby-Caldenos* und stellen die Werte dar, das Kapital, das jedes menschliche Wesen in seinen drei Gehirnen (intellektuell, motorisch, emotional) trägt.

Wer kleine Körner trägt, lebt nur kurze Zeit; er stirbt innerhalb weniger Tage oder Monate oder in den ersten Lebensjahren. Man lebt in Dritteln und stirbt in Dritteln; wer sein intellektuelles Kapital vergeudet, verfällt dem Wahnsinn, der Schizophrenie, usw.

Wer sein motorisches Zentrum oder Bewegungszentrum missbraucht, endet gelähmt oder missgebildet. Wer sein emotionales Zentrum falsch benutzt, erleidet Herzkrankheiten.

Dieses Arkanum steht für beides, das Innerliche und das Physische. Es ist das Arkanum von Judas Ischariot und bedeutet den Tod des *Egos*.

Die Sense ist das Begräbnissymbol der Engel des Todes.

Esoterische Bedeutung des Arkanums

Der Tod ist in Wirklichkeit die Rückkehr in den Mutterleib. Das Leben und der Tod sind zwei Erscheinungsformen derselben Sache.

Der Tod ist eine Subtraktion; wenn die mathematische Rechnung beendet ist, bleiben nur die Werte des Bewusstseins. Die Werte der Persönlichkeit werden abgezogen. Für die Persönlichkeit des Verstorbenen gibt es kein Morgen, sie hat einen Anfang und ein Ende. Die Werte des Bewusstseins sind innerhalb der *Egos* gefangen, welche, hellsichtig wahrgenommen, eine Legion von Gespenstern zu sein scheinen; das ist das, was weiter besteht.

Die Rückkehr der Werte ist ein Mechanismus der Natur. Die Seele kehrt nicht zurück, weil der Mensch seine Seele noch nicht inkarniert hat. Nur die Werte kehren zurück.

Wenn die Stunde des Todes kommt, erscheint der Engel des Todes am Bett der Sterbenden mit der Aufgabe, den Lebensfaden abzuschneiden. Genau im Moment unseres letzten Atemzuges holt der Engel des Todes den Menschen aus seinem physischen Körper und durchtrennt mit seiner Sense die Silberschnur. (Dies ist ein geheimnisvoller silberner Strang, der die inneren Körper mit dem physischen Körper verbindet).

Diese magnetische Schnur kann sich bis ins Unendliche ausdehnen oder verkürzen. Dank dieser Schnur können wir uns im Augenblick des Aufwachens nach dem Schlaf wieder in unseren physischen Körper einfinden.

Normalerweise sieht der Sterbende den Engel des Todes. Bei der Arbeit kleiden sie sich in ihre Trauergewänder, nehmen eine gespenstische, skelettartige Gestalt an und ergreifen die Sense, mit der sie die Silberschnur durchschneiden. Dieses düstere Aussehen nehmen sie nur während ihrer Arbeit an, ansonsten nehmen sie sehr schöne Gestalten an, manchmal von Kindern, manchmal von Damen oder ehrwürdigen Greisen. Die Engel des Todes sind niemals böse oder pervers, sie arbeiten immer im Einklang mit dem großen Gesetz. Jeder wird genau zu seiner Stunde geboren und stirbt genau zu seiner Zeit.

Die Engel des Todes sind sehr weise und sie entwickeln sich und handeln unter dem Strahl des Saturn. Sie wissen nicht nur alles in Bezug auf den normalen, gewöhnlichen Tod des physischen Körpers, diese Minister des Todes haben außerdem ein tiefgreifendes Wissen über alles, was den Tod des „vielfältigen *Ichs*" angeht.

Proserpina, die Herrscherin über die Unterwelt, ist auch Hekate, die gesegnete Muttergöttin des Todes, unter deren Weisung die Engel des Todes arbeiten. Die kosmische Mutter, verwandelt in die Mutter Tod, liebt ihre Kinder innig, und deshalb nimmt sie sie mit sich.

Die gesegnete Muttergöttin des Todes hat die Macht, uns zu bestrafen, wenn wir das Gesetz verletzen und die Autorität, uns unser Leben zu nehmen.

Sie ist ohne Zweifel nur ein großartiger Aspekt unserer mystischen Zweiheit; eine prachtvolle Form unseres eigenen Seins.

Ohne ihre Zustimmung würde kein Engel des Todes es wagen, den Lebensfaden, die Silberschnur, das Antakarana zu durchtrennen.

Drei menschliche Formen gehen ins Grab:

a) der physische Körper

b) der Vitalkörper oder Lingam Sarira

c) die Persönlichkeit

Der physische Körper zerfällt nach und nach im Grab.

Der Vitalkörper schwebt vor der Grabstätte, sein phosphoreszierendes Phantom kann manchmal von sehr medialen Menschen wahrgenommen werden. Er löst sich langsam im Einklang mit dem Zerfall des physischen Körpers auf.

Die Persönlichkeit ist energetisch, sie entsteht während der ersten sieben Jahre der Kindheit und wird im Laufe der Zeit und durch die Erfahrungen gestärkt. Die Persönlichkeit ist ein Kind ihrer Zeit; geboren in ihrer Zeit. Es gibt kein Morgen für die Persönlichkeit des Verstorbenen.

Nach dem Tod des physischen Körpers befindet sich die Persönlichkeit ebenfalls im Grab, kommt aber manchmal heraus, wenn jemand Blumen bringt oder die Trauernden zu Besuch kommen. Sie bewegt sich über den Friedhof und kehrt zu ihrem Grab zurück. Sie löst sich langsam innerhalb des Friedhofs auf.

Das, was fortbesteht, was nicht beerdigt wird, ist das *Ego*, das *Selbst*, das *Ich Selbst*, das *Ich*. Das ist eine bestimmte Anzahl von *Ich-Teufeln*, die unsere psychologischen Defekte verkörpern.

Das, was nach dem Tod weiter besteht, ist also nichts sehr Schönes. Das, was nicht mit dem physischen Leib zerstört wird, ist nichts anderes als eine Menge Teufel, psychischer Aggregate, Defekte. Das einzig Wertvolle, das es unter all diesen höllischen Wesen gibt, die unser *Ego* ausmachen, ist die Essenz, die Psyche, das Buddhata.

Normalerweise wirken diese psychischen Aggregate in der Astral- und Mentalwelt. Selten sind jene Essenzen, die fähig sind, sich selbst für eine gewisse Zeit von diesen subjektiven Elementen zu befreien, um Urlaub in der Kausalwelt zu genießen, bevor sie in dieses Tal der Tränen zurückkehren.

Doch dies wird durch die Auflösung des *Egos* möglich.

Die Egos versinken normalerweise im mineralischen Reich der höllischen Welten oder kehren entweder unverzüglich oder nach kurzer Zeit in einen neuen Organismus zurück. Das Ego besteht im Samen unserer Nachkommen weiter, es ist eine unaufhörliche Rückkehr, um immer dieselben Dramen, dieselben Tragödien zu wiederholen.

Wir müssen die Tatsache hervorheben, dass nicht alle psychischen Aggregate eine solche menschliche Rückkehr erlangen. In Wahrheit gehen viele *Ich-Teufel* verloren, weil sie ins Mineralreich absinken, oder weitermachen, indem sie sich in tierischen Lebensformen wieder verkörpern, oder sie bleiben an bestimmten Plätzen hängen, klammern sich dort hartnäckig fest.

Bedeutung in Bezug auf die Einweihung

Dieses Arkanum, der Tod, beinhaltet zwei Aspekte: der erste Aspekt ist der Tod aller menschlichen Wesen und der zweite Aspekt ist ein esoterischer Gesichtspunkt. Im Bezug auf den ersten Aspekt behaupten alle Texte des Okkultismus, des Pseudo-Okkultismus, des Pseudo-Rosenkreuzertums und der Theosophie, dass man zu einer bestimmten Stunde geboren wird, und dass man an einem bestimmten Tag, zu einer bestimmten Stunde und Sekunde stirbt, gemäß dem Gesetz des Schicksals.

Dieses Konzept ist nicht präzise, weil die Herrscher des Karmas in jedem Individuum bestimmte kosmische Werte hinterlegen. Man kann das „Kapital" bewahren und die Lebensspanne kann bedeutend verlängert werden, oder die Werte können ausgegeben und das Leben verkürzt werden.

Durch Ansammeln von kosmischem Kapital wird das Leben verlängert. Wenn es keine guten Taten gibt, geschieht es nur in besonderen Fällen, dass die Herrscher des Karmas das Leben verlängern.

In jedes der drei Gehirne legen die Herrscher des Karmas eine bestimmte Menge lebensnotwendiger Werte:

Erstes Gehirn: denkend oder intellektuell, im Kopf.

Zweites Gehirn: motorisch, im oberen Teil der Wirbelsäule.

Drittes Gehirn: emotional, im Solarplexus und in den sympathischen Nervenzentren.

Wenn man die Lebenswerte im denkenden Gehirn erschöpft, indem man den Verstand missbraucht, ist es klar, dass man den Tod dieses Gehirnes verursacht, oder man bekommt nervöse Krankheiten, Nervenschwäche, Wahnsinn, Schizophrenie, oder es treten die Arten von Wahnsinn oder Manie auf, die denen zueigen sind, die die Lebenswerte des intellektuellen Zentrums verbraucht haben.

Wenn man die Lebenswerte des emotionalen Zentrums aufgebraucht hat, verursacht das Herzkrankheiten und psychotische Zustände, Krankheiten, die mit gefühlsgeladenen oder gefühlsbetonten Aspekten in Verbindung stehen. Viele Künstler erschöpfen ihr emotionales Gehirn und enden mit bestimmten psychopathischen, emotionalen, das Herz betreffenden Zuständen.

Diejenigen, die die Werte des motorischen Zentrums verbrauchen, enden gelähmt oder mit Muskel-, Knie- und Gelenkkrankheiten, Lähmungen, Schäden an der Wirbelsäule, usw.

Im Allgemeinen sind alle Krankheiten das Resultat des Missbrauchs eines der drei Gehirne; das heißt, man stirbt in Dritteln, Stück für Stück.

Fußballer, Läufer und Boxer sind zum Beispiel Menschen, die ihr motorisches Gehirn missbrauchen. Mit diesen Personen nimmt es ein schlimmes Ende, weil sie wegen Missbrauchs des motorischen Gehirns sterben.

Wenn man lernt, die drei Hirne auf eine ausgewogene Weise zu verwalten, spart man die Lebenswerte, die die Herrscher des Karmas hinterlegen, und das Leben wird verlängert.

In Asien gibt es Klöster, wo die Mönche ein Alter von 300 Jahren und mehr erreichen, weil sie ihre drei Werte harmonisch auf eine ausgewogene Art verwalten, und dadurch die Lebenswerte ihrer drei Gehirne bewahren.

Was kann man also sagen über die bestimmte Stunde von Geburt und Tod?

Wenn die Werte verschwendet werden, stirbt man schnell, wenn sie bewahrt werden, verlängert sich das Leben.

Natürlich, einigen wird mehr Kapital als anderen gegeben, abhängig von den Schulden und Guthaben eines jeden Einzelnen.

Wenn man glaubt, dass die Werte im denkenden Gehirn missbraucht wurden, muss man das motorische Gehirn in Betrieb setzen.

Wenn wir uns in diesen esoterischen Studien befinden, müssen wir, um unser Leben zu verlängern, mit den Herrschern des Karmas verhandeln, aber man muss mit guten Taten bezahlen.

Jeder Mensch, der die Seele inkarniert, darf um das Elixier des ewigen Lebens bitten. Das ist ein makellos weißes Gas. Dieses Gas wird in den grundlegenden vitalen Werten des Menschen deponiert. Nach der Auferstehung stirbt der Meister nicht mehr, er ist ewig.

Betrachten wir den Fall von Meister Paracelsus; er starb nicht, er lebt in Europa im selben Körper, er ist einer derer, die wie vom Erdboden verschluckt sind, er lebt wie ein Nomade und gibt sich als verschiedene Personen aus. Nicolas Flamel, der Eingeweihte, lebt in Indien mit seiner Frau Perrenelle. Auch er war zusammen mit seiner Frau wie vom Erdboden verschluckt.

Graf Saint Germain, der den Strahl der Weltpolitik lenkt, war im Europa des XVI. und XVIII. Jahrhunderts tätig; Giovanni Papini hat ihn vor kurzer Zeit getroffen.

Der Christus Yogi von Indien, der unsterbliche Babaji und seine unsterbliche Schwester Mataji leben seit Millionen von Jahren in ihren physischen Körpern.

Die Unsterblichen können von einem Augenblick zum anderen erscheinen und verschwinden; sie können sich nach Belieben in der physischen Welt sichtbar machen.

Cagliostro, Saint Germain, Quetzalcoatl und viele andere Unsterbliche haben großartige Arbeit in dieser Welt geleistet.

Der Tod ist die Krone des Lebensweges; dieser Weg wird von den Hufspuren des Pferdes des Todes geschaffen.

Der Tod des Eingeweihten

Das ägyptische Totenbuch ist für die, die leben und tot sind; man muss wissen, was das bedeutet; es handelt sich um die gestorbenen Eingeweihten, die, obwohl sie bereits tot sind, leben. Sie sind bereits in das Reich des Todes eingetreten und erscheinen im Tageslicht, um ihre Lehren zu geben.

Das Erste, was man tun muss, um zu sterben, ist, das *Ego* aufzulösen, diese Menge von Dämonen, die die Ägypter die *roten Dämonen von Seth* nannten. Dies muss man tun, um das Bewusstsein zu erwecken und das direkte Wissen zu erhalten.

Die roten Dämonen Seths sind all die Dämonen, die wir haben; sie sind Satan. Sie müssen sterben. Horus muss diese Dämonen bezwingen.

Seth hat zwei Seiten: die negative ist Satan, und die positive liegt in der Verbindung mit der Wirbelsäule. Dieser finstere satanische Seth muss sterben. Das lunare *Ego*, das aus Millionen von Dämonen besteht, die Horus mithilfe der heiligen Mutter Isis besiegen muss, muss sterben.

Diese *Egos* müssen zu Staub reduziert werden, man muss die Keime verbrennen und in den Gewässern von Lethe baden, um zu vergessen und in den Gewässern von Eunoe, um die Tugenden zu stärken und dann in die Himmel aufzusteigen. Damit man in all die Himmel aufsteigen kann, muss man zuerst in die Höllen hinabsteigen. Das ist nicht alles, es kommen schreckliche Kämpfe; das muss in der Pistis Sophia genau studiert werden.

Der Eingeweihte muss ein Krokodil werden; dafür muss er den Wunschkörper zerstören, der lunar ist, und dann in den lunaren Himmel aufsteigen. Damit man ihn zerstören kann, muss man sich hinunter begeben, und das bedeutet einen schrecklichen Abstieg mit gewaltigen Opfern, um den lunaren Körper, der sich Stück für Stück auflöst, dort zu lassen. Wenn der Wunschkörper aufgelöst ist, geht der Eingeweihte mit seinem solaren Astralkörper daraus hervor.

Dann muss man weitergehen zu Merkur, zur Enthauptung, um sich von seinem lunaren Verstand zu befreien. Und der Eingeweihte ruft bittend sein Haupt, das Haupt des Osiris, aber er muss viele Schlachten bestehen, muss mit Dämonen kämpfen.

Genauso wie es acht Kabire gibt, so gibt es auch acht Anti-Kabire; zwei in jeder Himmelsrichtung, die ihnen gegenüberstehen. Es ist die Aufgabe des Eingeweihten, mit den acht schwarzen Kabiren zu kämpfen; man kann nicht aufsteigen, ohne hinabzusteigen.

Man kann nicht in das Absolute eintreten und die Essenz mit dem Sein verschmelzen, ohne den großen Tod bestanden zu haben. Auf dem Weg zum Absoluten muss man hinabsteigen, wo man sich in ein totes

Krokodil verwandelt. Die spätere Aufgabe ist, hinaufzusteigen, und der Aufstieg ist sehr schwierig. Wenn man einmal mit dem Sein verschmolzen ist, kann man sagen: *Ich bin Horus*, dann beherrscht man die Sprache der Götter, dann kann man ein lebender Gott sein im Angesicht der roten Dämonen, die das *Ego* bilden.

Die Karte dreizehn enthält das Evangelium des Judas. Judas steht für den Tod des *Egos*, das ist sein Evangelium.

Er spielte seine Rolle, so wie es ihm von seinem großen Meister befohlen wurde. Judas befindet sich nun in den höllischen Welten bei den Dämonen, um sie zu erlösen und den einen oder anderen zu retten.

Wenn seine Arbeit abgeschlossen ist, wird er mit Jesus ins Absolute gehen, weil er sich das treu und redlich verdient hat.

Zusammenfassung

Man muss durch ungeheure Qualen und große Opfer zum heiligen Krokodil Sebek werden.

Dafür reichen normale Anstrengungen nicht aus, es braucht übergroße Anstrengungen.

Wir müssen uns selbst neu gestalten; das fordert übergroße Anstrengungen durch konstante, intensive, tägliche Arbeit.

Man muss daran arbeiten, mit dem Zorn Schluss zu machen.

Die Toten leben im Bereich von Yetzirah, die Toten leben in der Welt von Nogah (Astralwelt).

Die Verstorbenen, die Hurerei getrieben haben, sind kalt und finster, sie leben im Reich von Assiah voller Kälte und Dunkelheit.

Die Schüler, die keusch waren und die Kundalini erweckt haben, sind nach dem Tod voller Jugendlichkeit und Feuer.

Die dreizehnte Stunde ist eng mit dem Tod verbunden, es kann keine Auferstehung ohne den Tod geben. Die Befreiung ist die dreizehnte Stunde des Apollonius.

Die zwölf Türen der Gnade sind die zwölf Tierkreiszeichen, die zwölf Welten oder übersinnlichen Ebenen. Die Tür Nummer dreizehn, die Befreiung, ist, um ins Absolute zu fliehen.

Man stirbt für den Kosmos.

Man wird für das Absolute geboren.

Man muss sterben, um zu leben.

Man muss sterben und auferstehen.

Arkanum 14

Die Mäßigung

Das Arkanum Nummer vierzehn ist die Keuschheit, die Transmutation, die Wasser. Man muss hart arbeiten und den Stein bearbeiten, ohne den man keine sexuelle Transmutation erreichen kann.

Hebräischer Buchstabe: Nun.

Uhrzeit: Fünfte Stunde des Apollonius: „Die höheren Wasser des Himmels. (Während dieser Zeit lernt der Schüler, rein und keusch zu sein, weil er den Wert der Samenflüssigkeit versteht)."

Transzendentes Axiom: „Sei weder wie ein Stroh im Wind noch wie der Wind im Stroh."

Element der Vorhersage: „Verheißt Freundschaften, gegenseitige Zuneigung, Verpflichtungen, chemische Verbindungen und Verbindungen aus Interesse, betrübte Liebe, hingebungsvolle Liebe, verräterische Liebe. Dinge, die bleiben und Dinge, die gehen, die ersten, um zu gehen, die zweiten, um zurückzukehren."

Beschreibung der Karte

In den Wassern des Lebens befinden sich drei Blumen, und aus der Mitte erhebt sich eine Schlange. Diese drei Blumen stellen dar: Sat:

den Innersten, Atman. Chit: Buddhi, die spirituelle Seele. Ananda: Manas, die menschliche Seele.

Die drei Blumen stehen auch für:

- das heilige Feuer
- die Prima Materia
- die Mixtur

In der Mitte zeigt uns ein Engel in seinem Gewand die Dreiheit und die Vierheit (die vier Körper der Sünde). Auf seiner Stirn strahlt die Sonne mit vierzehn Strahlen, sieben sichtbaren und sieben unsichtbaren. Die sichtbaren stellen die sieben Planeten dar und die unsichtbaren die sieben Chakren.

Der Engel hält zwei Kelche oder Krüge, mit denen er die zwei Elixiere mischt. Ein Kelch ist aus Gold und enthält das rote Elixier; der andere ist aus Silber und enthält das weiße Elixier. Zusammen ergeben sie das Elixier des ewigen Lebens.

Viele Meister haben die Unsterblichkeit erreicht: Babaji, Sanat Kumara, Paracelsus, usw.

Esoterische Bedeutung des Arkanums

Im Arkanum Nummer vierzehn erscheint ein Engel mit einer Sonne auf der Stirn und einem Kelch in jeder Hand. Er ist dabei, das rote Elixier mit dem weißen Elixier zu mischen, aus der Mischung dieser beiden entsteht das Elixier des ewigen Lebens. Ohne Zweifel ist es dieses Elixier, wonach die Alchemisten des Mittelalters sich so sehnten. Das weiße Elixier ist die Frau und das rote Elixier ist der Mann, ohne die beiden ist es unmöglich, das Elixier des ewigen Lebens herzustellen.

Das Elixier der Frau entspringt aus dem Mond und das des Mannes geht aus der Sonne hervor; daher kommen die Farben.

Wenn der siebenfache Mann sich sexuell mit der siebenfachen Frau vereint, entsteht eine Summe, deren Ergebnis das Arkanum Nummer vierzehn des Tarot ist. Es ist sinnvoll, auch zu erwähnen, dass der Mann sieben Prinzipien hat und die Frau ebenso.

Das sexuelle Zentrum ist das wichtigste und schnellste im menschlichen Wesen.

Der philosophische Stein ist das Ergebnis der Vereinigung des weißen Elixiers (die Frau) und des roten Elixiers (der Mann).

Der Prozess der Schöpfung eines neuen Wesens vollzieht sich innerhalb des Gesetzes der musikalischen Oktaven. Die sieben Noten der Tonleiter bilden die Grundlage jeglicher Schöpfung. Wenn wir die schöpferische Energie umwandeln, beginnen wir eine neue Oktave in der ätherischen Welt. Das Ergebnis ist ein Körper, mit dessen Hilfe wir bewusst alle Regionen des Königreiches betreten können.

Eine dritte Oktave erlaubt uns, den wahren Astralkörper, den christischen Astralkörper zu erzeugen. Wenn wir auf diesem Niveau angelangt sind, wird das alte astrale Gespenst auf eine leere Schale reduziert, die nach und nach zerfällt.

Eine vierte Oktave erlaubt uns, den christischen Mentalkörper zu erzeugen. Dieses Vehikel gibt uns wahre Weisheit und Einheit der Gedanken. Nur wer den christischen Mentalkörper erzeugt hat, kann mit Recht behaupten: *Ich habe einen Mentalkörper*.

Der gegenwärtige Mentalkörper ist nur ein Gespenst einer Fassade. Er wird tatsächlich zu einer hohlen Schale, wenn der wahre Verstand geboren wird. Dann löst er sich auf, wird zu kosmischem Staub reduziert.

Die fünfte musikalische Oktave erzeugt den wahren Kausalkörper. Wenn wir dieses Niveau erreicht haben, inkarnieren wir die Seele; dann erst besitzen wir eine wahre Existenz. Vor diesem Moment besitzen wir keine wahre Existenz.

Bedeutung in Bezug auf die Einweihung

Die tiefgründige Weisheit von Arkanum Nummer vierzehn wird üblicherweise in drei Teile geteilt:

1. Transmutation der Schöpfungsenergie
2. Transformation
3. Transsubstantiation

Wir werden jeden dieser drei Teile getrennt studieren.

Transmutation

Die Vermischung der Elixiere von Mann und Frau, das rote und das weiße, erzeugen das Elixier des ewigen Lebens. Wir haben den konkreten Fall von Nicolas Flamel und seiner Frau, die nun physisch in Indien leben; sie besitzen das Elixier des ewigen Lebens. Paracelsus lebt heute auf einem Berg in Böhmen, in einem Tempel, der sich im Zustand des Jinas befindet. Diejenigen, die das Elixier des langen Lebens besitzen, verstehen es, als Vagabund zu leben.

Der große Meister Sanat Kumara, der Gründer des Kollegiums der Eingeweihten der weißen Loge, lebt in einer Oase in der Wüste Gobi. Sein Körper stammt nicht von der Erde, er kam im Zeitalter von Lemurien in einem Raumschiff von der Venus.

Er ist einer der vier Shaddai, einer der vier Herrscher der Kumara. Er arbeitet und hilft denen, die auf dem Weg sind, er gibt intensive Unterstützung. Er lebt zusammen mit einem lemurischen Guru. Sehr alte Schriften erwähnen ihn. Sie nennen ihn den großen Geopferten. Er ist jetzt unsterblich.

Das Elixier des ewigen Lebens ist eine metaphysische, elektrische Substanz. Wenn man es erhält, wird es im Vitalkörper deponiert. Wer das Elixier erhält, hat das Recht 1000 Jahre zu leben und kann diese Zeit verlängern. Deshalb lebt Sanat Kumara schon drei Millionen Jahre. Die Transmutation des heiligen Feuers ist notwendig für dieses Elixier.

Transformation

Der zweite Teil des Arkanums vierzehn nimmt Bezug auf die Transformation der Energien. Eine Energie kann in eine andere verwandelt werden, zum Beispiel Hass in Liebe. Es gibt viele Arten der Transformation von Energie. In der esoterischen Weisheit ist bekannt, dass der Eingeweihte sich in einen Vogel verwandeln muss, in einen Sperber mit einem menschlichen Kopf, wenn das Ego aufgelöst ist. Mit befreitem Bewusstsein, verwandelt in Vögel, betreten wir die Welt des Todes im Leben, wir können über Meere fliegen und Berge überqueren.

Wir müssen uns selbst in Schlangen der Weisheit oder *Nagas* verwandeln. Wir müssen uns in Krokodile verwandeln; wenn wir aufsteigen möchten, müssen wir zuerst in die Tiefen des Abgrundes hinabsteigen, so ist das Gesetz. Die zweimal Geborenen müssen sich in wahre esoterische Tote des mystischen Todes verwandeln. Das ist transzendental; man mag ein Adept sein, aber man wird vorher hinabsteigen müssen, um das Ego zu zerstören. In jedem anderen Fall wird man zu einem Hanasmussen mit einem doppelten Schwerpunkt.

Ein Hanasmussen ist jemand, der die solaren Körper erschaffen hat, aber nicht den philosophischen Tod der Meister durchlebt hat, und deshalb in ein Wesen mit doppeltem Schwerpunkt aufgeteilt ist. Das Ergebnis sind zwei Persönlichkeiten; eine engelhafte und eine dämonische, das bezeichnet man als Fehlgeburt der göttlichen Mutter, ein gescheitertes Projekt.

Nachdem der Adept das gesamte kosmische Drama der Kreuzigung durchlebt hat, erlebt er den Aufstieg in den Himmel, wie Jesus ihn erlebte; er muss durch die neun Welten gehen:

1. Mond
2. Merkur
3. Venus
4. Sonne
5. Mars
6. Jupiter
7. Saturn
8. Uranus
9. Neptun

Nachdem man das Drama durchlebt hat, muss man für die Auflösung der *Egos* die verschiedenen Planeten durchlaufen. Für die Reinigung und Auslöschung der *Egos* wird man in das Krokodil Sebek verwandelt, weil man, um in die jeweiligen Himmel aufzusteigen, in die atomische Hölle eines jeden Planeten hinabsteigen muss. Die zwei Letzten haben keine Hölle.

Der Wunschkörper bzw. der Astralkörper bleibt in der Hölle des Mondes. Im Merkur wird Kain, der Verstand, zurückgelassen und man steigt in den Himmel auf; und so geht es weiter, Schritt für Schritt.

Es ist erforderlich, sich sieben Mal in ein Krokodil zu verwandeln, um sieben Mal hinabzusteigen und sieben Mal zu den Himmeln aufzusteigen.

Der ganze Vorgang dient dazu, sich von den Gesetzen des Sonnensystems zu befreien. Später muss man sich von den Gesetzen der Galaxie befreien, dann von den Gesetzen des Universums und sich schließlich in die reinste Lotosblume verwandeln und ein Kosmokrator werden, das heißt, ein Schöpfer der Universen, und letztlich im Schoß des Absoluten untertauchen und sich auflösen.

Es gibt Transformationen niederer Art. Kirke verwandelte Männer in Schweine. Die Sage erzählt, das Apuleius zum Esel wurde.

Wenn man seinen physischen Körper in die vierte Dimension versetzt, indem man den *Jinas-Zustand* nutzt, kann man jede Form annehmen, ein Vogel, ein Fisch werden, oder was immer man will.

Der physische Körper ist in der vierten Dimension elastisch und kann sich in ein Tier verwandeln. Das lateinische Mantra für die Verwandlung ist Folgendes: *Est, Sit, Esto, Fiat*. Nur im Jinas-Zustand können wir uns verwandeln.

Transsubstantiation

Das Abendmahl des verehrungswürdigen Retters der Welt geht zurück auf archaische Zeiten. Der große Herrscher von Atlantis praktizierte es genauso, wie es Jesus Christus tat.

Dies ist eine Zeremonie des Blutes, ein Blutpakt. Jeder der Apostel brachte etwas von seinem Blut in einem Gefäß und vermischte es mit dem Blut des Verehrungswürdigen im Kelch des Abendmahls (dem Heiligen Gral). Auf diese Weise sind die Astralkörper der Apostel mit dem Astralkörper von Christus durch den Pakt des Blutes vereint. Die Apostel und Jesus tranken von dem Blut, das im Kelch war.

Das heilige gnostische Abendmahl ist durch den Blutpakt mit dem letzten Abendmahl verbunden.

Wenn die christischen Atome in das Brot und den Wein eingehen, so werden diese tatsächlich zu Fleisch und Blut Christi. Das ist das Geheimnis der Transsubstantiation. Das Brot und der Wein, das Weizenkorn und die Frucht des Weinstocks müssen würdevoll in Fleisch und Blut des inneren Christus verwandelt werden.

Der solare Logos mit seinem pulsierenden und aktiven Leben bringt den Samen zum Keimen; damit die Ähre wachsen kann, Millimeter für Millimeter, und den solaren Logos in die enge Härte des Korns einschließt, wie in eine kostbare Truhe.

Das magische Getreidekorn des heiligen Weizens hat seinen inneren Vertreter im menschlichen Samen.

Indem sie feierlich in die Weinstöcke des Lebens eindringen, entwickeln und entfalten sich die Sonnenstrahlen im Verborgenen in die heilige Frucht des Weinstocks, dem wahren Emblem des Lebens, das sich mit all seiner Herrlichkeit in der Substanz ausrückt.

Der gnostische Priester nimmt im Zustand der Ekstase diese kosmische Substanz der Christus-Sonne im Brot und Wein wahr und befreit sie durch sein Handeln von ihren physischen Elementen, damit die christischen Atome siegreich in den menschlichen Organismus gelangen können.

Als Jesus die gnostische Schule gründete, brach er das Brot und sagte allen: *Nehmt und esst, denn dies ist mein Leib.* Dann verteilte er den Wein und sprach: *Nehmt und trinkt, denn dies ist mein Blut. Wer von meinem Fleisch isst und von meinem Blut trinkt, der wohnt in mir und ich in ihm.*

Während des gnostischen Rituals kommunizieren wir mit dem Reich des solaren Logos, mit dem ägyptischen Ra, mit Tum. Dieses Wort ist sehr bedeutend. Es hat drei Aspekte, die die drei Grundkräfte darstellen:

T: der Vater

U: der Sohn

M: der Heilige Geist

Das ist ein kraftvolles Mantra; es zieht die Kräfte des Logos auf uns. In dem Augenblick, in dem das Brot und der Wein gesegnet werden, steigen die christischen Atome herab und werden tatsächlich in das Fleisch und Blut des Christus verwandelt.

Dies wird mittels eines geöffneten Kanals erreicht, und man kommuniziert direkt mit dem Logos durch das Mantra.

Während der Ekstase in der Transsubstantiation steigen christische Atome der höchsten elektrischen Spannung herab, um uns Licht in der Dunkelheit zu schenken. Diese christischen Atome helfen uns im Kampf gegen die Dämonen Seths. Auf diese Weise schaffen wir Licht in der Dunkelheit; wir sind tiefe Dunkelheit.

Es steht geschrieben, dass *das Licht aus der Dunkelheit hervorgeht.*

Die Götter entstehen aus dem Abgrund und lösen sich dann im Absoluten auf. Der Abgrund ist unerlässlich, damit es Götter geben kann.

Die Götter müssen das Gute und das Schlechte kennen. Der Abgrund ist das kosmische Amphitheater, wo die Götter geschmiedet werden. Aus diesem Grund muss man hinabsteigen, um aufsteigen zu können.

Die solaren christischen Atome, jene feurigen Leben, jene geheimen Vermittler des Verehrungswürdigen, wirken still im Tempel des Herzens. Sie laden uns immer wieder ein, den Weg zu betreten, der uns zum Nirvana führt. Die geheimnisvolle Hilfe der christischen Atome ist eindeutig und klar.

Und das Licht strahlt in der Dunkelheit und auf dem Altar erscheinen die zwölf Laibe des Paktes, ein klarer Hinweis auf die Tierkreiszeichen oder andere Formen der kosmischen Substanz. Das erinnert uns an das Arkanum Nummer zwölf, das Magnus Opus, die Verschmelzung des Kreuzes mit dem Dreieck.

Der Wein, der aus der reifen Frucht des Rebstockes hervorgeht, ist das wunderbare Symbol des Feuers, das Blut des Lebens, das sich in der Substanz manifestiert.

Obwohl die Begriffe Wein, Leben, Rebstock (spanisch: vino, vida, vid) unterschiedlichen Ursprungs sind, kann nicht infrage gestellt werden, dass sie eine gewisse symbolische Verwandtschaft haben. Auf diese Weise besteht ein Bezug zwischen „vino“ (Wein) zu „vis“ (Kraft) und „virtus“ (moralische Stärke), genauso zu „virgo“ (Jungfrau), der feurigen Schlange unserer magischen Kräfte.

Die Sahaja Maithuna (die Sexualmagie) zwischen Frau und Mann, Adam-Eva, im wunderbaren Bett der wahren Liebe, enthält wahrhaftig erhabene rhythmische Übereinstimmungen mit dem mystischen Abendmahl des großen Kabirs Jesus.

Das Brot (Samen) in solares Fleisch und den erlesenen Wein in christisches Blut und heiliges Feuer zu verwandeln, ist das außergewöhnlichste Wunder des sexuellen Yoga.

Der goldene Körper des solaren Menschen, das berühmte „To Soma Heliakon“ (die vollständige Synthese der christischen Körper), ist das Fleisch, Blut und Leben des Schöpferlogos oder Demiurgen.

Die lebendige geheime Kristallisation der Sexualenergie zur strahlenden Form dieses prächtigen Körpers ist nur durch die Magie der Liebe möglich.

Einstein, einer der großen Genies des Verstandes, schrieb ein weises Postulat dazu: *Masse wird in Energie und Energie in Masse verwandelt.*

Es ist offensichtlich, dass wir durch die Maithuna das *Ens Seminis* in Energie umwandeln können und müssen.

Brot in Fleisch zu verwandeln und Wein in königliches Blut, in lebendiges philosophisches Feuer heißt, das Wunder der Transsubstantiation durchzuführen.

Wir müssen unsere sexuelle Energie zum Herzen sublimieren.

Die Kommunion des Brotes und des Weines hat die Macht, die sexuelle Energie zum Herzen zu sublimieren.

Wir können Brot und ein Glas Wein neben unser Bett stellen, um, nachdem wir das Arkanum A.Z.F. praktiziert haben, das Brot und den Wein zu segnen und dann zu essen und zu trinken.

Das Arkanum Nummer vierzehn verwandelt das Brot und den Wein in das Blut Christi, durch dieses Arkanum werden Brot und Wein mit christischen Atomen, die von der Zentralsonne herabsteigen, aufgeladen.

Zusammenfassung

Der Meister, der auf das Nirvana aus Liebe zur Menschheit verzichtet, wird mit dreifachen Ehren versehen.

Der Meister, der dem Nirvana entsagt, um auf der physischen Ebene zu bleiben, muss um das Elixier des ewigen Lebens bitten.

Arkanum 15

Die Leidenschaft

Das Arkanum Nummer fünfzehn ist das vielfältige *Ich*, das in der Esoterik Satan genannt wird.

Das Arkanum Nummer fünfzehn stellt die Leidenschaft dar, deren Basis das luziferische Feuer ist. Es ist nötig, zu wissen, dass der wichtigste Defekt die sexuelle Leidenschaft ist, die Lüsternheit.

In der kabbalistischen Synthese des Arkanums Nummer fünfzehn haben wir 1 + 5 = 6; die Sechs an sich ist die Sexualität, dies bedeutet auch, dass in der Sexualität die größte Kraft liegt, die den Menschen befreien kann, aber auch die größte Kraft, die ihn versklaven kann.

Das Arkanum Nummer fünfzehn bedeutet die Arbeit mit dem Dämon, den Prozess der Auflösung des *Ichs*. Eden ist die Sexualität selbst und die innere Bestie; das psychologische *Ich*, das uns den Zutritt zum Paradies versperrt, steht am Tor der Sexualität und lädt uns zu einem Samenerguss ein oder es zeigt uns Schulen, Theorien, Sekten, usw., um uns von diesem Tor abzulenken.

Hebräischer Buchstabe: Samech.

Uhrzeit: Sechste Stunde des Apollonius: „Wegen der Angst ist es hier nötig, ruhig und unbewegt zu bleiben. (Das bedeutet die schreckliche Prüfung des Hüters der Schwelle, bei der man viel Mut braucht, um sie zu bestehen).“

Transzendentes Axiom: „Sie machten mich zum Wächter der Weinstöcke und den Weinstock, der mir gehörte, bewachte ich nicht.“

Element der Vorhersage: „Verheißt Missgeschicke, Leidenschaften, Unglück. Wohlstand durch Rechtsprechung und verhängnisvolles Schicksal. Gefühle, die demjenigen schaden, der sie hat und demjenigen, dem sie gelten. Heftiges Verlangen und gewalttätige Situationen.“

Beschreibung der Karte

In den Wassern des Lebens die Darstellung von Geburah (das Gesetz). Typhon Baphomet erscheint in der Mitte, er hält den Herrscherstab in seiner linken Hand und eine aufsteigende Schlange in seiner rechten. Die rechte Hand ist männlich und die linke ist weiblich. Die Brüste bedeuten, dass er androgyn ist. Die Weisheit wird durch eine Schürze bedeckt, und aus der Schürze erscheint der Schwanz.

Das Gesicht ist missgebildet wegen der Fehler und Sünden. Der Baphomet wurde durch Messing repräsentiert, welches die Menschheit aufgrund der Degeneration geschwärzt hat. Wir müssen das Messing reinigen, den Teufel, der der psychologische Trainer und Bewacher der Türen des Heiligtums ist, damit nur die Auserwählten eintreten dürfen, diejenigen, die alle Prüfungen bestanden haben, die der Teufel auferlegt.

Esoterische Bedeutung des Arkanums

Das Arkanum Nummer fünfzehn des Tarot verkörpert den Ziegenbock von Mendez, Luzifer, Typhon Baphomet, den Teufel.

Der Alchemist muss dem Teufel das Feuer stehlen.

Wenn wir mit dem Arkanum A.Z.F. arbeiten, stehlen wir dem Teufel das Feuer. Auf diese Weise verwandeln wir uns in Götter und so strahlt der fünfzackige Stern. Die Hörner haben sechs Enden. Das Arkanum Nummer sechs ist die Sexualität, das zeigt uns, dass in der Sexualität die Befreiung durch Keuschheit oder die Versklavung des Menschen durch die Leidenschaft liegt. Es gibt einen Unterschied zum Arkanum Nummer eins: die rechte Hand ist erhoben und die linke zeigt zur Erde. Das Geheimnis des Baphomet ist die sexuelle Alchemie, auf der Grundlage der Einsicht und Umwandlung der schöpferischen Energien.

Der Baphomet der Templer muss rückwärts gelesen werden: TEM-O-H-P-AB; das ist ein Anagramm folgender lateinischer Worte: *Templi Ommum Hominum Pacis Abbas*.

Das bedeutet: *der Vater des Tempels, allumfassender Frieden für den Menschen*.

Das Arkanum Nummer fünfzehn folgt auf das Arkanum Nummer dreizehn, welches der Tod des *Ichs*, des *Egos*, des *Selbst* ist und auf das Arkanum Nummer vierzehn, das die Mäßigung ist, die Keuschheit, die das Ergebnis des Todes des *Egos* ist. Dann ist Arkanum Nummer fünfzehn der göttliche Androgyn, der wieder erstrahlt, es ist das polierte Messing.

Wir wissen, dass jenseits von Körper, Gefühlen und Verstand der innere göttliche Logos existiert. Dieser ist, ohne Frage, das Unbeschreibliche, das, was die Wahrheit ist und er projiziert sein Spiegelbild, seinen besonderen Schatten in uns hinein, hier und jetzt. Offensichtlich ist dieser Schatten, diese Widerspiegelung des Logos der psychologische Lehrer, Luzifer, der Versucher. Wir alle haben unseren eigenen Luzifer.

Im Ägypten der Pharaonen wurde die Mittagssonne, die geheiligte absolute Sonne immer durch Osiris symbolisiert, während ihr Schatten, ihre Spiegelung, ihr Luzifer durch Typhon dargestellt wurde.

In den heiligen Tempeln des alten Ägypten der Pharaonen, wenn für den Neophyten die Zeit gekommen war, den Einweihungsprüfungen unterzogen zu werden, nahm ihn ein Meister beiseite und flüsterte leise den geheimnisvollen Satz in sein Ohr: *Bedenke, dass Osiris ein schwarzer Gott ist*.

Dies ist eindeutig jene besondere Farbe der Dunkelheit und der cumäischen Schatten, die Farbe des Teufels, dem man immer schwarze Rosen darbot.

Es ist auch die Farbe des ursprünglichen Chaos, in dem alle Bestandteile und Keime des Lebens gänzlich durcheinander gemischt und vermengt sind; das Symbol des Erdelements und der Nacht, des radikalen Sterbens aller psychologischen Aggregate, die in ihrer Gesamtheit das *Mich Selbst* bilden.

Wir müssen mit äußerster und unaufschiebbarer Dringlichkeit den *Teufel weiß machen*, und das ist nur möglich, indem wir gegen uns selbst kämpfen; indem wir den gesamten Komplex der psychischen Aggregate, die das *Ich*, das *Mich Selbst*, das *Selbst* bilden, auflösen.

Nur indem wir in uns selbst sterben, können wir das Messing polieren und die Mitternachtssonne (den Vater) betrachten.

Das bedeutet, die Versuchungen zu überwinden und jedes einzelne unmenschliche Element, das wir in uns tragen (Zorn, Habgier, Lüsternheit, Neid, Stolz, Faulheit, Gefräßigkeit, usw.) auszulöschen.

In der psychologischen Turnhalle der menschlichen Existenz wird immer ein Trainer benötigt. Der so oft von Sokrates erwähnte göttliche *Daimonion*, der Schatten unseres individuellen Geistes selbst, ist der außergewöhnlichste psychologische Trainer, den jeder von uns in sich trägt. Er führt uns in Versuchung mit der Absicht, uns zu trainieren.

Nur so können die kostbaren Edelsteine der Tugenden in unserer Psyche keimen.

Nun frage ich mich selbst und ich frage Sie: Worin besteht die Bosheit des Luzifer? Die Resultate sprechen für sich: wenn es keine Versuchung gibt, gibt es keine Tugenden, je härter die Versuchungen, desto größer werden die Tugenden sein. Das Wichtigste ist, der Versuchung nicht nachzugeben, deshalb müssen wir den Vater bitten: *Führe uns nicht in Versuchung*.

Nur durch Kampf, Gegensatz, Versuchung und strenge esoterische Disziplin können die Blumen der Tugend in uns wachsen.

Luzifer als Ratgeber, als Erzieher, als Berater ist sicherlich etwas Seltenes, Unübliches und Außergewöhnliches.

In der luziferischen Versuchung liegt eine didaktische, unnachahmliche, eindrucksvolle Erziehung, eine erstaunliche Anziehungskraft, ein unverkennbarer Anreiz, ein verborgener Antrieb mit geheimer göttlicher Absicht, Verführung und Faszination.

Luzifer Prometheus ist eins mit dem platonischen Logos, dem Minister des Schöpferdemiurgen, und er ist der strahlende Herrscher der sieben Wohnsitze des Hades (der Höllenwelten), des Sabbath und der manifestierten Welt. Ihm sind das Schwert und die Waage der kosmischen Gerechtigkeit anvertraut, denn er verkörpert ohne Zweifel die

Norm der Gewichte, Maße und Zahlen; Horus, Brahma, Ahura Mazda, usw., immer unaussprechlich.

Luzifer (luci = Licht, fer = Feuer) ist der Bewacher der Tore und der Schlüssel zum Lumisial, damit niemand außer den Gesalbten, die das Geheimnis des Hermes kennen, eintreten kann.

Die, die Luzifer voreilig verfluchen, die sich gegen die kosmische Spiegelung des Logos aussprechen, verdammen den lebendigen Gott, der sich in der Materie manifestiert, und sie verleugnen die stets unbegreifliche Weisheit, die sich gleichermaßen in den Gegensätzen von Licht und Dunkel enthüllt. Anschein, Ähnlichkeit, Gleichheit: Sonne und Schatten, Tag und Nacht, das Gesetz der Gegensätze.

Der Teufel, die Spiegelung unseres inneren Logos, war das erhabenste Wesen, bevor wir in die tierische Degeneration gefallen sind.

Poliere das Messing und verbrenne deine Bücher, verkünden uns die Meister der hermetischen Kunst wieder und wieder.

Jeder, der den Teufel weiß macht, versetzt ihn in seinen strahlenden, ursprünglichen Zustand zurück; jeder, der hier und jetzt in sich selbst stirbt, befreit den angeketteten Prometheus. Und er belohnt sehr reich, denn er ist ein Riese mit Macht über die Himmel, über die Erde und die Höllen.

Wenn Luzifer-Prometheus vollkommen in alle Teile unseres Seins integriert ist, macht er uns zu etwas Anderem, Verschiedenem, einem exotischen Wesen, einem Erzengel, einer schrecklich göttlichen Macht.

Bedeutung in Bezug auf die Einweihung

Dieses Arkanum steht in Verbindung mit Satan, den die Bibel erwähnt; Seth in seinem negativen Aspekt, wie die Ägypter sagen.

Wenn wir die Zahl fünfzehn kabbalistisch aufschlüsseln, erhalten wir 1 + 5 = 6. Wir wissen bereits, dass die Sechs in ihrer Essenz die Sexualität ist, was bedeutet, dass die Sexualität die größte Kraft ist, um den Menschen zu befreien, aber auch die größte Kraft, ihn zu versklaven.

Erinnern wir uns an das Sternbild des Orion der Ägypter; es ist offensichtlich, dass dieses Sternbild von zwölf großen Meistern regiert wird. Esoterisch gesehen sagt man, dass diese zwölf Meister sich gegenseitig helfen, aber der sechste fehlt immer, das bedeutet, dass man, um die Selbstverwirklichung zu erlangen, den Schleier der Isis, bzw. den sexuellen adamischen Schleier zerreißen muss.

Nur indem man sich von der Sexualität auf vollkommene Art und Weise befreit, kann man die endgültige Befreiung erreichen. Die Schwierigkeit daran ist sozusagen, das Pferd satteln zu wollen, bevor man es gefangen hat. Damit ist die Information gemeint, die von all jenen Schulen gegeben wird, die behaupten, dass man sich von der Sexualität befreien muss, ohne zuvor die solaren Körper erschaffen zu haben.

Zuerst müssen die solaren Körper hergestellt werden, dann muss auf die Sexualität verzichtet werden. Das ist die korrekte Methode in dieser Angelegenheit und so ist das Gesetz. In der Arbeit gibt es zuerst das Tierische und später das Spirituelle.

Die Konstellation des Orion hat einen merklichen Einfluss auf den atomaren Stern, der uns innerlich führt, der das Ain Soph Paranishpana ist, unseren innersten Stern. Wie ein Meister sagte: *Ich hebe meine Augen zu den Sternen, von denen meine Hilfe kommen muss, aber geleitet werde ich immer von dem Stern, den ich in mir habe*.

Das Arkanum Nummer fünfzehn des Tarot ist das vielfältige *Ich*, esoterisch nennt man es Satan.

Das Symbol für Unendlichkeit ist sehr wichtig; darauf beziehen sich die acht Kabire, die die gesamte Schöpfung, die ganze Natur regieren. Sie sind die Leiter des universellen Lebens, die unseren Planeten Erde regieren. Sie haben jedoch ihre Gegenspieler, das sind die acht Herrscher der schwarzen Loge, die acht Anti-Kabire. Es gibt zwei im Osten, zwei im Westen, zwei im Norden und zwei im Süden.

Wir erwähnen sie, weil sie zum Arkanum Nummer fünfzehn gehören, zu Typhon Baphomet, zu Satan. Der Esoteriker muss wissen, wie er sich vor diesen acht Kabiren schützen kann. Deshalb gibt es die Beschwörungen und die ganze Esoterik der hohen Magie.

Wer in der hohen Magie arbeitet, muss sich selbst mit dem magischen Kreis schützen, muss die heilige Viper zu nutzen wissen, vor der die Dunkelheit flieht. Die alten Ägypter projizierten sie aus dem Herzen.

Man muss wissen, dass man Ra anrufen muss, um sich vor den acht Anti-Kabiren zu schützen, weil es genauso wie es die Magier der weißen Loge gibt, auch Magier der schwarzen Loge gibt, der linken Hand, mit all ihren Kräften.

Diese Kategorie von dunklen Adepten entsteht durch das schwarze Tantra, bei dem es die gleiche Verbindung von Lingam-Yoni gibt, aber mit Vergießen des Samens. Die acht Anti-Kabire sind die Kristallisationen des H-Si-12 des *Ens Seminis* in seiner verhängnisvollen, negativen Form.

Man sagt, wenn der Adept die Schlacht gewinnt, nimmt er Zuflucht im Auge des Horus und wird vom dreifachen Schleier bedeckt, und dadurch wird er vor den roten Dämonen des Seth geschützt. Er wird unsichtbar für die roten Dämonen und sie können ihm nichts antun. Die Legion der Dämonen ist nichts anderes als das vielfältige *Ich* einer jeden Person. Es besteht kein Zweifel, dass all diese Teufel lebendige Personifizierungen unserer Fehler und psychologischen Defekte sind.

Es ist gut zu wissen, dass die Lüsternheit der am schwersten zu überwindende Dämon ist. Das ist der Hauptdefekt, der im Arkanum Nummer fünfzehn des Tarot durch die sexuelle Leidenschaft oder die Lüsternheit dargestellt ist.

Das Arkanum Nummer fünfzehn repräsentiert die Leidenschaft, weil sie auf dem *Modus Operandi* des luziferischen Feuers basiert, sie bildet die Funktionsweise dieses Feuers.

Insgesamt gibt es zwei große Feuer: das heilige Feuer der Kundalini, das durch die Wirbelsäule aufsteigt, und das von Kundartiguador, das sich in die Höllen stürzt.

Kundalini ist die Schlange aus Bronze, die die Israeliten geheilt hat und die Moses an dem Stab aufsteigen ließ. Das Feuer von Kundartiguador ist die Schlange der Versuchung von Eden, die in die atomaren Höllen des Menschen hinabsteigt. In der Weisheit der Ägypter hat die Schlange der Versuchung den Namen Apep. In den Ritualen der alten Ägypter wurde ein Abbild aus Wachs hergestellt, mit dem Kopf abwärts deutend, und auf diese Weise wurde sie exorziert, beschworen.

Der Eingeweihte muss fürchterlich gegen diese Schlange der Versuchung kämpfen, gegen die schreckliche Apep; es ist ein Kampf bis zum Tod.

Das negative Feuer von Apep ist der negative Aspekt von Prakriti, das ist Kali, die das Aussehen einer schrecklichen Giftschlange annimmt, die durch den Schlamm kriecht (siehe das Leben von Krishna). Wenn wir sie im Kosmos vernichten wollen, müssen wir sie in uns selbst vernichten.

Das lebendige Fundament der tierischen Leidenschaft ist dieses luziferische Feuer der Schlange Apep. Die Kristallisierung dieses negativen luziferischen Fohat (Feuer) wird durch die roten Dämonen, das vielfältige *Ich* verkörpert. Es ist im sexuellen luziferischen Feuer, wo man die roten Dämonen findet.

Wenn wir das Ego auflösen wollen, müssen wir damit beginnen, die Lüsternheit zu vernichten. Wenn die Fische des Meeres des Wassers beraubt werden, sterben sie. Wenn wir unseren *Egos* das luziferische Feuer wegnehmen, sterben diese Egos. Wir müssen ihnen den Nährboden, auf dem sie leben, entziehen.

Die atomaren Höllen des Menschen gibt es tatsächlich. Kriege werden auf dem Schlachtfeld gewonnen und wir müssen den Krieg gegen die roten Dämonen gewinnen.

Das Arkanum Nummer fünfzehn bezeichnet die Arbeit mit dem Dämon, mit Hilfe von Phallus-Osiris und von Uterus-Isis, über die Satan oder Seth die Kontrolle übernommen hat. Der Phallus der Götter ist aus purem Gold. Es ist notwendig, alles, was den Geschmack tierischer Leidenschaft hat, mit der Wurzel auszureißen.

In den alten Mysterien der erleuchteten gnostischen Rosenkreuzer gab es eine Einweihungszeremonie. Die Neophyten, die geprüft wurden, führte man mit verbundenen Augen zu einem bestimmten Platz. Der interessanteste Aspekt war, dass, als die Augenbinde entfernt wurde, sie in einem beleuchteten Raum waren; alle befanden sich in der Mitte und bildeten einen Kreis um den Ziegenbock. Auf seiner Stirn, zwischen seinen gewaltigen Hörnern, strahlte das Pentalpha.

Dem Neophyten wurde befohlen, den Hintern des Teufels oder auch den Schwanz zu küssen. Beim Herumgehen um das Tier begegnete er einer schönen Dame, die ihn willkommen hieß, ihn umarmte und ihn auf die Stirn küsste. Sodann hatte er triumphiert.

Wenn der Neophyt sich aber dagegen sträubte, dann war er durchgefallen und wurde aus dem Raum entfernt, ohne das Geheimnis erfahren zu haben.

Die Dame, die ihn küsste, stellte Isis dar, die göttliche Mutter, und sie küsste ihn auf die Stirn, um ihm zu sagen: *Es ist für dich die Stunde gekommen, mit der heiligen Schlange zu arbeiten.*

Um zu Göttern zu werden, muss das Feuer vom Teufel gestohlen werden, vom Ziegenbock, durch die Umwandlung der niederen Metalle in Gold. Das ist das Geheimnis der Alchemie, der Ziegenbock muss vernichtet werden. Jeder Defekt muss verändert, getötet werden und eine Tugend wird geboren. Daher kommt der Ausdruck *solve et coagula.*

Die Götter entsteigen dem Abgrund und lösen sich im Absoluten auf.

Die Kraft des Magiers liegt in den Sexualorganen, weil sich hierin das *Laboratorium Oratorium* des Dritten Logos befindet.

Zusammenfassung

Es gibt Millionen von schwarzen Logen in der Welt von Assiah.

Die gefährlichsten Schwarzmagier des Universums gibt es in der Mentalwelt.

Jeder Okkultist, der den Samenerguss empfiehlt, ist ein schwarzer Magier.

Jeder Hurende ist ein schwarzer Magier.

Jede Gruppe von Hurenden bildet eine schwarze Loge.

Unsere Schüler müssen lernen, die Finsteren zu beschwören, zu bewirken, dass sie in Furcht und Schrecken fliehen.

Gebrauche die Beschwörungen der Vier und der Sieben.

Die Finsteren müssen mit dem Schwert beschworen werden.

Arkanum 16

Die Zerbrechlichkeit

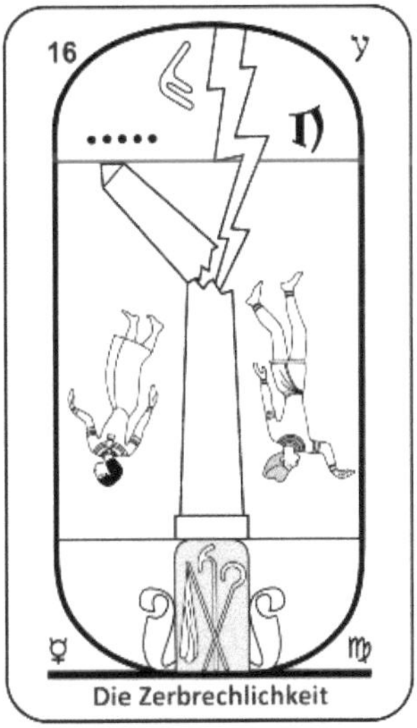

Die Vertreibung aus dem Paradies stimmt mit dem Arkanum Nummer sechzehn überein. Der Garten Eden oder das Paradies muss als die Sexualität selbst verstanden werden. Wir haben es durch die Türen der Sexualität verlassen und nur durch sie können wir zurückkehren.

Das Arkanum Nummer sechzehn ist sehr gefährlich. Es ist nötig, das Bewusstsein zu erwecken, um nicht blind herumzulaufen. Die Blinden können in den Abgrund stürzen.

Der Eingeweihte, der den Hermesbecher verschüttet, fällt unvermeidlich.

Der Kampf zwischen Gehirn, Herz und Sexualität ist schrecklich.

Herrscht die Sexualität über das Gehirn, so bleibt der fünfzackige Stern, das Pentagramm umgekehrt und der Mensch wird mit dem Kopf nach unten und seinen Beinen nach oben in die Tiefe des Abgrunds geschleudert. Er fällt, vom Arkanum sechzehn getroffen. Wer sich fallen lässt, fällt mit dem Arkanum sechzehn, das der eingestürzte Turm ist. Es sind jene, die im großen Werk des Vaters gescheitert sind.

Hebräischer Buchstabe: Ajin.

Uhrzeit: Siebte Stunde des Apollonius: „Das Feuer muntert die leblosen Wesen auf und wenn ein Priester, ein Mensch, der sich ausreichend gereinigt hat, es stiehlt und es später ausstrahlt, wenn er es mit heiligem Öl mischt und es segnet, wird es ihm möglich sein, alle Krankheiten zu heilen, indem er es einfach auf die betroffene Stelle aufträgt. (Der Eingeweihte sieht hier sein materiales Vermögen in Gefahr und seine Geschäfte scheitern.)“

Transzendentes Axiom: „Licht des Morgens, Licht des Mittags, Licht des Abends, das Wichtigste ist, dass es Licht sei.“

Element der Vorhersage: „Verheißt unerwartete Unfälle, Stürme, Aufregungen, Todesfälle. Vorteile durch gute und schlechte Umstände. Erwiderung in der Liebe und im Hass, in der Gleichgültigkeit und in der Eifersucht, im Verrat und in der Treue.“

Beschreibung der Karte

In den Wassern des Lebens sind der Stab der Macht, der Stab der Herrschaft und die Peitsche, die die Zerbrechlichkeit darstellt. Zu beiden Seiten dieser Symbole sind die zwei Schlangen, die positive und die negative.

Aus dem oberen Teil kommt der Blitz der kosmischen Gerechtigkeit, er zerstört den Turm, den die Kabbalisten den Turm von Babel nennen. Zwei Personen werden in die Tiefe des Abgrundes gestürzt; eine links, die andere rechts. Sie fallen mit Armen, Beinen und Kopf abwärts zeigend, damit bilden sie das Zeichen des umgekehrten Flammensternes. Das symbolisiert den Fall der Bodhisattwas; der Fall durch die Sexualität, weil sie den Hermesbecher verschüttet haben.

Man muss zwischen einem Fall und einem Abstieg unterscheiden. Der Eingeweihte steigt während der Arbeit in der Schmiede in die neunte Sphäre hinab, um seine Defekte in den unteren Regionen zu zerstören und dann zu den Himmeln aufzusteigen. Jeder Himmel wird erreicht, nachdem die Hölle bearbeitet wurde. Der Eingeweihte fällt, wenn er den Samen verschüttet.

Esoterische Bedeutung des Arkanums

Nummer sechzehn ist das Arkanum des eingestürzten Turmes, des Turmes von Babel. Groß ist die Zahl der Eingeweihten, die es zulassen, dass sie fallen. Es gibt viele eingestürzte Türme. Jeder Eingeweihte, der den Hermesbecher verschüttet, fällt unvermeidlich. Die Legende von den gefallenen Engeln hat sich wiederholt und wird immer wieder geschehen.

Viele gefallene Götter leben heutzutage auf der Welt. Sie sind nun mit menschlichen Körpern verkleidet. Es ist notwendig, das Bewusstsein zu erwecken, um nicht in den Abgrund der Verdammnis zu fallen. Heutzutage gibt es viele Führer esoterischer Gruppen, deren Bewusstsein sich in tiefem Schlaf befindet.

Die Blinden werden die Blinden führen und alle werden in den Abgrund stürzen.

Das ist das Gesetz. Das menschliche Wesen lebt vollkommen eingeschlafen. Es ist nötig, das Bewusstsein zu wecken, um nicht blind umherzugehen. Die Blinden können in den Abgrund fallen. Das Arkanum Nummer sechzehn ist sehr gefährlich.

Die Schüler, die esoterische Übungen machen, ohne im Arkanum A.Z.F. zu arbeiten, gleichen dem Mann, der sein Haus auf Sand baut; sein Bauwerk wird in den Abgrund stürzen. Wir müssen auf den lebendigen Stein bauen. Dieser Stein ist die Sexualität.

Wer die Chakren entwickelt, obwohl seine inneren Körper lunarer Natur sind, wird in den Abgrund fallen, sein Tempel wird ein eingestürzter Turm sein. Wer seine christischen Körper mit dem Arkanum A.Z.F. erzeugt und daran arbeitet, seine Chakren zu entwickeln, wird zu einem lebendigen Christus.

Bedeutung in Bezug auf die Einweihung

Dieses Arkanum ist der einstürzende Turm, in der Kabbala bekannt als der Turm von Babel, den die Bibel erwähnt. Von diesem Turm kann man den Eingeweihten fallen sehen, der dabei das umgekehrte Pentagramm bildet.

Das heilige Symbol des Unendlichen verkörpert den Verstand, das Herz und die Sexualität. Wenn die Sexualität den Verstand beherrscht, dann führt dies zum Fall, zum einstürzenden Turm, zum umgekehrten fünfzackigen Stern, zum entgegengesetzten Pentagramm, dem Menschen, der mit seinem Kopf nach unten und seinen Füßen nach oben zeigt. Er stürzt in die Tiefen des Abgrundes. Wir sollten uns an die weise Behauptung erinnern: *Das Unendliche ist gleich dem Pentalpha.*

Eine sorgfältige Untersuchung des Arkanums sechzehn gibt Anlass, darüber nachzudenken. Wer sind diejenigen, die fallen? Es sind diejenigen, die das Gefäß des Hermes verschütten. Deshalb sagte Krumm-Heller: *Das Glas muss hoch erhoben werden.* Er bezog sich auf den heiligen Wein.

In alten Zeiten, in Lemurien, wurde das Elixier des ewigen Lebens gewonnen. Es hat seine Grundlage in der Ursubstanz, die das Leben erneuern kann. Es ist der Nektar der Götter, den Paracelsus *Ens Seminis* nannte, worin sich das *Ens Virtutis* befindet.

Auf dem Kontinent Mu oder Lemurien, der sich auf dem riesigen Pazifischen Ozean befand, gewährte mir die weiße Bruderschaft das wundervolle Elixier, das Geschenk Cupidos, mit dem man den physischen Leib über Millionen von Jahren erhalten kann. Ich konnte meinen physischen Körper in Atlantis über Tausende von Jahren bewahren, ich war ein Unsterblicher. Mit Beginn der zweiten arischen Unterrasse geschah mir dasselbe wie dem Grafen Zanoni, dem sein unsterblicher Körper genommen wurde, weil er sich in eine Chorsängerin aus Neapel verliebt hatte.

Auf diese Weise geschah es, dass ich mich in verschiedenen Körpern reinkarnierte, bis zum jetzigen Zeitpunkt, an dem ich mich wieder erhoben habe.

Man muss die Transformation durch „Nu“, die göttliche Mutter, erreichen, mit ihrer Hilfe können wir die Masse an dunklen Wesenheiten, den Satan, auslöschen. „Nu“ kann uns auf endgültige Weise radikal transformieren.

Es ist notwendig, dass eine vollständige Transformation durchgeführt wird; dass unser Kopf, unser Gesicht das von „Ra“ werde, und unser Körper, unsere Hände und Beine die von „Tum“ werden.

Ra ist der Vater.

Tum ist der Körper des Vaters.

Tum ist ein außerordentlich göttliches Mantra, es darf nie einfach so oder zum Scherz ausgesprochen werden, weil unser Vater, der im Verborgenen ist, unverzüglich herabkommt, wo auch immer Er sein mag.

Wir müssen Arbeiter am großen Werk des Vaters werden. Ra ist der Christus, ist das Leben, der zweite Logos. Tum ist der Vater, der erste Logos. Wenn man seinen Namen ausspricht, erzeugt man Feuer und Er steigt herab. Das sind Mantras von großer magischer priesterlicher Macht.

Wir können die Inkarnation des Vaters nur erreichen, wenn wir die sieben Grade der Macht des Feuers entwickelt haben. Wenn der Eingeweihte das Keuschheitsgelübde bricht, fällt er.

Wenn wir die Zahlen des Arkanums sechzehn kabbalistisch addieren, ergibt das: 1 + 6 = 7, die sieben Grade der Macht des Feuers, die sieben Stufen des Verstandes.

Wenn der Eingeweihte fällt, wird er vom Arkanum sechzehn zum Sturz gebracht und fällt diese Stufen hinab. In der okkulten Wissenschaft sagt man, dass er ohne INRI (*Ignis Natura Renovatur Integram*) bleibt; er hat versagt. Das ist der eingestürzte Turm.

Wehe denen, die ohne INRI bleiben! Es sind die, die vom Turm fallen. Die Siegreichen, die die zweite Geburt erlangen, treten in den Orden von Melchisedek ein, den Orden von Keb, dem Genius der Erde.

Damit die lunaren Körper in Amenti verbleiben, muss man sterben, sterben und sterben. Nur durch den Tod entsteht das Neue.

Die authentisch gestorbenen Eingeweihten haben ihre *Ichs* vernichtet, haben die zwei Welten in Besitz genommen und können nach Belieben nach Amenti oder hierher kommen.

Aus diesem Grund sagt man, dass er König oder Priester der Erde geworden ist, gemäß dem Orden von Melchisedek.

Es ist klar, dass man, wenn man sich fallen lässt, das Zepter der Macht verliert und vom Turm stürzt. Auf dem esoterischen Weg müssen wir kämpfen. Auch die zweimal Geborenen.

Es gibt Eingeweihte, deren Kehlen stagniert sind, denn der Kampf ist sehr hart. Je höher man gelangt, desto härter und tiefer fällt man. Man muss vorsichtig sein mit der Art von Nahrung, die der Verstand erhält, wie durch die Presse, das Fernsehen und die Filme.

Das orale und mentale Spermium mit Grabesgaben umwandeln.

Das bedeutet, sich nicht mit Müll zu ernähren, weil er nutzlos ist, Kadaver des Verstandes: schlechte Literatur, schlechte Filme, schlechte Fernsehprogramme, schlechte Worte.

Man darf nicht vergessen, dass wir eine schreckliche Teufelin haben, „Kali“, das abscheuliche Organ Kundartiguador, die furchtbare Schlange „Apopi“. Die Menschen sind Opfer der Kali, der Schlange der Versuchung, von der die Hindus sprechen.

Der Eingeweihte, der fällt, verliert die Krone und das Schwert. Die Zirbeldrüse, das Sahasrara Chakra ist die Krone. Das Schwert ist das Flammenschwert, das man Osiris zu Füßen legen muss. Dem Siegreichen werden die vier geheimen, verborgenen Säulen überreicht. Dadurch erhält man Macht über die vier Reiche des Kosmos:

1. Leben
2. Unteres Mineralreich
3. Molekularreich
4. Elektronisches Reich, spirituelle Welt

Wenn wir die Esoterik eingehender studieren, erfahren wir, dass das Zentrum zwischen den Augenbrauen, das dritte Auge, das Zentrum der Hellsichtigkeit, das Auge des Horus ist, welcher an sich der Innerste ist, unser göttliches Wesen, das in den Armen unserer göttlichen Mutter liegt. Der Falke ist das Symbol von Horus, der goldene Falke stärkt Horus (der Aurus ausgesprochen wird) durch den vollkommenen Tod von uns selbst. Er steht in Beziehung zur aufgehenden Sonne. Man muss sich selbst in Verbindung mit der spirituellen Sonne bringen.

Wir müssen Horus stärken. Wir haben das Recht, ihn zu bitten, unsre drei Gehirne zu stärken:

Das Intellektuelle – das Emotionale – das Motorische

Unsere drei Gehirne müssen stark sein für den Kampf.

Zusammenfassung

Wenn das Astrallicht in einer Blume gerinnt, verlieben wir uns in diese Blume.

Wenn sich das Astrallicht in einer Frau ansammelt, verlieben wir uns in diese Frau. Wer ständig durch unterschiedliche Frauen verzaubert wird, ist nichts anderes als ein schwacher kleiner Vogel, niedergeschmettert durch die verzaubernden Augen der Versucherin, dem Astrallicht. Die Hexenmeister des Astrallichts sind gefährlich.

Armselig ist der Samson der Kabbala, der zulässt, von Delilah beherrscht zu werden. Der Herkules der Wissenschaft, der sein Zepter der Macht gegen die Spindel von Omphale eintauscht, wird bald die Rache von Deianeira zu spüren bekommen, und es wird kein anderes Heilmittel geben als den Scheiterhaufen des Berges Öta, um den verzehrenden Qualen des Nessushemdes zu entkommen.

Arkanum 17

Die Hoffnung

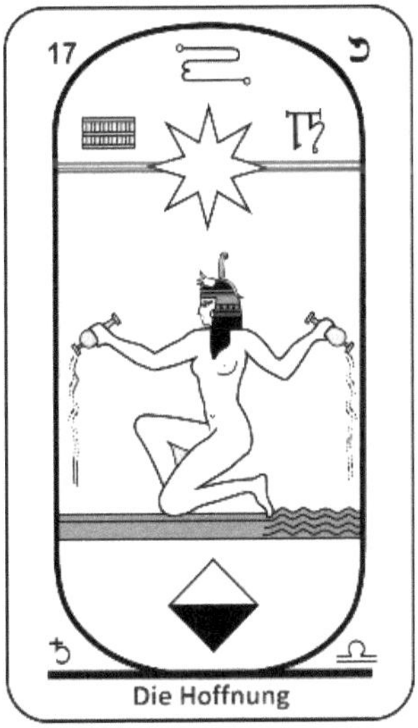

Der achtzackige Stern steht immer für Venus, den Morgenstern.

Im Arkanum Nummer siebzehn finden wir die venusische Einweihung.

Das Symbol der Venus zeigt uns, dass der Kreis des Geistes über dem Kreuz des Sexuellen sein muss, das heißt, die Sexualität muss unter der Kontrolle des Geistes sein.

Das umgekehrte Zeichen bedeutet, dass der Geist von der Sexualität dominiert wird.

Hebräischer Buchstabe: Pe.

Uhrzeit: Achte Stunde des Apollonius: „Die astralen Tugenden der Elemente, der Samen aller Arten."

Transzendentes Axiom: „Einige Menschen bitten um Zeichen, um zu fallen und andere erbitten Weisheit, um zu handeln, doch das hoffnungsvolle Herz findet alles in seiner Hoffnung."

Element der Vorhersage: „Verheißt Intuition, Erhaltung, Erleuchtung, Geburten, kurzen Kummer und kurze Zufriedenheit, Ärger und Versöhnung, Entbehrung, Verzicht und Gewinne."

Beschreibung der Karte

In den Wassern des Lebens befinden sich zwei Dreiecke, das positive und das negative. Im mittleren Teil ist eine Frau dabei, die Erde mit den beiden Elixieren (dem männlichen und weiblichen) zu bewässern. Auf ihrem Kopf ist eine Lotosblume, die ihre entwickelten Chakren anzeigt.

Im oberen Teil scheint der achtstrahlige Stern der Venus, er weist darauf hin, dass nach den Einweihungen des Feuers die des Lichtes folgen.

Esoterische Bedeutung des Arkanums

Die Hieroglyphe des Arkanums Nummer siebzehn ist der strahlende Stern und die ewige Jugend. In diesem Arkanum erscheint eine nackte Frau, die den vitalen Saft des universellen Lebens versprengt, der aus zwei Gefäßen fließt, einem goldenen und einem silbernen.

Wenn wir sorgfältig den esoterischen Gehalt dieses Arkanums studieren, entdecken wir die perfekte Alchemie. Wir müssen mit dem Gold und dem Silber arbeiten, mit Sonne und Mond, um den achtzackigen Stern zu inkarnieren, den Morgenstern. Tatsächlich ist der achtzackige Stern Venus. Jeder, der die venusische Einweihung erhält, erfährt das Glück, den Drachen der Weisheit (den inneren Christus) zu inkarnieren.

Wir müssen mit Feuer und Wasser arbeiten, um die venusische Einweihung zu erlangen. Der auf dem Kreuz gekreuzigte Stern ist der Christus, der Abraxas, der Menschensohn, das inkarnierte Wort.

In der Offenbarung des Heiligen Johannes wird Venus, der Morgenstern erwähnt: *Wer siegt und bis zum Ende an den Werken festhält, die ich gebiete, dem werde ich Macht über die Völker geben. Er wird über sie herrschen mit eisernem Zepter und sie zerschlagen wie Tongeschirr;* (und ich werde ihm diese Macht geben,) *wie auch ich sie von meinem Vater empfangen habe, und ich werde ihm den Morgenstern geben.* (Off. 2:26-28)

Ich, Jesus, habe meinen Engel gesandt als Zeugen für das, was die Gemeinden betrifft. Ich bin die Wurzel und der Stamm Davids, der strahlende Morgenstern. (Off. 22:16)

Christus ist der Stern der Morgendämmerung. Wenn man die venusische Einweihung erhält, hält der Christus Einzug in die Seele. Wenn wir das *Ich*, das *Selbst* enthaupten und auflösen, erhalten wir die venusische Einweihung. Wer sie empfängt, inkarniert seinen Stern.

Der Stern ist der Menschensohn, die Wahrheit. Niemand kann die Wahrheit suchen. Das *Ich* kann die Wahrheit nicht erkennen. Niemand kann etwas suchen, das er nicht kennt. Satan, das *Ich*, das *Ego*, das wir in uns tragen, ist nicht fähig, die Wahrheit zu erkennen. Die Wahrheit kann weder studiert, gelesen, noch mit dem Verstand erfasst werden.

Die Wahrheit unterscheidet sich völlig von allem, was studiert, gelesen oder mit dem Verstand erfasst werden kann. Die Wahrheit kommt zu uns, wenn wir unser *Ich* enthauptet und aufgelöst haben.

Die vielfältigen Wahrheiten der Menschen sind nichts anderes als Projektionen des Verstandes.

Enthaupte dein *Ego*, löse es durch rigorose Reinigungen auf, so wirst du die venusische Einweihung erlangen. Dann wirst du die Wahrheit inkarnieren. Das Wort wird Fleisch in dir werden. Du wirst den Menschensohn inkarnieren und den Morgenstern empfangen.

Jeder, der den Morgenstern inkarnieren möchte, muss mit dem Saft des Lebens arbeiten, der in den beiden Gefäßen enthalten ist, die die nackte Frau des Arkanums Nummer siebzehn in den Händen hält.

Der Stern, der uns innerlich führt, ist der Stern des Vaters. Es ist für uns von großer Wichtigkeit, den Stern des Vaters zu inkarnieren. Hierin liegt das Geheimnis des siebzehnten Arkanums. Wenn der Saft, der in den Gefäßen aus Gold und Silber enthalten ist, weise gemischt und umgewandelt wird, erlaubt er uns, zur Inkarnation des Sternes zu gelangen.

Der Stern, gekreuzigt am Kreuz, ist der Christus.

Bedeutung in Bezug auf die Einweihung

Der achtzackige Stern dieses Arkanums stellt Venus dar, den Abendstern. In diesem Arkanum wird die Arbeit mit dem Gold und Silber, mit der Sonne und dem Mond dargestellt. Die alten Alchemisten sagten, dass „der Mond in die Sonne verwandelt werden muss". Man muss das richtig verstehen; damit war gemeint: den lunaren Weg zu verlassen und dem solaren Weg zu folgen.

Alle Menschen sind lunar; der Mond bringt sie und der Mond holt sie. Wir untersuchen dieses Detail genauer; die ersten sieben Jahre der Kindheit sind lunar; der Mond bringt sie.

Die zweiten sieben Jahre, die Jahre von 7 bis 14 gehören zu Merkur, das Kind geht seinen Weg, es geht zur Schule; es muss sich bewegen.

Die dritten sieben Jahre, von 14 bis 21, gehören zu Venus. Man verspürt die Faszination und das Interesse an der Liebe. Es ist offensichtlich, dass im Alter von 14 Jahren die Sexualdrüsen mit ihrer Tätigkeit beginnen und ihren Einfluss auf das menschliche Wesen ausüben.

Von 21 bis 42 gibt es dreimal sieben Jahre (die 4., die 5., die 6.) oder drei solare Perioden. Das ist der Kampf um unseren Platz im Leben.

In dieser Zeitspanne (21 - 42) offenbart sich, wer man ist.

Der siebte siebenjährige Abschnitt geht von 42 bis 49 Jahren und gehört dem Mars an. Es gibt Kämpfe, und es ist für jeden ein entscheidender Zeitabschnitt.

Der achte siebenjährige Abschnitt ist von 49 bis 56. Das ist der Einfluss von Jupiter auf das menschliche Wesen. In dieser Zeitspanne geht es denen, die gutes Karma haben, wirtschaftlich gut; bei denen, die es nicht haben, laufen die Dinge schlecht.

Im neunten siebenjährigen Zeitabschnitt, von 56 bis 63 Jahren, kommt der alte Saturn, kommt das Alter zum Menschen. Es ist eine Saturnzeit, beherrscht vom Alten der Himmel, die Person mag sie halten, für was auch immer sie will.

Nach 63 Jahren kommen wir ins hohe Alter, der Einfluss des Mondes kehrt zurück. Der Mond bringt uns und der Mond holt uns.

Wenn man das Leben des menschlichen Wesens untersucht, sieht man, dass alles vom Mond beherrscht wird, und wenn man die Bereiche der Hölle betritt, so geht man durch das Tor des Mondes.

Es ist wichtig, den Mond in die Sonne zu verwandeln und um das zu erreichen, muss man mit Gold und Silber arbeiten. Ohne die Alchemie ist dieses Arkanum nicht zu verstehen; das Wichtigste ist, Blei in Gold zu verwandeln, das ist die Arbeit, die in der Schmiede der Zyklopen getan werden muss. Der entscheidende Teil dieses Arkanums ist die venusische Einweihung, es ist der oberste Teil dieses Arkanums und wird durch den achtzackigen Stern der Venus dargestellt. Wenn wir das Symbol der Venus eingehend betrachten, sehen wir:

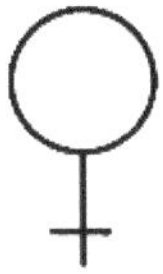

Das umgekehrte Zeichen stellt den Geist, der von der Sexualität beherrscht wird, dar.

Was auf der Erde geschieht, ist, dass die Sexualität über den Geist herrscht.

Die Venus, der Abendstern, ist in ihrem positiven Aspekt sehr erhaben, sie ist wunderbar, sie ist die venusische Einweihung. In ihrem negativen Teil finden wir jedoch eine luziferische Seite.

Der beste Augenblick für eine Astralprojektion ist die Dämmerung, die Stunde der Venus. Wenn man allerdings nicht auf einem hohen Niveau rein ist, wird man von den luziferischen Strömungen angezogen.

Erinnern wir uns, dass Venus-Luzifer zwei Seiten hat, wie das heilige Feuer, Kundalini, die aufsteigt, und das Feuer, das absteigt, Kundartiguador.

Die ganze Arbeit mit der Alchemie dient dazu, die venusische Einweihung zu erlangen. Das ist wirklich etwas sehr Schwieriges.

Wir haben den Fall von Madame Blavatsky, die den Grafen Blavatsky heiratete. Nach zwei Monaten Ehe wurde sie von ihm getrennt, ohne eine sexuelle Beziehung zu ihm gehabt zu haben. Sie reiste nach Indien und war auch in Shangri-La.

Ihre Mission war großartig, sie schrieb die „Geheimlehre". Sie beendete Band III, indem sie ihre Leser einlud, die Alchemie zu praktizieren; ohne sie kann man die Selbstverwirklichung nicht erreichen.

Sie war bereits eine ältere Frau, als sie Colonel Olcott heiratete. Diese Ehe war nicht auf Leidenschaft gegründet, den Grund dafür kann man in den inneren Welten finden, und sie erschuf die solaren Körper.

Madame Blavatsky ist ein weiblicher Adept, der das große Werk verwirklicht hat, jedoch die venusische Einweihung nicht erhalten hat, weil sie dafür den Körper eines Mannes hätte haben müssen.

Der Christus inkarniert sich nur in einem männlichen Körper.

Deshalb bereitet sie sich darauf vor, den Körper eines Mannes anzunehmen, denn sie wird in den USA geboren werden.

Ihr wurde große Unterstützung zuteil, damit sie den Mut nicht verliert, weil es keine angenehme Sache ist, auf das große Nirvana zu verzichten und auf diese Welt zurückkehren zu müssen.

Man braucht die Sexualität, um die venusische Einweihung zu erreichen, weil es sieben Feuerschlangen gibt, die sich auf die sieben Körper beziehen: den physischen, den ätherischen, den astralen, den mentalen, den kausalen, den buddhischen und den innersten, den atmischen Körper.

Eine Schlange stimmt mit je einem Körper überein, im Ganzen gibt es sieben Schlangen; zwei Gruppen von je drei mit der erhabensten Krönung, die uns mit dem Vater, dem Gesetz vereint.

Wer die venusische Einweihung erhalten will, muss die sieben Schlangen des Lichts erheben. Die Erste, die erhoben werden muss, ist die Schlange des physischen Körpers, um die erste venusische Einweihung zu erhalten, dann die des Vitalkörpers, die sich auf die zweite venusische Einweihung bezieht, und so weiter, Schritt für Schritt.

Die Inkarnation des Christus beginnt mit der venusischen Einweihung und wird auf zwei Arten gelebt. Zuerst auf symbolische Weise, und nachdem man all das entwickelt hat, was in den Einweihungen gegeben wurde, wird sie gelebt. Das ist die harte Wirklichkeit des Praktizierens dessen, was gepredigt wurde; es ist eine schwere Arbeit.

Christus ist der Meister der Meister. Es ist ein Irrtum, wenn die Menschen glauben, dass Jesus der einzige Christus ist. Hermes, Quetzalcoatl, Fu-ji, Krishna, usw., haben ebenfalls den Christus inkarniert.

Wenn er sich inkarniert, muss er tun, was er predigt, und das tut er, indem Gott zum Menschen wird, er muss gegen seine eigenen

Quetzalcoatl, der mexikanische Christus.

Leidenschaften kämpfen, gegen alles; das Gold wird durch Feuer geprüft und ist immer siegreich.

Er inkarniert, wird zum Menschen, wenn es erforderlich ist, und er tut es mit dem Ziel, die Welt zu verändern. Er ist das Sein unseres Seins, in Ihm sind wir alle eins; Er, Er, Er löst sich auf im Vater und der wiederum in Ihm.

Wer den Christus inkarniert, besteht die Prüfung und geht weit über das Nirvana hinaus, in die Welten des größten Glücks und der höchsten Freude.

Nur die Tapferen betreten diesen Weg. Wenn man es nicht versteht, sich mit Kraft an den Vater und mit der Seele, dem Leib und dem Herzen an die Mutter zu halten, wird man das Ziel nicht erreichen, man wird scheitern.

Man muss sich an seinen Vater und seine Mutter klammern, indem man Liebe entwickelt. Wenn man keine Liebe hat, wie sollte man dann fähig sein, sich an seine Eltern zu klammern?

In der heutigen Welt gibt es keine Schule der Rosenkreuzer, die einzige und authentische befindet sich in den inneren Welten. Ich wurde in einem Kloster der Rosenkreuzer geprüft, es war die Prüfung der Geduld. Mit Absicht unterziehen sie einen der Prüfung der Geduld.

Zusammenfassung

Das höchste Ziel ist es, die venusische Einweihung zu erhalten; das ist Arkanum Nummer eins, die Inkarnation des Christus.

Der Christus hat weder Individualität noch Persönlichkeit, noch *Ichs*, er ist der wahre Lehrer, der höchste große Meister, der Meister der Meister.

Das Lamm Gottes ist Christus, er wäscht die Sünden der Welt hinweg, aber dafür muss er arbeiten.

Er ist der wahre Lehrer der Welt.

In Ägypten war Christus Osiris; wer Ihn inkarnierte, der war ein neuer Osirifizierter und er musste sich für die ganze Menschheit opfern.

Man muss es verstehen, geduldig zu sein.

Man muss es verstehen, gelassen zu sein.

Arkanum 18

Die Dämmerung

Die kabbalistische Synthese des Arkanums Nummer achtzehn ist 1 + 8 = 9, die neunte Sphäre, die Sexualität. Addieren wir 9 + 9 = 18, gibt es darin ein Gleichgewicht. Die eine Neun ist der positive Aspekt und die andere der negative Aspekt, doch an sich stellt sich die Achtzehn als negativ, verhängnisvoll heraus, als geheimer Feind des Arkanums der Dämmerung, denn in der Arbeit in der neunten Sphäre muss man sehr viel kämpfen, man muss lernen, die sexuelle Energie zu sublimieren.

Hier liegt der Schlüssel zu allen Reichen.

Im Arkanum achtzehn finden wir die Gefahren der Einweihung, die verborgenen und geheimen Feinde, die sich vornehmen, der Einweihung zu schaden, den unterirdischen Kampf im Herrschaftsbereich der neunten Sphäre.

Im Arkanum achtzehn müssen wir blutige Kämpfe gegen die Finsteren austragen, die schwarze Loge, den Abgrund, die Versuchung, die Dämonen, die nicht wollen, dass der Eingeweihte ihren Klauen entschlüpft.

Dies ist der Weg auf des Messers Schneide. Dies ist der Weg, der innerlich und äußerlich voller Gefahren ist, wie der Ehrwürdige Meister Shivananda sagte. In den inneren Welten greifen die Finsteren des Arkanums achtzehn den Schüler heftig an.

Im schrecklichen Arkanum achtzehn finden wir die Hexenkünste Thessaliens, die Küche des Canidius, erotische magische Zeremonien, Riten, um geliebt zu werden, gefährliche Tränke, usw.

Wir müssen die gnostischen Schüler davor warnen, dass der gefährlichste Zaubertrank, den die Finsteren benutzen, um den Schüler vom Weg auf des Messers Schneide abzubringen, der Intellekt ist.

Hebräischer Buchstabe: Tzaddi.

Uhrzeit: Neunte Stunde des Apollonius: Hier ist noch nichts abgeschlossen. Der Eingeweihte steigert seine Wahrnehmung, bis er die Grenzen des Sonnensystems überschreitet, jenseits des Zodiakus. Er gelangt zur Schwelle der Unendlichkeit. Er erreicht die Grenzen der begreifbaren Welt. Das göttliche Licht wird enthüllt und mit ihm tauchen neue Ängste und Gefahren auf. (Studium der kleineren Mysterien, die neun Stufen, die der Schüler erklimmen muss).

Transzendentes Axiom: „Deine Wohltätigkeit sei wie ein unerschöpflicher Kornspeicher und deine Geduld nicht weniger unerschöpflich als deine Wohltätigkeit."

Element der Vorhersage: „Verheißt Instabilität, Unbeständigkeit, Eifersucht, Verwirrung, Veränderungen, unsichere Situationen, lange Verzögerungen, unerwartete Hindernisse, späte Resultate, scheinbare Triumphe und Niederlagen."

Beschreibung der Karte

In den Wassern des Lebens ist ein Skorpion innerhalb eines umgekehrten Dreiecks, das bedeutet, dass wir, wenn wir den Hermesbecher ausschütten, die göttliche Mutter töten wie ein Skorpion.

Im mittleren Teil befinden sich zwei Pyramiden, eine weiße und eine schwarze, die das Positive und das Negative darstellen. Zwei Hunde oder Wölfe, ein weißer und ein schwarzer, heulen den Mond an. Der Weiße, der die Freundschaft symbolisiert, ist positiv, während der Schwarze negativ ist und das psychologische *Ich* verkörpert. Sie repräsentieren den fürchterlichen Kampf zwischen den dunklen Kräften.

Der Mond steht für die Sexualität. Wir müssen mit dem Mond arbeiten, um ihn in die Sonne zu verwandeln.

Der erste Schlüssel von Basilius Valentinus: Vorbereitungen für das große Werk.

Der Hund stellt auch den sexuellen Instinkt dar; und daran liegt es, dass es der Hund ist, der uns bis zu den Türen des Absoluten bringt.

Esoterische Bedeutung des Arkanums

Es ist notwendig, den esoterischen Inhalt dieses Arkanums gründlich zu studieren, zu analysieren und darüber nachzudenken.

Das Arkanum Nummer achtzehn ist Licht und Schatten, weiße und schwarze Magie. Das ist dargestellt durch den schwarzen und den weißen Hund; durch die schwarze und die weiße Pyramide.

Wenn man das Arkanum Nummer achtzehn auf kabbalistische Weise addiert, ergibt sich 1 + 8 = 9, die neunte Sphäre, die Sexualität. Wir haben bereits erwähnt, dass es innerhalb unseres planetarischen Organismus neun innere Schichten gibt; dies sind die neun Gewölbe der geheimen Freimaurerei. Das Neunte entspricht dem Kern des planetarischen Organismus und hier befindet sich das Grab von Hiram Abif oder Chiram Osiris, der der innerste Christus eines jeden von uns ist, von jeder Person, die auf diese Welt kommt.

Es ist falsch, anzunehmen oder zu glauben, dass der Christus nur Jesua Ben Pandira ist, welches der Name von Jesus Christus ist, der unbestreitbar die lebendige Inkarnation des Wortes, des Logos ist.

Wir müssen alle diesen inneren Christus auferstehen lassen und um das zu erreichen, ist es offensichtlich, dass wir in die neunte Sphäre hinabsteigen müssen, die Sexualität. Deshalb wird gesagt, dass sich Hiram Abif im neunten Kreis oder im neunten Gewölbe befindet.

Wir sind alle Kinder der Sexualität, und deshalb sieht man die Verdammten im neunten Kreis bis zu ihren Zeugungsorganen im Wasser stehen und Tränen weinen, die in ihren Augen gefrieren, denn es ist ein Tal der Tränen und des Leidens. Dass die Wasser bis zu ihren Zeugungsorganen reichen, ist darauf zurückzuführen, dass es spermatische Wasser sind, wir alle treten weinend ins Leben und sterben weinend.

Wenn wir 9 + 9 zusammenzählen, erhalten wir 18.

Die Zahl neun ist zweimal im Arkanum achtzehn enthalten. Zwischen den zwei Neunen gibt es ein Gleichgewicht, eine Neun ist der positive Aspekt und die andere Neun der negative Aspekt, doch die Achtzehn an sich ist etwas Negatives, Schreckliches; es sind die verborgenen Feinde des Arkanums der Dämmerung.

Bei der Arbeit in der neunten Sphäre muss man hart kämpfen, weil man lernen muss, die sexuelle Energie zu sublimieren, darin liegt der Schlüssel zu allen Reichen.

Im Arkanum achtzehn wiederholt sich die neunte Sphäre zweimal. Uns ist ja bereits bekannt, dass die Zahl eins positiv ist und die Zahl zwei negativ. Folglich haben wir, wenn wir die neunte Sphäre einmal und dann noch einmal wiederholen, zwei Aspekte der Sexualität: positiv und negativ.

Jetzt werden Sie verstehen, warum das Arkanum achtzehn Licht und Dunkelheit ist, weiße und schwarze Magie. Im Arkanum achtzehn finden wir die verborgenen Feinde der Einweihung.

Nun werden wir die Bedeutung des Hundes studieren. Der Hund ist beteiligt an der Magie. Er ist ein selbstloses Tier, das in den alten Zeiten immer dem Gott Merkur geweiht war. Der Hund des Merkur ist streng symbolisch, denn er stellt eindeutig die sexuelle Energie dar. Die hohe Ehre, die die alten Priester des antiken Ägyptens dem Hund erwiesen, ist ganz offensichtlich.

Das sexuelle Feuer, der Hund, der erotische Trieb ist jenes außergewöhnliche und wunderbare Mittel, das uns vollständig umwandeln kann.

Der Hund Zerberus befindet sich in der Unterwelt und wir müssen ihn dort herausholen, ihn aus der Hölle stehlen; das bedeutet, die sexuelle Kraft zu befreien.

Es ist dringend nötig, Zerberus aus dem Wohnsitz Plutos herauszuholen. Zerberus, das Wunder des Schreckens, mit seinem Geheule und seinen drei riesigen breiten Köpfen und seinem Halsband, um das Schlangen gewunden sind, lebt dort glücklich, indem er die Toten anbellt und sie in Schrecken versetzt.

Der Hund und der Schwan, der über den Wassern des Lebens fliegt, bedeuten dasselbe wie die Taube, dasselbe wie der ägyptische Ibis: die Kraft des Heiligen Geistes, die sexuelle Kraft. All das ist der Hermesbecher, den man erheben muss.

In der alten Lehre, in der okkulten Weisheit, wird vom Hund als Führer gesprochen, der den Ritter zum heiligen Königreich bringt. Es gibt Zeiten, in denen der Ritter den Hund vergisst und glaubt, er könne den Weg ohne ihn fortsetzen, doch es ist nicht so. Früher oder später fühlt er sich stagniert und es bleibt ihm kein anderes Heilmittel, als sich an den Hund zu halten.

Wenn wir uns im Stillstand befinden, ist er es, der uns den Weg zeigt. Wir müssen ihn aus dem Abgrund heraufholen. Man darf nicht vergessen, dass der dreiköpfige Zerberus an der Leine seines Herrn zieht und ihn somit sicher auf dem steilen Weg leitet, der zur endgültigen Befreiung führt.

Herkules holte ihn aus der Hölle, damit er ihm als Führer diene; und wir tun dasselbe, wenn wir es erreichen, keusch zu sein. Dann, wenn wir in der Schmiede der Zyklopen arbeiten, sexuelle Magie praktizieren, unsere Schöpfungsenergien umwandeln, kommen wir auf dem Weg auf des Messers Schneide voran, der zur endgültigen Befreiung führt.

Wehe dem Ritter, der seinen Hund verlässt! Er wird vom Weg abkommen und in den Abgrund der Verdammnis stürzen. Unglücklicherweise hat das intellektuelle Tier, fälschlicherweise Mensch genannt, die Keuschheit nicht erlangt; das heißt, er hat den Zerberus nicht aus dem höllischen Reich geholt. Das wird Ihnen den Grund verständlich machen, weshalb die Verstorbenen in den plutonischen Abgründen leiden, wenn sie den Zerberus bellen hören; den Hund mit den drei hungrigen Mäulern.

Wir dürfen nie vergessen, dass Zerberus, der Wachhund der Höllen, diejenigen liebkoste, die eintraten, aber unbarmherzig diejenigen verschlang, die versuchten, die Hölle zu verlassen.

Die Verlorenen leiden im Tartarus offensichtlich am unstillbaren Durst der Begierden.

Im Arkanum achtzehn haben wir blutige Kämpfe gegen die Finsteren zu bestreiten. *Der Himmel erobert man im Sturm. Die Tapferen haben ihn erobert.*

In den inneren Welten greifen die Finsteren des Arkanums achtzehn den Schüler heftig an.

Dieser Weg ist voll von Gefahren, sowohl innerlich wie auch äußerlich. Viele beginnen ihn, wenige kommen ans Ziel. Die Mehrheit verirrt sich auf den schwarzen Weg.

Im Arkanum achtzehn gibt es sehr subtile Gefahren, die der Schüler nicht kennt.

Die Zahl neun ist positiv und negativ zugleich; das ist das Geheimnis des Arkanums achtzehn. In diesem schrecklichen Arkanum finden wir all die Zaubertränke und die Hexenkunst Thessaliens.

Die Zauberbücher sind voll mit dunklen Formeln, die dem Arkanum achtzehn zu eigen sind; erotische magische Zeremonien, Rituale um geliebt zu werden, gefährliche Tränke, usw., all das ist Teil des Arkanums achtzehn.

Wir müssen die Schüler davor warnen, dass der gefährlichste Zaubertrank, den die Finsteren benutzen, um den Schüler vom Pfad auf des Messers Schneide abzubringen, der Verstand ist. Er lädt uns ein, unsere Samenflüssigkeit zu vergießen; oder bringt uns vom Weg ab, indem er uns Schulen, Theorien, Sekten, usw. zeigt.

Wir dürfen nicht vergessen, dass die Verführten das große Tier anbeten und sagen: *Es gibt nichts Größeres als die Bestie. Wer könnte höher stehen als die Bestie?* (Off. 13:1-17)

Hier ist Weisheit. Wer Verstand hat, der überlege die Zahl der Bestie, denn es ist eines Menschen Zahl, und seine Zahl ist sechshundert-sechsundsechzig. (Off. 13:18)

Das Kennzeichen der Bestie sind die zwei Hörner auf der Stirn. Millionen und Abermillionen von Menschen haben bereits das Zeichen der Bestie auf ihrer Stirn und auf ihren Händen.

Nahezu die gesamte menschliche Bevölkerung dieses Tals der Tränen trägt schon das Mal der Bestie auf der Stirn und an den Händen.

All diese Seelen sind verloren und treten seit 1950 nach und nach in den Abgrund ein. Die menschliche Evolution ist gänzlich gescheitert.

Die Zahl der großen Bestie ist 666. Das ist die Zahl des Menschen, weil diese Zahl sich kabbalistisch wie folgt aufteilt: 6 + 6 + 6 = 18.

Wenn wir das Ganze zusammenzählen, ergibt sich: 1 + 8 = 9, das ist die Sexualität. Neun ist der Mensch, weil er ein Kind der Sexualität ist. Insgesamt sind in der 666 die Arkana achtzehn und neun enthalten.

Arkanum achtzehn ist der Abgrund, die Dunkelheit, die sexuellen Versuchungen, die der Eingeweihte bekämpfen muss. Arkanum neun ist die neunte Sphäre, die Einweihung.

Die Götter haben die große Hure, deren Zahl die 666 ist, gerichtet. Der Richtspruch der Götter war: *In den Abgrund! In den Abgrund! In den Abgrund!*

Bedeutung in Bezug auf die Einweihung

Das Arkanum achtzehn ergibt kabbalistisch addiert 1 + 8 = 9, die neunte Sphäre, die Sexualität.

Esoterische Überlieferungen bestätigen, dass die Erde neun Schichten oder unterirdische Bereiche hat; in der neunten Schicht befindet sich eindeutig das, was man als den Kern des Planeten bezeichnen kann, der von außergewöhnlicher Dichte ist.

Die Kabbalisten sagen, dass sich das Zeichen des Unendlichen im Zentrum der Erde befindet. Es ist offensichtlich, dass im Herzen der Erde ihre Vitalenergien zirkulieren.

Deshalb erklären die Kabbalisten, dass sich im Zentrum der Erde Gehirn, Herz und Sexualität des Genius der Erde befinden, des planetarischen Genius.

Die Organisation aller Lebensformen beruht auf diesem Modell; das heißt, in unserem Inneren.

Der Kampf ist schrecklich, Verstand gegen Sexualität, Sexualität gegen Verstand und, was am schlimmsten ist, Herz gegen Herz.

Das Pentagramm mit der Spitze nach oben ist der Mensch; wenn die Sexualität die Schlacht gewinnt, dann wird das Pentagramm mit der Spitze nach unten gekehrt, und führt zum Fall des eingestürzten Turms von Arkanum sechzehn.

In der Sexualität steckt die größte Kraft, die den Menschen entweder befreien oder versklaven kann. Der Abstieg in die neunte Sphäre war seit ewigen Zeiten die größte Prüfung für die Priesterwürde.

Die ganze klassische Literatur erwähnt den Abstieg des Äneas in die neunte Sphäre, in den Tartarus der Griechen (Buch VI).

Die Cumäische Sybille warnte ihn vor der Bedeutung des Abstiegs in den Avernus: *Dem Blut der Götter entstammend, Sohn des Trojaners Anchises, leicht ist der Weg hinab in den Avernus; Tag und Nacht steht die Tür des düsteren Reichs offen; aber die Stufen zurück wieder zu finden, zur Oberfläche zurückzukommen, das ist die Aufgabe, die Arbeit. Einige wenige, von Jupiter bevorzugte oder geliebte, oder von ihrer eigenen glühenden Tugend zum Himmel getragene Söhne der Götter haben es erreicht.*

Die Kabbalisten erwähnen Adam Protoplastos, der durch die Transmutation der schöpferischen Energien etwas anderes, etwas Neuartiges geworden ist. Die Überlieferungen der Kabbala lehren uns, dass Adam zwei Frauen hatte, Lilith und Nahemah. Die Erste bezeichnet man als Mutter der Abtreibungen, Homosexualität und sexueller Degeneration; die Zweite ist die Mutter des Ehebruchs, der Hurerei, usw.

Lilith und Nahemah sind die zwei Seiten der Infrasexualität, diese zwei Frauen entsprechen den unterirdischen, mineralischen, infradimensionalen Sphären im tiefsten Inneren des Planeten Erde.

In jedem Fall sind der griechische Tartarus und der Avernus Symbole für das niedere Mineralreich. In allem gibt es Leben; wir leben im Element Luft, und doch ist dieses Element unsichtbar für uns, genauso wie für den Fisch das Wasser unsichtbar ist. Ich kann Ihnen versichern, dass es in einem Stein Leben gibt, dass es dort Lebewesen gibt und dass dieses Element für sie unsichtbar ist. Sie sind keine Wesen aus Fleisch und Blut, sie sind subtile, verlorene Elemente, die auf dem Weg der Involution sind.

Äneas traf seinen Vater, er traf die schöne Helena. Dante, in seiner Göttlichen Komödie traf eine Vielzahl von Wesen; die neun Kreise von Dante stehen in Beziehung mit den neun Sphären des niederen Mineralreiches.

Es wird notwendig, in unsere eigenen atomaren Höllen hinabzusteigen, um mit Feuer und Wasser zu arbeiten, dem Ursprung der Welten, Tiere und Menschen. In all den pseudo-esoterischen Schulen wird vom Erheben, vom Hinaufsteigen gesprochen, aber es kommt niemandem in den Sinn, hinabzusteigen und das Schlimmste ist, dass jeder Erhöhung eine Erniedrigung entspricht.

In der Sphäre von Lilith finden wir die Abtreibungsbefürworter und Menschen, die die Antibabypille nehmen, die keine Kinder wollen, und das Resultat ist offensichtlich.

In der Sphäre von Nahemah sind die, die fasziniert sind von der Sexualität, Männer, die fürchterliche Unzüchtige sind, Frauen, die sich dem Ehebruch, dem Stolz, der Eitelkeit hingeben, die sich scheiden lassen und erneut heiraten. Die kabbalistischen Überlieferungen behaupten, dass, wenn ein Mann seine Frau verlässt, um eine andere zu ehelichen, seine Stirn mit einem luziferischen Feuer gezeichnet wird. Die Kabbalisten bestätigen, dass, wenn eine Frau einen Mann heiratet, der nicht zu ihr gehört, sie am Tag ihrer Hochzeit kahlköpfig erscheint und ihren Kopf unbewusst auf übertriebene Weise bedeckt.

Ohne Transmutation kann sich niemand selbst verwirklichen.

Die neunte Sphäre wird im Arkanum achtzehn zweimal wiederholt, das gibt uns viel zu denken.

Die erste Neun ist positiv, und die Zweite ist negativ; so weist uns das Arkanum Nummer achtzehn auf die verhängnisvollen oder negativen Aspekte der neunten Sphäre hin. Diese Aspekte befinden sich in den Sphären von Lilith und Nahemah.

Es ist offensichtlich, dass die höllischen Welten infrasexuell sind. Die Infrasexualität herrscht unter den Menschen; einige gehören der Sphäre von Lilith, andere der von Nahemah an. Wenn man versucht, in der neunten Sphäre zu arbeiten, wird man sofort von den roten Dämonen angegriffen; sie versuchen, uns von dem Weg auf Messers Schneide abzubringen. Es ist offensichtlich, dass es in der Meisterschaft des Feuers viele Gefahren gibt, innerlich wie äußerlich.

Wenn die feurige Schlange Kundalini die Wirbelsäule hinaufsteigt, geht es langsam voran; es geschieht Wirbel für Wirbel, sehr langsam.

Jeder Wirbel steht für bestimmte Tugenden in Verbindung mit einer esoterischen Stufe. Niemals erreicht man den Aufstieg zu einem bestimmten Wirbel, ohne zuvor die für diesen Wirbel erforderlichen heiligen Bedingungen erfüllt zu haben.

Die 33 Wirbel entsprechen den 33 Graden der okkulten Magie, den 33 Graden der Freimaurermeister, den 33 Jahren von Jesus. Zu jedem Wirbel gehören Prüfungen, der Aufstieg geschieht in Übereinstimmung mit den Verdiensten des Herzens. Wer glaubt, dass Kundalini, einmal erweckt, unverzüglich zum Kopf aufsteigt und wir gänzlich erleuchtet werden, ist ein wirklich ignoranter Mensch.

Das heilige Feuer hat sieben Stufen der Macht; diese müssen entwickelt werden, um sich selbst verwirklichen zu können. Als ich in meiner gegenwärtigen Reinkarnation um den vierten Grad der Macht des Feuers kämpfte, und mein Ego noch immer nicht aufgelöst hatte, sah ich in einem Kino ein erotisches Paar. In dieser Nacht wurde ich in der Welt des Verstandes einer Prüfung unterzogen, in der das Paar auf der Leinwand die gleiche Szene wiederholte. Die erwähnte Szene wurde von meinem Verstand reproduziert und schien lebendig und bewegte sich. Ich verließ die Prüfung. Als ich die Welt des Verstandes verließ und in die Astralwelt wechselte, wurden harte Anklagen gegen mich erhoben und ich wurde gewarnt, dass ich mein Schwert verlieren würde, wenn ich zu solchen Orten (Kinos) zurückkehrte; dass es besser wäre, meine letzten Leben in den Akasha-Chroniken zu studieren.

Die Atmosphäre in den Kinos ist finster; dort gibt es Millionen von Larven, die von den Gehirnen derer erschaffen wurden, die sie besuchen, und dann kommt es zu nächtlichen Samenergüssen.

Das ist das Arkanum achtzehn, das ist die Finsternis. Die Göttliche Komödie erwähnt den Hund Zerberus, er ist die Sexualität und muss aus dem Tartarus an die Sonne gebracht werden.

Dante Alighieri

Das ist der Aufstieg der sexuellen Kräfte in uns, man muss sie aufsteigen lassen und die *Ichs* vernichten. Das ist die Grundlage der inneren Selbstverwirklichung des Seins. Das ist der Kampf zwischen Licht und Dunkelheit im Arkanum achtzehn.

Dieser schreckliche Kampf wird von den drei tantrischen Schulen, die sich der Sexualität widmen, bestätigt.

1. Weißer Tantrismus. Verbindung von Lingam-Yoni ohne Ejakulation des *Ens Seminis*. Das bewirkt in uns den Aufstieg von Kundalini und die Selbstverwirklichung.

2. Schwarzer Tantrismus. Es gibt während der Maithuna die Ejakulation des *Ens Seminis*, um das Organ Kundartiguador zu entwickeln.

3. Grauer Tantrismus bedeutet, einmal mit, einmal ohne Ejakulation zu arbeiten, indem man nur für das sexuelle Vergnügen arbeitet, jedoch mit der drohenden Gefahr, in den schwarze Tantrismus zu fallen.

Wenn wir Arkanum achtzehn erreichen, befinden wir uns im Dilemma von *Sein oder nicht Sein*.

Niemand kann sich ohne die Praxis der Maithuna selbstverwirklichen. Man muss das Bewusstsein erwecken, weil man ohne Bewusstsein vom Weg abkommt, da man keine Zuverlässigkeit besitzt. Früher wurde das Geheimnis des Arkanums A.Z.F. niemandem gegeben, bevor er nicht das Bewusstsein erweckt hatte, damit er nicht vom Weg abkäme.

Zusammenfassung

Wer Satan in der Sexualität besiegt, der besiegt ihn in allen Aspekten.

Den Hund Zerberus zu befreien, bedeutet, die sexuelle Energie zu befreien, um sie auf transzendentale Weise zu nutzen.

Die Augen sind die Fenster der Seele.

Der Mann, der sich erlaubt, mit allen Frauen zu flirten, wird sich damit abfinden müssen, in der Hölle zu leben.

Es gibt Frauen, die die Männer mit Hexerei beeinflussen.

Diese Opfer sollten sich ständig mit den Beschwörungen der Vier und der Sieben verteidigen.

Wir können uns vor Hexerei schützen durch Anrufung unseres elementaren Vermittlers, den wir vor dem Schlafengehen von ganzem Herzen anrufen.

Arkanum 19

Die Inspiration

Im Tarot der Vorhersage verspricht das Arkanum Nummer neunzehn den Sieg auf der ganzen Linie, sei es durch eigene Anstrengungen oder mithilfe anderer Personen.

Das Arkanum neunzehn ist das Arkanum des Sieges bzw. der Erfolge. Dieser Sieg steht mit allen Aspekten des Lebens in Verbindung, mit den wirtschaftlichen, sozialen, politischen, moralischen, usw.

Die kabbalistische Synthese des Arkanums neunzehn ist:

$1 + 9 = 10$

Die Zehn ist eine zutiefst sexuelle Zahl, hier gibt es den Kreis und die Linie, die Geheimnisse von Lingam-Yoni. Es ist nicht möglich, die Selbstverwirklichung zu erreichen, wenn man nicht mit der Umwandlung der sexuellen Energie arbeitet.

Im Arkanum neunzehn wird ein großer Bund zwischen zwei Seelen eingegangen. Mann und Frau müssen die Begierde töten, um den großen Bund zu erreichen, um das große Werk zu verwirklichen.

Hebräischer Buchstabe: Kaph.

Uhrzeit: Zehnte Stunde des Apollonius: „Die Tore des Himmels öffnen sich und der Mensch entkommt seiner Lethargie" (dies ist die Nummer zehn der zweiten großen Einweihung der höheren Mysterien, die dem Eingeweihten erlaubt, im ätherischen Körper zu reisen. Das ist die Weisheit von Johannes dem Täufer).

Transzendentes Axiom: „Nimm das Schild deines Glaubens und schreite entschlossenen Schrittes voran, sei es mit dem Wind im Rücken oder entgegen allen Winden."

Element der Vorhersage: „Verheißt einen Zuwachs an Macht, Erfolg in den Unternehmungen, Glück bei den durchgeführten Handlungen. Vorteile durch eigene Anstrengungen und die der Anderen. Erbe. Klarheit in dem, was man wünscht; Feuer, das das Gewünschte aufzehrt."

Beschreibung der Karte

In den Wassern des Lebens sind drei Blumen, die die Grundkräfte darstellen. In der Mitte ist ein Paar, das sich an den Händen hält, und dadurch den Schlüssel des Tao bildet.

Im oberen Teil über ihren Köpfen befindet sich eine leuchtende Sonne mit sieben Strahlen, die uns auf die sieben Grade der Macht des Feuers aufmerksam macht.

Dieses Arkanum lehrt uns, dass wir durch die Transmutation die endgültige Befreiung erreichen.

Esoterische Bedeutung des Arkanums

Dieses Arkanum Nummer neunzehn, ist das Arkanum des Bündnisses. Es stellt das schöpferische Feuer, den Stein der Weisen, dar. Um die Arbeit des großen Werks durchzuführen, müssen wir mit dem philosophischen Stein arbeiten.

Die Alten verehrten die Sonne in der symbolischen Form eines schwarzen Steines. Das ist der Stein des Heliogabalus! Das ist der Stein, den wir zum Grundstein des Tempels machen müssen! Dieser Stein ist die Sexualität, verkörpert durch den philosophischen Stein, den Stein des Heliogabalus.

Ohne diesen Stein können wir das Elixier des ewigen Lebens nicht erlangen. Die zwei Säulen des Tempels, Jachin und Boas, sind Mann und Frau, die vereint sind, um mit dem philosophischen Stein zu arbeiten.

Wer den Stein der Weisen findet, wird zu einem Gott.

Diejenigen, die auf den lebendigen Stein bauen, werden das Wort inkarnieren. Jene, die auf Sand bauen, werden fallen, und ihre Bauten werden in den Abgrund stürzen. Dieser Sand sind die Theorien, die toten Religionen, usw.

Das Arkanum Nummer neunzehn ist das Arkanum des Werks der Sonne.

Der Mann und die Frau, die sich an den Händen halten und die Sonne, die auf sie scheint, zeigen uns, dass dieses Arkanum mit dem Mysterium des Feuers verbunden ist. Den sexuellen Aspekt dieses Arkanums finden wir in der kabbalistischen Addition: 1 + 9 = 10. Das ist eine zutiefst sexuelle Zahl: hier haben wir den Kreis und die Linie, die Mysterien des Lingam-Yoni. Nur durch sexuelle Transmutation ist es möglich, die Selbstverwirklichung zu erreichen. Das ist das heilige Bündnis von Mann und Frau für das große Werk.

Indem ich über die Heiligen des Mittelalters meditierte, war es mir möglich zu entdecken, dass diese Heiligen, obwohl sie unverheiratet waren, in anderen Leben in der neunten Sphäre gearbeitet hatten; sie hatten das heilige Feuer durch Sahaja Maithuna entwickelt.

Wenn wir das Leben des Heiligen Phillipus untersuchen, finden wir heraus, dass er, erfüllt von der Liebe für das Göttliche, zu Boden fiel und als er sich wieder erhob, fühlte er mit seiner Hand eine Erhebung in der Herzgegend. Er untersuchte sie und entdeckte, dass sich eine Vorwölbung auf seinem Herzen gebildet hatte und er fühlte, dass das heilige Feuer des Heiligen Geistes ihn verzehrte.

Nach seinem Tod wurde entdeckt, dass die Arterie zwischen Herz und Lunge sehr verdickt war. Aber er lebte bis ins hohe Alter und konnte die Stunde seines Todes vorhersagen. Es gibt keinen Zweifel, dass er das heilige Feuer besaß, weil er in früheren Leben Maithuna praktiziert hatte.

Katharina von Bourbon war eine außergewöhnliche Mystikerin, wie es sich in ihrem Leben manifestierte. Als sie starb, wurde sie ohne Sarg begraben und viele Menschen bemerkten, als sie an ihrem Grab vorbeigingen, dass ihm ein starker Wohlgeruch entströmte, und viele Kranke wurden geheilt.

Nach mehreren Monaten nahmen die Priester sie heraus, um ihr ein ordentliches Begräbnis zu geben. Sie war unverwest und verbreitete einen angenehmen Duft, ihr Körper wurde ausgestellt. Der Leichnam hatte Nasenbluten, schwitzte, und verströmte einen Wohlgeruch. Als man ihn auf einen Stuhl in einer italienischen Kapelle setzte, öffnete er die Augen und blieb unverwest.

Das Tao erwähnt, dass eines der Zeichen dafür, dass jemand die innere Selbstverwirklichung erreicht hat, ist, dass der Körper ohne Verwesung erhalten bleibt und Parfum verströmt. Wenn das Akasha, das *causa causorum* des Äthers und das Grundprinzip der Tattwas sich in den Sexualorganen ansammelt, dann ist dies die psychische Grundlage des Blutes, und das reine Akasha ist die Nahrung dieser Mystiker. Sie haben diese Substanz im Blut und können leben, ohne zu essen. Es gibt Eingeweihte, die ohne Kleidung im Schnee leben und nichts essen. Um dies zu erreichen, braucht man eine außergewöhnliche Konzentration.

Katherina von Siena sagte, sie sei in Christus und ernähre sich von seinem Blut. Die Verbindung des Akasha mit dem Blut und die des Blutes mit dem Akasha ist gewaltig. Die Mystiker konzentrierten sich auf das Blut Christi und zogen all das reine Akasha an. Dafür ist enorme Konzentration erforderlich und die Energien müssen umgewandelt worden sein.

Im Zeitalter der Galanterie, in der Renaissance, in jenen Zeiten der Perücken, der Reifröcke, der purpurnen Soutanen, der schönen Tänze, der herrlichen Kutschen wusste der Mann eine Frau wertzuschätzen und brachte Opfer für sie. Der Mann war imstande, für eine Dame jedes Opfer zu bringen; er wusste sie zu würdigen, und zögerte nicht, sogar sein Leben für sie zu geben. Damit wurde ohne Zweifel auch Missbrauch getrieben, aber der Mann jener Zeit konnte in der Frau sein ganzes Ideal sehen.

Im zwanzigsten Jahrhundert hat man die sexuellen Mysterien vergessen; der Mann hat das Gespür für den sittlichen Heldenmut verloren; die Menschheit befindet sich im Verfall.

Die seelische Essenz ist in all den Wesenheiten des Egos verstreut, doch wenn man diese auflöst, bildet sich die Samenperle. Wenn das Ego zerstört wird, entsteht der goldene Embryo und die unsterblichen Prinzipien treten in den Menschen ein. Aber dies ist eine Frage der Sexualität. Zu anderen Zeiten wurde vieles, was die Schöpfungsenergie betrifft, intuitiv verstanden.

Der heutige Mensch ist nichts weiter als eine Legion von Teufeln, voller innerer Widersprüche. Der einzige Wert, den wir besitzen, ist die Essenz, die in den Ichs zerstreut ist.

Bedeutung in Bezug auf die Einweihung

Das ist das Arkanum des Bündnisses oder des Sieges. In den vorigen Lektionen haben wir bereits über das Salz der Alchemie, das den physischen Leib darstellt, und das Quecksilber, das das *Ens Seminis* ist, in dem sich das Ens Virtutis befindet und den Schwefel, der das Feuer, das Fohat, Kundalini ist, gesprochen. Das Quecksilber muss in Schwefel verwandelt werden, die feurige Schlange, die das Ergebnis der Transmutation ist; dies sind die drei passiven Mittel des Magnus Opus.

Wir müssen das positive Prinzip suchen, den inneren Magnus von Paracelsus, das magische Prinzip. Wenn die drei Elemente Salz, Quecksilber und Schwefel nicht bearbeitet wurden, sind sie negative Elemente; wenn man jedoch mit dem Magnus Opus arbeitet, werden sie positiv. Das ist das magische Prinzip oder der innere Magnus.

Das Arkanum Nummer neunzehn errichtet offensichtlich ein großes Bündnis zwischen Mann und Frau, ein Bündnis, um das große Werk zu verwirklichen.

Dieses Bündnis hat mehrere Aspekte. Das Evangelium erwähnt die Notwendigkeit von Hochzeitskleidung. Vergessen wir die Hochzeit nicht, an der jemand keine Hochzeitsgewänder trug, sie fesselten ihn und der König befahl, ihn in die Finsternis zu werfen, wo es nur Zähneknirschen gab. (Matthäus 22:1-14).

Dieses berühmte Gewand ist das ägyptische Sahu, oder das To Soma Heliakon auf Latein, es ist der goldene Körper des solaren Menschen, das Hochzeitsgewand, in dem wir am Gastmahl des Osterlammes teilnehmen.

Deshalb müssen wir begreifen, dass das große Bündnis, die Arbeit zwischen Mann und Frau in der neunten Sphäre notwendig ist, um diesen Körper zu erhalten.

So wie es hier unten ein großes Bündnis gibt, braucht man, um die Erleuchtung zu erreichen, dort oben ein weiteres großes Bündnis.

Göttlicher Geist (Atman)

Menschliche Seele (Manas) Spirituelle Seele (Buddhi)

Diese zwei Seelen müssen vereint werden; die männliche menschliche Seele mit der weiblichen spirituellen Seele. Das wird nicht erreicht, ohne das *Ich* und der Körper der Begierde vernichtet zu haben. Die zwei Seelen müssen eins werden.

Das ist das große Bündnis des mittelalterlichen Ritters und der mittelalterlichen Dame; wir finden dies in den Büchern des Rittertums, „El Romancero“, in Balladen, im Rolandlied, bei den wandernden Sängern. Der Ritter, der für seine Dame kämpft, ist die menschliche Seele, die Dame ist die spirituelle Seele. Der Ritter muss für seine Dame kämpfen, sonst bleibt er ohne sie.

Um die vollkommene Erleuchtung zu erlangen, muss sich der Ritter gänzlich mit seiner Dame verbinden, und jeden Augenblick für sie kämpfen, bis der 1000-blättrige Lotos entwickelt ist. In der großen Ehe oder alchemistischen Hochzeit von Manas und Buddhi gibt Buddhi die Erleuchtung, ohne sie kann man das tausendblättrige Sahasrara Chakra nicht vollständig entwickeln.

Durch die Ehe wird ein Funken erzeugt, und die Erleuchtung folgt; das ist das Resultat des großen Bündnisses. Dieser göttliche Funken in der Zirbeldrüse schenkt erleuchtete Intuition und Vielsichtigkeit. Das ist der absolute Triumph.

Erleuchtete Intuition steht höher als Hellsichtigkeit. Was zählt, ist die spirituelle Sonne. Die Mitternachtssonne führt und lenkt uns. Man muss alles vom Westen, nichts vom Osten erwarten. Die Sonne Sirius ist die Zentralsonne, der Schwerpunkt der Milchstraße.

Das Ziel unserer Studien ist, ins Absolute einzutreten. Um das zu erreichen, müssen wir uns von allen Gesetzen der sieben Kosmen befreien, die uns beherrschen.

Mit dem Bündnis befreien wir uns von:

- den 96 Gesetzen des Abgrunds (Tritokosmos)
- den 48 Gesetzen des Menschen (Mikrokosmos)
- den 24 Gesetzen der Erde (Mesokosmos)
- den 12 Gesetzen des Sonnensystems (Deuterokosmos)

- den 6 Gesetzen der Galaxie (Makrokosmos)
- den 3 Gesetzen des Firmaments (Hagiokosmos)
- dem 1 Gesetz des solaren Absoluten (Protokosmos)

Und wir betreten das Absolute.

Der Eintritt ins Absolute ist verbunden mit Entsagung und Tod.

Es muss auf die Allmacht und sogar auf das Allwissen verzichtet werden, um in das Absolute einzutreten.

Zusammenfassung

Der Stein der Weisen ist der Samen.

Wer täglich die sexuelle Magie praktiziert, arbeitet mit dem philosophischen Stein.

Eine gute Frau ist alles, was wir wirklich brauchen, um mit dem philosophischen Stein zu arbeiten.

Arkanum 20

Die Auferstehung

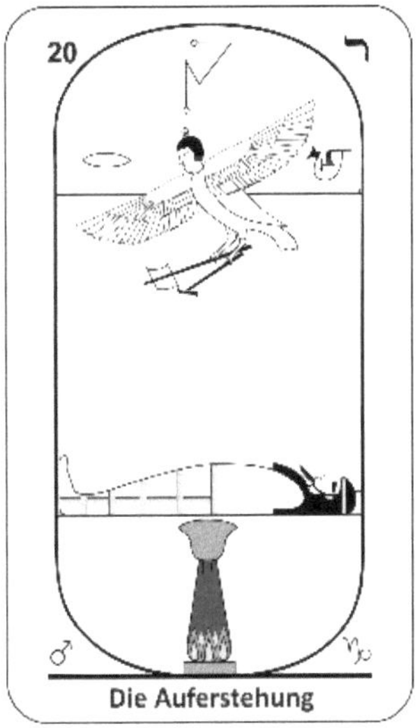

Das Arkanum Nummer zwanzig ist die Auferstehung der Toten.

Die Auferstehung der Seele ist in der Tat nur durch die kosmische Einweihung möglich.

Dic mcnschlichen Wesen sind tot und können nur durch die Einweihung auferstehen.

Hebräischer Buchstabe: Resh.

Uhrzeit: Elfte Stunde des Apollonius: „Die Engel, Cherubim und Seraphim fliegen und man hört ihre Flügelschläge; der Himmel jubelt, weckt die Erde und die Sonne, die in Adam aufsteigt. (Dieser Vorgang gehört zu den großen Einweihungen der höheren Mysterien, wo nur der Schrecken des Gesetzes herrscht.)“

Transzendentes Axiom: „Blüte am Apfelbaum, Frucht am Weinstock, in der Reife gesät.“

Element der Vorhersage: „Verheißt harmonische Entscheidungen, glückliche Initiativen, Arbeiten, Gewinne. Ausgleich im Guten und im Schlechten. Treue Freunde, die das Handeln der verräterischen Freunde aufheben. Eifersucht wegen des Guten, das man genießt. Gram wegen Verlusten.“

Beschreibung der Karte

In den Wassern des Lebens ist eine Säule, Symbol der Erhebung. Das Fundament der Säule ist der kubische Stein. Von den beiden Säulen, der weißen und der schwarzen, ist nur die weiße übrig geblieben, ein Symbol der Reinigung. Im mittleren Abschnitt liegt eine Mumie, aus der ein Sperber mit einem menschlichen Kopf entweicht. Er fliegt den geistigen Welten entgegen und stellt die Seele dar.

Es besteht kein Zweifel, dass wir nach Erwecken des Bewusstseins Sperber mit menschlichen Köpfen werden und fähig sind, frei durch den gestirnten Raum zu fliegen. Auf dem Kopf des Sperbers und der Mumie ist ein Symbol, das die Zirbeldrüse darstellt; ein Zeichen der Erleuchtung.

Die Seele eines jeden ägyptischen Hierophanten hat vier Körper:

1. Die Mumie
2. Das Ka (der Astralkörper)
3. Das Ba (der Mentalkörper)
4. Das Ku (der Kausalkörper)

Wehe denen, die nach dem Erlangen der zweiten Geburt weiterleben! Sie werden wirklich zu Hanasmussen (Fehlgeburten der göttlichen Mutter Kundalini) mit einem doppelten Schwerpunkt.

Esoterische Bedeutung des Arkanums

Das Arkanum Nummer zwanzig ist die Auferstehung. Damit es eine Auferstehung geben kann, muss es zuvor einen Tod geben, ohne ihn gibt es keine Auferstehung. Wie schön ist es, von Augenblick zu Augenblick zu sterben! Nur mit dem Tod kommt das Neue!

Wir müssen von Moment zu Moment sterben, wenn wir uns wirklich individualisieren wollen. Das vielzählige *Ich* schließt jede Individualität aus.

Es ist auf keine Weise möglich, eine Individualität zu haben, wo vielfältige Wesenheiten (*Ichs*) zusammen sind, die sich untereinander streiten und vielerlei psychologische Widersprüche in uns erzeugen.

Wenn Seth (das *Ego*) gänzlich stirbt, dann verbleibt nur das Sein in uns, welches uns die echte Individualität gibt.

Wenn Seth ganz aufgelöst ist, dann ist das Bewusstsein, die Seele, befreit, sie erwacht in radikaler Weise und es kommt die innere Erleuchtung auf.

In der Tat, die Auferstehung der Seele ist nur durch die kosmische Einweihung möglich. Die Menschen sind „tot" und können nur durch die Einweihung auferstehen. Erinnern wir uns an die Worte von Jesus, dem großen Kabir: *...und lasst die Toten ihre Toten begraben* (Matthäus 8:22). *Gott ist nicht ein Gott der Toten, sondern der Lebenden* (Matthäus 22:23-32).

So wie es drei grundlegende Arten von Energie gibt, männlich, weiblich und neutral, so gibt es ebenso drei Arten der Auferstehung.

1. Spirituelle Auferstehung
2. Auferstehung mit dem Befreiungskörper
3. Auferstehung mit dem physischen Körper

Niemand kann die zweite oder dritte Art von Auferstehung durchlaufen, ohne zuvor durch die spirituelle Auferstehung gegangen zu sein.

1. Die spirituelle Auferstehung: Sie wird mit der Einweihung erlangt.

Wir müssen zuerst im Feuer spirituell auferstehen, dann im Licht.

Das heißt, zuerst müssen wir die sieben Schlangen des Feuers und dann die sieben Schlangen des Lichts erheben und so die venusische Einweihung und die spirituelle Auferstehung erreichen.

2. Die Auferstehung mit dem Befreiungskörper: Das geschieht in den höheren Welten.

Dieser Leib ist aus den besten Atomen des physischen Körpers gebildet. Es ist ein Körper aus Fleisch, das nicht von Adam kommt; ein Körper von unbeschreiblicher Schönheit. Mit diesem Körper des Paradieses können die Adepten in die physische Welt eintreten und in ihr arbeiten, sie können sich nach Belieben sichtbar und berührbar machen.

3. Die Auferstehung des physischen Körpers: Am dritten Tag tritt der Eingeweihte im Astralkörper vor sein heiliges Grab in Begleitung der göttlichen Hierarchien. Der Eingeweihte ruft seinen Körper und mithilfe der göttlichen Hierarchien erhebt er sich und tritt in den Hyperraum ein. Auf diese Weise schafft er es, dem Grab zu entkommen.

In den feinstofflichen Welten des Hyperraumes behandeln die heiligen Frauen den Körper des Eingeweihten mit Medikamenten und aromatischen Salben.

Höheren Befehlen gehorchend, dringt der physische Körper dann durch den Scheitel in den Astralkörper ein. So kann ein Meister wieder Besitz von seinem physischen Körper ergreifen. Das ist das Geschenk von Cupido.

Nach der Auferstehung ist der Meister ewig; er wird nicht mehr sterben. Mit diesem unsterblichen Leib kann er augenblicklich erscheinen und verschwinden, sich nach Belieben in der physischen Welt sichtbar machen.

Jesus Christus ist ein auferstandener Meister, dessen physischer Körper drei Tage lang im heiligen Grab war. Nach der Auferstehung erschien er den Schülern von Emmaus auf dem Weg und aß mit ihnen zu Abend. Später erschien er vor dem ungläubigen Thomas, der erst glaubte, als er seinen Finger in die Wunden des heiligen Körpers des großen Meisters legte.

Hermes, Cagliostro, Paracelsus, Nicholas Flamel, Quetzalcoatl, Saint Germain, Babaji, usw. erhalten ihre physischen Körper seit Tausenden oder Millionen von Jahren, ohne dass der Tod ihnen etwas anhaben könnte. Sie sind auferstandene Meister.

Nur mit dem Arkanum A.Z.F. ist es möglich, das Elixier des ewigen Lebens herzustellen. Die Auferstehung ist ohne das Elixier des ewigen Lebens unmöglich.

Bedeutung in Bezug auf die Einweihung

Die Hieroglyphe dieses Arkanums ist die Auferstehung von den Toten. Es ist nötig, dass wir diesen Aspekt der Auferstehung, die viele Phasen, viele Seiten hat, eingehend betrachten.

Vor allem muss es den Tod geben, damit es Auferstehung gibt; ohne ihn gibt es keine Auferstehung. Es ist wichtig zu verstehen, dass vom Tod Leben kommt. Der Tod ist die Krone von allem.

Der Lebensweg wird gebildet von den Hufspuren des Pferdes des Todes.

Alles im Leben unterliegt dem Tod; in allem gibt es etwas von der Sterblichkeit und etwas von der Unsterblichkeit. Ich möchte Ihnen mitteilen, dass Sterblichkeit und Unsterblichkeit sehr relativ sind; selbst Gott, der unsterblich ist, ist jedoch auf lange Sicht sterblich.

Es ist notwendig, zu untersuchen, was man unter Gott versteht; Gott ist das Heer der Stimme, das große Wort. Der Heilige Johannes sagte mit Gewissheit: *Am Anfang war das Wort und Gott war das Wort und das Wort war Gott.*

Gott ist die Stimme der Elohim, der Chor der Meister, die das Mahavantara (den kosmischen Tag) einleiten, das ist Gott. Wenn die Nacht des Pralaya (kosmische Nacht) naht, hört er auf für das Universum zu existieren. Sie sterben für das Universum und werden für das Absolute geboren. Aus diesem Grund kann man sagen, dass auch Gott stirbt. Nach der kosmischen Nacht, in der neuen Dämmerung des kosmischen Tages, erheben sie sich wieder aus dem Absoluten.

Nun werden wir unsere Aufmerksamkeit auf die Beschaffenheit des Menschen richten. Um ein Mensch im vollkommensten Sinn des Wortes zu sein, ist es nötig, die solaren Körper zu haben. Wir haben schon viel über das ägyptischen Sahu gesprochen, was dasselbe ist wie die Hochzeitsgewänder in dem Gleichnis von dem Mann, der ohne diese Gewänder an der Tafel des Herrn saß und den der Meister in dic Finsternis werfen ließ.

Genauso kann auch keiner von uns ohne die Hochzeitsgewänder oder die solaren Körper das Königreich des Himmels betreten. Es ist einleuchtend, dass derjenige, der die solaren Körper nicht besitzt, in lunare Körper gekleidet ist, die kalt, gespenstisch, teuflisch und finster sind.

Ein Mensch in lunarer Kleidung ist kein Mensch; er ist ein intellektuelles Tier, das ist eine höhere Tierart. Der Irrtum der Menschheit ist es, zu glauben, dass wir bereits Menschen sind, aber das sind wir nicht.

Lasst uns an die Geschichte mit Diogenes erinnern, der mit der Laterne einen Menschen suchte und keinen finden konnte.

Nur solche wie Kout Houmi, Meister Moria, Sankt Germain, usw. sind Menschen; hier wimmelt es nur von intellektuellen Tieren. Das Erste, was in der Schmiede der Zyklopen gefertigt werden muss, ist der wahre Astralkörper, er macht uns unsterblich in der Welt der 24 Gesetze.

Danach müssen wir den solaren Mentalkörper herstellen, regiert von 12 Gesetzen. Wer ihn erzeugt hat, ist unsterblich in der Welt der 12 Gesetze. Dann müssen wir den Körper des bewussten Willens fertigen, und man wird unsterblich in der Welt der 6 Gesetze.

Wer seine solaren Körper erschafft, muss durch verschiedene Tode gehen. Es ist erforderlich, dass der solare Adam in uns geboren wird, der Abel der Bibel. Um unsterblich zu werden, braucht man die solaren Körper.

Wenn wir uns selbst befreien wollen oder uns auf den Weg auf des Messers Schneide begeben, den Weg der Revolution des Bewusstseins, müssen wir in die neunte Sphäre der Natur hinabsteigen.

Das hat nichts mit dem Vorherigen zu tun. In die neunte Sphäre hinabzusteigen heißt, die Revolution zu beginnen; zu revolutionieren gegen den Kosmos, gegen die Natur, gegen alles; und auf diese Weise fertigen wir die solaren Körper und inkarnieren das wahre Sein und verwandeln uns zu zweimal Geborenen.

Wahrlich, wahrlich ich sage dir, wenn du nicht wieder geboren bist, kannst du nicht in das himmlische Königreich gelangen.

Der himmlische Adam ist in solare Körper gekleidet, er muss mehrere Tode durchlaufen, muss das *Ego* vernichten.

Aus der Vergangenheit bringen wir diese Vielzahl an *Ichs* mit. Es gibt keine authentische Individualität im menschlichen Wesen und diese *Egos* verkörpern Faulheit, Gefräßigkeit, Wollust, Zorn, usw. Das *Ego* in lunarer Kleidung ist der lunare Adam, der sündige. Es ist notwendig, dass in uns der solare Adam geboren wird.

Die zweimal Geborenen stehen vor zwei Wegen: dem zur Rechten und dem zur Linken.

Wer sich dafür entscheidet, das Ego aufzulösen, nimmt den rechten Weg, um ein unbeschreibliches Wesen zu werden. Die, die sich gegen die Auflösung der *Egos* entscheiden, wählen den linken und werden zu teuflischen Wesen (ein Hanasmussen ist eine Missgeburt der kosmischen Mutter).

Das ist jedoch nicht alles; die Samen der *Egos* müssen zerstört werden, man muss in den Wassern von Lethe baden, um die ganze Bösartigkeit des *Egos* zu vergessen, und danach in den Wassern von Eunoe, um die Tugenden zu stärken und im Licht bestätigt zu werden.

Bis zu diesem Punkt entspricht die ganze Arbeit dem Planeten Erde, hier wurde die Unschuld erlangt. Es gibt aber noch die äußeren Hüllen der lunaren Körper und die müssen in den lunaren Höllen vernichtet werden. Der Dämon Apopi oder der Wunschkörper, der die sexuelle Begierde und alles, was damit in Zusammenhang steht, enthält, muss zerstört werden. Dieser Apopi ist ein entsetzlich perverser Dämon und man vernichtet ihn in den lunaren Höllen, bevor man in die lunaren Himmel aufsteigt.

Später setzt sich die Arbeit auf dem Planeten Merkur fort, wo der animalische Verstand oder der Dämon Hai vernichtet werden muss. Das ist der teuflische animalische Verstand. Dieses Vehikel ist nichts anderes als ein Dämon und man muss sich in die atomaren Höllen Merkurs begeben, um es zu zerstören.

Der Tod des Dämons Apopi, dieses schrecklichen Monsters der Begierden verlangt gewaltige Superanstrengungen und sehr, sehr viel Arbeit. Nur dadurch erreicht man die Vernichtung der Dämonen Apopi und Hai.

Der Adam der Sünde muss sterben. Um das Herz des Osiris wiederzubeleben, ist es notwendig, dass alles, was an uns irdisch und animalisch ist, stirbt. Wer die solaren Körper erschaffen hat, muss nicht länger die Last der Begierden und Wünsche tragen; sie müssen durch vollständige Reinigungen getötet werden.

Osiris bedeutet: jenseits der Abgründe, jenseits der Begierden und jenseits des Verstandes. Wenn wir zum Vater Osiris, zur Mutter Isis und zum Innersten Horus zurückkehren, ist die Triade vollständig, vollkommen, sie ist selbstverwirklicht. Das ist die Auferstehung der Toten, weil wir hier Tod und Auferstehung haben.

Ich wurde während der Dynastie von Pharao Kephren im heiligen Land der Pharaonen wiedergeboren. Ich kannte die alten Mysterien des geheimen Ägypten zutiefst und in Wahrheit sage ich Ihnen, dass ich sie nie vergessen konnte.

Es gibt zwei Arten von Mumien, eine bezieht sich auf die Toten, deren Körper mumifiziert werden und die andere auf die Toten im Zustand der Katalepsie.Es gab ein besonderes Geheimnis in Bezug auf die Mumifizierung: das Gehirn, die Eingeweide und das Herz mussten entfernt werden. Diese wurden in heiligen Gefäßen konserviert, und an die Stelle des Herzens legte man eine heilige Kuh aus Gold und die Attribute der Hathor. Die Körper wurden erhalten, weil die Ägypter den ätherischen Körper bewahrten. Sie verwendeten besondere Bandagen für die Chakren, die Handflächen und die Fußsohlen.

Der Bienenhonig half die Mumie zu konservieren; und man stellte Elementargeister über die Mumie, um sie zu bewachen. Diese wiederum wurden unter den Schutz von Keb, dem Genius der Erde, gestellt.

Auch wenn Ihnen diese Worte rätselhaft und seltsam erscheinen mögen, es ist die Wahrheit, dass mein physischer Körper nicht starb, obwohl er ins Grab ging. Es gibt eine andere Art von Mumien, die sich auf die Katalepsie beziehen. Mein Fall war mit Sicherheit keine Ausnahme; viele andere Priester gingen im Zustand der Katalepsie ins Grab.

Es ist erstaunlich, dass diese spezielle Art der Mumie ohne jede Art von Nahrung auskommt, aber mit allen natürlichen Fähigkeiten in latentem Zustand weiterlebt. Erinnern wir uns an die Kröten, die während des Winters wie Leichname im Schlamm begraben ruhen, ohne jede Nahrung, im Frühling jedoch kehren sie ins Leben zurück. Haben Sie schon mal vom Winterschlaf gehört?

Die ägyptische Katalepsie geht viel weiter und sie ist darüber hinaus weise mit der Magie und der okkulten Chemie kombiniert. Offensichtlich verließ meine Seele den Körper. Es steht außer Frage, dass diese spezielle Art der Mumifizierung kein Hindernis war, um meinen Kreislauf der Wiedergeburten fortzusetzen.

Nach meinem Tod wäre meine Seele fähig, sich dauerhaft in dieser Mumie wiederzuverkörpern, wenn Tum (der Vater) es so wünschen würde.

Dieser Körper würde dann seinen kataleptischen Zustand definitiv verlassen; und meine Seele wäre mit diesem Fleisch bekleidet, imstande zu leben wie jede andere Person und könnte von Land zu Land reisen. Ich würde wieder essen, trinken, unter dem Schein der Sonne leben, usw.

Die erwähnte Mumie würde durch die vierte Dimension endgültig aus dem Grab genommen werden.

Die Weisheit der Azteken und Ägypter war atlantisch und ebenso lemurisch. Die Lemurer und Atlanter waren Riesen, sie konstruierten die großen Pyramiden Ägyptens und San Juan von Teotihuacan.

Zusammenfassung

Das trinkbare Gold ist das Feuer der Kundalini.

Die universelle Medizin liegt im trinkbaren Gold.

Wir müssen allen Arten menschlicher Schwäche ein Ende machen.

Die Schlangen des Abgrundes versuchen, dem Schüler das trinkbare Gold zu rauben.

Der Schüler, der zulässt, dass er fällt, muss später sehr kämpfen, um wiederzubekommen, was er verloren hat.

Arkanum 21

Die Transmutation

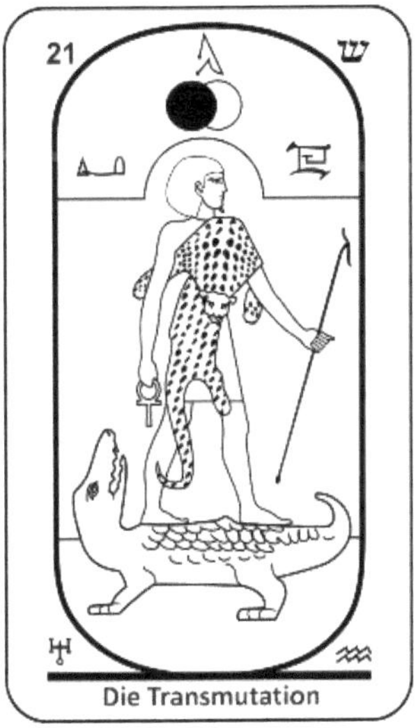

Das Arkanum Nummer einundzwanzig kann durch den umgekehrten fünfzackigen Stern dargestellt werden, der die schwarze Magie repräsentiert.

Das Arkanum Nummer einundzwanzig ist das Scheitern, die Sinnlosigkeit, der Verrückte des Tarot. Der an der Selbstverwirklichung Arbeitende ist der Gefahr ausgesetzt, Verrücktheiten zu begehen. Man muss mit den drei Faktoren der Revolution des Bewusstseins arbeiten:

1. Geboren werden
2. Sterben
3. Sich für die Mitmenschen opfern

Transmutation: Dies zeigt, dass man sich umwandeln muss.

Das Gehirn muss die Sexualität kontrollieren; verliert das Gehirn die Kontrolle über die Sexualität, dann stürzt der fünfzackige Stern, der Mensch, kopfüber in den Abgrund.

Das ist das umgekehrte Pentagramm, das Symbol der schwarzen Magie.

In diesem Arkanum wird die Gefahr genau angezeigt durch das Krokodil.

Hebräischer Buchstabe: Shin.

Uhrzeit: Zwölfte Stunde des Apollonius: „Die Türme des Feuers beunruhigen. (Dies ist der triumphale Einzug des Meisters in das grenzenlose Glück des Nirvana oder aber der Verzicht auf das Glück des Nirvana aus Liebe zur Menschheit und er verwandelt sich in einen Bodhisattwa des Mitleids.)“

Transzendentes Axiom: „In sein Geheimnis dringt meine Seele nicht ein, noch in seinen Hafen mein Schiff.“

Element der Vorhersage: „Verheißt Entbehrung von etwas, das man genießt, Verwirrung beim Versuch, zu erreichen, was man möchte; das, vorauf man am stolzesten ist, geht zugrunde; Gefahr der Isolation, heimtückische Geschenke, trügerische Versprechungen, Enttäuschungen, Ende mancher Dinge und Beginn anderer Dinge.“

Beschreibung der Karte

Im oberen Teil sehen wir den schwarzen und den weißen Mond; die Antithesen.

Im mittleren Bereich einen Magier mit dem Stab der Patriarchen in der einen und dem Anch-Kreuz oder Tau in der anderen. Er steht auf einem Krokodil, das mit geöffnetem Kiefer darauf wartet, ihn zu verschlingen.

Das Krokodil ist Seth, Satan, das psychologische *Ich*, das *Ich Selbst*, immer darauf lauernd, den zu verschlingen, der sich erlaubt zu fallen.

Der Magier ergreift tapfer das Kreuz Tau, (das Arkanum A.Z.F.) um sich zu verteidigen.

Der Magier ist mit einem Tigerfell bekleidet. Ohne Zweifel haben der Hund und der Tiger eine esoterische Verbindung in der Arbeit mit dem mystischen Tod.

Der Hund ist das sexuelle Feuer, der erotische Instinkt, der sich in der tiefsten Wurzel unseres Samensystems befindet.

Der Tiger ist anders und das wissen die Tigerritter, jene Jaguare, die gegen das *Ego* kämpfen, jene echten Katzen der revolutionären Psychologie, die sich auf sich selbst gestürzt haben, auf ihre eigenen psychologischen Defekte.

Die Klugheit und die Wildheit des Tigers sind wirklich notwendig, um die menschliche Persönlichkeit zu töten und um den Drachen der Weisheit der sieben Schlangen (das Symbol des Enthaupteten) im Menschen zum Strahlen zu bringen.

Esoterische Bedeutung des Arkanums

Das Arkanum Nummer einundzwanzig wurde verwechselt mit Arkanum Nummer zweiundzwanzig, welches die Krone des Lebens ist.

Das Arkanum Nummer einundzwanzig ist *der Narr des Tarot* oder *die Transmutation.*

Die kabbalistische Addition ergibt 2 + 1 = 3. In diesem Arkanum Nummer einundzwanzig muss der Eingeweihte gegen die drei Verräter von Hiram Abif kämpfen: den Dämon der Begierde, den Dämon des Verstandes und den Dämon des schlechten Willens.

Nie ist man in größerer Gefahr, ein Dämon zu sein, als wenn man nahe daran ist, ein Engel zu sein. Jeder Eingeweihte, der sich fallen lässt, ist wirklich der Verrückte des Tarot. Wenn der Alchimist den Hermesbecher verschüttet, wird er tatsächlich zum Verrückten des Tarot, *die Torheit.*

Es ist notwendig, das Begehren auszulöschen, wenn wir die Gefahr des Fallens vermeiden wollen.

Wer das Begehren vernichten will, muss seine Ursachen entdecken. Die Ursachen des Begehrens findet man in den Sinneseindrücken.

Wir leben in einer Welt der Sinneseindrücke und wir müssen sie verstehen.

Es gibt 5 Arten:

1. Visuelle Sinneseindrücke
2. Akustische Sinneseindrücke
3. Olfaktorische Sinneseindrücke
4. Geschmackliche Sinneseindrücke
5. Sinneseindrücke durch Berührung

Die fünf speziellen Arten von Sinneseindrücken werden in das Begehren verwandelt.

Wir dürfen die Sinneseindrücke nicht verdammen, wir dürfen sie nicht rechtfertigen, wir müssen sie tiefgründig verstehen.

Nur durch Verstehen der Sinneseindrücke können wir das Begehren töten. Nur durch Auslöschen der Begierde kann der Verstand befreit werden, der normalerweise in den engen Grenzen des Begehrens gefangen ist. Durch die Befreiung des Verstandes wird das Erwachen des Bewusstseins hervorgerufen.

Wenn wir den Ursachen des Begehrens ein Ende machen wollen, müssen wir in einem Zustand ständiger Wachsamkeit leben. Es ist nötig, im Zustand wachsamer Wahrnehmung zu leben, wachsam für Neues.

Das *Ich* ist ein großes Buch, ein Buch mit vielen Bänden. Nur mit der Technik der inneren Meditation können wir dieses Buch studieren.

Bedeutung in Bezug auf die Einweihung

Dieses Arkanum ist der *Narr des Tarot* oder die *Transmutation.* Es wurde mit dem Arkanum zweiundzwanzig verwechselt, der Krone des Lebens. Das Arkanum Nummer einundzwanzig kann durch das umgekehrte Pentagramm, das für die schwarze Magie steht, dargestellt werden.

In den esoterischen Schulen erklärt man eindringlich, dass wir einen leuchtenden Astralkörper haben. Das ist sehr fragwürdig, weil der Astralkörper durch Umwandlung von H-Si-12 in der neunten Sphäre hergestellt werden muss. Was die Durchschnittsperson besitzt, ist der Wunschkörper, der mit dem Astralkörper verwechselt wird. Das ist ein schwerer Irrtum, ein gewaltiger Fehler, weil der Wunschkörper nicht der Astralkörper ist.

In den ägyptischen Mysterien ist dieser Körper als Apopi bekannt, dem Dämon der Begierde. Dieser Dämon ist fürchterlich bösartig, und wenn man bedenkt, dass jeder ihn hat, ist die ganze Welt bösartig; aufzuhören, so zu sein, Dämonen zu sein, ist nur durch die Anstrengungen und Überanstrengungen dieses Weges möglich.

Leadbeater beschreibt den Mentalkörper als wunderbar gelben Körper mit einer leuchtenden Aura. Der Mentalkörper wird von allen als erhaben beschrieben, wenn man ihn jedoch untersucht, entdeckt man, dass das nicht der authentische Mentalkörper ist. Der authentische kostbare Körper, der nicht von Adam stammt, muss durch Transmutationen von H-Si-12 hergestellt werden.

Der Mentalkörper, den die Menschen haben, ist ein weiterer Dämon, den die ägyptischen Mysterien Hai nannten. Er ist furchtbar pervers und muss, wie in den ägyptischen Mysterien, in der Sphäre des Merkurs getötet und enthauptet werden.

Die Theosophen sprechen vom Kausalkörper, aber man hat keinen Kausalkörper, sondern den Dämon des schlechten Willens, in den ägyptischen Mysterien Nebt genannt.

Der Dämon der Begierde, der Dämon des Verstandes, der Dämon des schlechten Willens sind die drei Furien, die die klassische Mythologie erwähnt. Sie sind die drei Verräter von Hiram Abif, die drei Verräter, die den Christus kreuzigten: Judas, Pilatus und Kaiphas, die drei Verräter, die Dante im neunten Kreis fand: Judas, Brutus und Cassius.

Um das wahre Sein zu inkarnieren und ein wahrer Mensch zu werden, müssen die solaren Körper mittels Transmutation von H-Si-12 erschaffen werden. Aber um diesen Zustand zu erreichen, muss das *Ego* aufgelöst werden, damit man kein Hanasmussen mit einem doppelten Schwerkraftzentrum wie Andrameleck wird.

Ein Hanasmussen ist ein Meister der schwarzen und der weißen Loge. Manche Sekten im Osten nennen sie Marut und einige Mohammedaner verehren sie. Der Hanasmussen hat in der Schmiede der Zyklopen gearbeitet, aber die *Egos* nicht aufgelöst; deshalb ist er eine Fehlgeburt der kosmischen Mutter.

Das Arkanum Nummer einundzwanzig ist das Scheitern oder der Narr des Tarot. Transmutation bedeutet, dass man umwandeln muss. In der Arbeit der Selbstverwirklichung ist man dem Risiko ausgesetzt, Torheiten zu begehen; man muss mit den drei Faktoren der Revolution des Bewusstseins arbeiten:

1. Sterben
2. Geboren werden
3. Sich für die Menschheit opfern

Die Auflösung des *Egos* ist notwendig, weil es nichts außer einer Summe von finsteren Wesenheiten ist.

Wir kamen zu dem Schluss, dass jedes menschliche Wesen das *Ego* auflösen muss; die Keime müssen verbrannt werden und danach muss man im Lethe baden, um die Erinnerungen an das Vergangene zu beenden. Nach der Bestätigung im Licht wird man von der weißen Bruderschaft empfangen, hier werden die Dokumente unterzeichnet. Man wird dann belehrt, vorsichtig zu sein; von diesem Augenblick an muss man den Schleier der Isis lüften, der mit der Sexualität verbunden ist.

Wenn die Frau mit der Maithuna nicht einverstanden ist, dann arbeitet sie nicht und der Mann sollte es in Stille tun, und umgekehrt, wenn der Mann mit der Arbeit mit der Maithuna nicht einverstanden ist, so sollte die Frau stillschweigend arbeiten.

Die schwierigste Sache ist die Zerstörung der lunaren Körper, wer das *Ego* auflöst, hat einen fruchtbaren Boden. So müssen die Frau oder der Mann, die schon alt sind, ihre Zeit nutzen, um die Egos aufzulösen, das Bewusstsein zu erwecken, Erleuchtung zu erreichen; während verheiratete Frauen und Männer in der neunten Sphäre arbeiten müssen.

Man ist nicht alleine, sondern wird von Vater und Mutter unterstützt. Sie hilft wie eine Mutter, die über ihren Sohn wacht und Er genauso. Wenn man jedoch das Gelübde der Keuschheit bricht, dann kommt es zum Fall und man wird von seiner Mutter verlassen und erleidet Schmerz und Bitterkeit.

Im Arkanum einundzwanzig ist die Gefahr deutlich dargestellt durch das Krokodil. Die Torheit, der Fehler, ist, vom Weg abzukommen.

Zusammenfassung

Unsere ledigen Schüler beiderlei Geschlechts können ihre sexuelle Energie mit der Rune Olin umwandeln.

Übung

1. In stehender Position atmet der Schüler mehrmals rhythmisch ein und aus.

2. Beim Einatmen müssen Vorstellungskraft und Wille in schwingender Harmonie vereint werden, um die sexuelle Energie durch die

beiden Nervenstränge der Wirbelsäule zum Steigen zu bringen, bis sie in dieser Reihenfolge das Gehirn, das Zentrum zwischen den Augenbrauen, den Hals und das Herz erreicht.

3. Dann wird ausgeatmet, und der Schüler stellt sich vor, wie die sexuelle Energie im Herzen fixiert wird.

4. Beim Ausatmen soll der Schüler das Mantra Thorn folgendermaßen singen: Thhoooooorrrrrrnnnnnn.

5. Bei den Übungen der Rune Olin müssen wir einige Bewegungen mit den Armen ausführen.

6. Der Schüler sollte die rechte Hand auf die Hüfte legen.

7. Er streckt beide Hände nach links, die linke etwas höher als die rechte, beide Arme ausgestreckt in einem spitzen Winkel zum Rumpf.

8. Er legt beide Hände auf die Hüfte.

Auf diese Weise können unsere ledigen Schüler ihre sexuelle Energie umwandeln.

Die Sexualenergie kann auch durch Ästhetik, Liebe zur Musik, zur Bildhauerei und durch lange Spaziergänge, usw. umgewandelt werden.

Eine ledige Person, die keine sexuellen Probleme haben möchte, muss absolut rein in Gedanken, Worten und Taten sein.

Arkanum 22

Die Wiederkehr

Das Arkanum Nummer zweiundzwanzig ist die Krone des Lebens, die Rückkehr zum Licht, die Inkarnation der Wahrheit in uns.

Die kabbalistische Synthese des Arkanums Nummer zweiundzwanzig ist: 2 + 2 = 4.

Mann - Frau, Feuer und Wasser, das Jod-He-Vau-He; Mann, Frau, Phallus, Uterus.

Hier ist das heilige und geheimnisvolle Tetragrammaton, die heilige Vier.

Hebräischer Buchstabe: Tau.

Uhrzeit: „Es gibt eine dreizehnte Stunde, dies ist die Stunde der Befreiung."

Transzendentes Axiom: „Die Sonne geht auf und die Sonne geht unter und kehrt wieder an den Ort zurück, von dem aus sie wieder aufgeht."

Element der Vorhersage: „Verheißt langes Leben, Erbe, Auszeichnungen, Genuss ehrlicher Freude, Rivalen, die um Gefühle wetteifern; Freunde, die auf uns aufpassen; Hindernisse und die Fähigkeit, sie zu überwinden; ungewisse Situationen und Möglichkeiten, sie aufzuklären."

Beschreibung der Karte

In den Wassern des Lebens befindet sich die Swastika, sie symbolisiert das Muladhara Chakra mit vier Blütenblättern.

Eine Frau, die die Wahrheit darstellt, spielt auf einer Harfe, sie zupft die sexuelle Lyra mit den neun Saiten, bis sie die Schlüsselnote findet.

Im oberen Teil sind die vier Götter des Todes: Mestha, Hapi, Duamutef und Kebhsennuf, die die vier Elemente Erde, Wasser, Feuer und Luft darstellen, die vier geheimnisvollen Tiere der sexuellen Alchemie.

Über den vier Göttern des Todes finden wir die heilige Schlange, die die Sphäre von Ra erleuchtet, die dem Adepten des Osiris gewährt wird, dem Sohn des Lichtes.

Esoterische Bedeutung des Arkanums

Das Arkanum Nummer zweiundzwanzig ist die Krone des Lebens, die Rückkehr zum Licht, die Inkarnation der Wahrheit in uns. Geliebte Schüler, ihr müsst jedes einzelne der zweiundzwanzig großen Arkana des Tarot in euch entwickeln. Ihr seid *Imitatus*, das bedeutet, einer, den die anderen auf den Weg auf Messers Schneide gebracht haben.

Strengt euch an, um den Rang eines *Adeptus* zu erreichen, der das Ergebnis seiner eigenen Arbeiten ist; der die Wissenschaft für sich selbst erobert, der das Kind seiner eigenen Arbeit ist. Man muss den Rang des Adepten erreichen, indem man den tierischen Zustand verlässt und Bewusstsein erlangt.

Die Gnosis lehrt die drei Stufen, die jeder, der in der feurigen Schmiede des Vulcanus arbeitet, durchlaufen muss. Diese sind:

1. Reinigung
2. Erleuchtung
3. Vollkommenheit

Es stellt sich heraus, dass die Neugierigen, die unsere gnostischen Studien beginnen, sofortige Erleuchtung, Verdoppelung, Hellsichtigkeit, praktische Magie, usw. möchten, und wenn sie das nicht erreichen, ziehen

Alchemistisches Bild, das die Reinigung des Neophyten bis zur Vollkommenheit zeigt.

sie sich sofort zurück. Niemand kann erleuchtet werden, ohne sich zuerst gereinigt zu haben. Nur die, die Reinigung, Heiligkeit erlangt haben, können den Saal der Erleuchtung betreten.

Es gibt auch viele Studenten, die unsere Studien aus Gründen reiner Neugier beginnen und sofort weise sein wollen. Paulus von Tarsus sagt: *Zu den Vollkommenen sprechen wir von Weisheit.*

Nur jene, die die dritte Stufe erreicht haben, sind vollkommen, nur zu ihnen kann von göttlicher Weisheit gesprochen werden.

Im alten Ägypten der Pharaonen, in der okkulten Freimaurerei waren diese drei Stufen des Weges:

1. Lehrling
2. Geselle
3. Meister

Die Kandidaten blieben sieben Jahre oder sogar länger auf der Stufe des Lehrlings. Nur wenn die Hohenpriester sich der Reinigung und der Heiligkeit der Kandidaten vollkommen sicher waren, konnten sie dann zur zweiten Stufe übergehen.

Tatsächlich beginnt die Erleuchtung erst nach sieben Jahren als Lehrling. Die Krone des Lebens ist unser strahlender Drache der Weisheit, der innere Christus. Von Ain Soph, dem inneren atomaren Stern, der uns immer angelächelt hat, geht die Heilige Dreifaltigkeit aus.

1 (Monade) + 3 (Dreifaltigkeit) = 4 (Tetragrammaton).

Das Arkanum zweiundzwanzig ergibt kabbalistisch addiert:

2 + 2 = 4 (Tetragrammaton).

Das Ergebnis ist die heilige Vier, das geheimnisvolle Tetragrammaton, das Jod-He-Vau-He; Mann, Frau, Feuer und Wasser; Mann, Frau, Phallus und Uterus. Sie werden jetzt verstehen, warum das Arkanum Nummer zweiundzwanzig die Krone des Lebens ist. Die Offenbarung sagt: *Fürchte dich nicht vor dem, was du erleiden wirst, siehe, der Teufel wird etliche von euch ins Gefängnis werfen, auf dass ihr versucht werdet und Trübsal haben werdet zehn Tage: sei getreu bis an den Tod und ich werde dir die Krone des Lebens geben.* (Off. 2:10)

Das Gefängnis ist das Gefängnis des Leidens und die zehn Tage sind die Widrigkeiten, während ihr dem Rad der ewigen Wiederkehr und dem Karma unterworfen seid. Wer die Krone des Lebens erhält, befreit sich vom Rad der Wiederkehr, der Rekurrenz und dem Karma. Die Krone des Lebens ist dreifältig, sie hat drei Aspekte:

1. Der Alte der Tage
2. Der anbetungswürdige Sohn
3. Der überaus weise Heilige Geist

Die Krone des Lebens ist der Sonnen-Mensch, der Sonnen-König, der vom Kaiser Julian so gefeiert wurde. Die Krone des Lebens ist unser ewiger beständiger Atem, sich selbst zutiefst unbekannt, der eigene Strahl eines jeden Menschen, der Christus. Die Krone des Lebens ist Kether, Chochmah und Binah (Vater, Sohn und Heiliger Geist).

Wer treu ist bis in den Tod, erhält die Krone des Lebens. Beim Fest des Lammes strahlen die Gesichter all jener Heiligen, die es inkarniert haben, wie Sonnen der Liebe. Das reine weiße Tuch ist mit dem königlichen Blut des Opferlammes gefärbt. *Wer Ohren hat, der höre was der Geist zu den Gemeinden sagt: wer überwindet, dem soll kein Leid geschehen vom zweiten Tod.* (Off. 2:11)

Wer nicht überwindet, wird sich vom Geliebten trennen und sich in den Abgrund stürzen. Jene, die in den Abgrund eintreten, werden durch den zweiten Tod gehen. Die Dämonen des Abgrundes lösen sich langsam auf, während vieler Ewigkeiten.

Diese Seelen verlieren sich. Wer überwindet, dem wird kein Leid geschehen vom zweiten Tod. Wenn wir die Krone des Lebens erhalten, wird in jedem von uns das Wort Fleisch. Jeder Heilige, der die venusische Einweihung erreicht, erhält die Krone des Lebens. Unser geliebter Heiland Jesus Christus erreichte die venusische Einweihung im Jordan.

Und das Wort ward Fleisch und wohnte unter uns und wir sahen seine Herrlichkeit, eine Herrlichkeit des eingeborenen Sohnes vom Vater, voller Gnade und Wahrheit. (Johannes 1:14)

Und das Licht scheint in der Finsternis und die Finsternis hat es nicht begriffen. (Johannes 1:5)

Er ist der Heiland, weil er uns die Krone des Lebens gebracht und sein Blut für uns vergossen hat. Wir müssen die höchste Vernichtung des *Ichs* erreichen, um die Krone des Lebens zu erhalten. Wir müssen das Lamm in uns selbst auferstehen lassen. Wir brauchen das Ostern der Auferstehung.

Bedeutung in Bezug auf die Einweihung

Dieses Arkanum ist die Krone des Lebens, die Rückkehr zum Licht, die Inkarnation der Wahrheit in uns.

Die Offenbarung sagt: *Seid getreu bis zum Tod und ich werde euch die Krone des Lebens geben.* Das verdient ohne Zweifel, tiefgründig studiert zu werden; erinnern wir uns auch an die Krone der Heiligen. In der Zirbeldrüse gibt es die Kirche von Laodizea. Zu Zeiten der Hyperboräer gab es eine Jungfrau mit diesem Namen, die die Opfergaben nach Delos oder Delphi, im antiken Griechenland brachte.

Dieses Arkanum repräsentiert eine Krone mit vielen Strahlen, sie ist das Sahasrara Chakra, das sich in der Zirbeldrüse befindet. Wenn das heilige Feuer von Kundalini die Zirbeldrüse erreicht, setzt es diese 1000-blättrige Lotusblüte in Bewegung.

Wenn wir das eingehender betrachten, müssen wir wissen, dass die Mutter Kundalini kommt, um sich mit dem Heiligen Geist in der Zirbeldrüse zu vermählen.

Der Heilige Geist ist der dritte Logos, der Vulcanus der griechischen Mythologie; oder Maha Chohan in der tibetischen Mythologie. In der Aura des Maha Chohan entwickelt sich Kundalini, entfaltet sich und schreitet voran.

So geschieht es dann, dass in der Zirbeldrüse das heilige Tattwa von Shiva-Shakti intensiv schwingt, das heißt, der göttlichen Mutter Kundalini und des dritten Logos. (Tattwa ist die Schwingung des Äthers).

Vollkommene Heiligkeit kann nicht erreicht werden, solange nicht den drei Verrätern, die Hiram Abif ermordet haben, ein Ende gemacht wurde. Er ist der Baumeister des Tempels von Salomon.

Sebal: der Dämon der Begierde (Apopi, Judas).

Orteluk: der Dämon des Verstandes (Hai, Pilatus).

Stokin: der Dämon des schlechten Willens (Nebt, Kaiphas).

Das Ziel unsere Studien ist es, aufzuhören, Dämonen zu sein.

1. Judas ist der Dämon der Begierde.

Er ist ein schrecklich perverser Dämon, den wir alle haben, wir sind alle Dämonen. Aufzuhören, so zu sein, steht im Einklang mit den Einweihungsmysterien. Wir müssen anfangen zu erkennen, dass wir Dämonen sind.

2. Pilatus ist der Dämon des Verstandes. Er wäscht sich immer die Hände und wird sie weiter waschen.

3. Kaiphas ist der Dämon des schlechten Willens. Wer den Willen des Vaters nicht erfüllt, ist ungehorsam. Es muss nach dem Willen des Vaters gehandelt werden, hier und in den inneren Welten.

Die Schlafenden müssen den Willen des Vaters erfüllen.

Dem Willen des Vaters gehorcht man:

1. Wenn es rechte Gedanken gibt
2. Wenn es rechte Gefühle gibt
3. Wenn es rechte Taten gibt

Wenn wir etwas Falsches tun, ist das nicht der Wille des Vaters.

Letztendlich muss man das *Ego* vollständig auslöschen, damit kein subjektives Element in uns bleibt, und mit reinem Geiste sein wie Buddha Gautama, der deshalb der Erleuchtete genannt wurde. Um das zu erreichen, muss man bezahlen, und der Preis ist das Leben selbst. Die Eitelkeiten der Welt müssen vergessen werden, und man muss sich dem großen Werk hingeben; arbeiten und arbeiten, bis man es erreicht hat.

Das ist keine Frage der Evolution oder Involution, dies sind zwei kosmische Gesetze der Natur. Man muss die solaren Körper erschaffen und das *Ego* auflösen. Ich spreche zu Ihnen aus Erfahrung, nicht aus der Theorie. Ich kenne die ägyptischen Mysterien, die tibetischen Mysterien, die Mysterien der Lemurier (weil ich auf dem Kontinent Mu war) und die hyperboreischen Mysterien. Wenn man den Weg erklärt, dann deshalb, weil man ihm folgen soll. Man soll nur lehren, wenn man dafür geeignet ist.

Zusammenfassung

Ich, Samael Aun Weor, authentischer und legitimer Avatar des neuen Wassermannzeitalters erkläre, dass die ganze Wissenschaft des Universums auf die Kabbala und die Alchemie zurückzuführen ist.

Wer ein Magier sein will, muss ein Alchemist und Kabbalist sein.

Es gibt schwarze Magier, die ihren Schülern die negative sexuelle Magie lehren, bei der die Samenflüssigkeit ausgestoßen wird.

Diese phallischen Kulte wurden von den bösartigen schwarzen Magiern von Kanaan praktiziert und von den Zauberern von Karthago, Tyrus und Sidon. Die lemurisch-atlantischen Schwarzmagier erlangten auf diese Weise die Gunst der Dämonen.

Diese Städte wurden zu Staub gemacht und all die Bösen stürzten in den Abgrund.

Wenn ein Mann den Samen vergießt, entnimmt er den Unterwelten Millionen von dämonischen Atomen, die unseren brahmanischen Strang infizieren und uns in unsere eigenen atomaren Höllen hinunterziehen. (Dasselbe ist der Fall bei einer Frau, die den Orgasmus erreicht).

Die drei Atem des reinen Akasha werden durch die Sexualmagie verstärkt.

Wenn der Mann jedoch den Samen vergießt, bringen diese drei Atem Kundalini zum Absteigen in die atomaren Höllen des Menschen.

Das ist der Schwanz des Satans.

Kein Schüler sollte je auch nur einen einzigen Tropfen Samen vergießen.

Ich gebe hiermit der Menschheit den Schlüssel zu allen Reichen des Himmels und der Erde, weil ich diesen unglücklichen menschlichen Ameisenhaufen nicht so sehr leiden sehen will.

Arkana 13, 2, 3 und 14

Im Folgenden werden bestimmte Kombinationen der Arkana untersucht.

13 (Mem) 2 (Beth) 14 (Nun)

13 + 2 + 3 = 18; 1 + 8 = 9; die neunte Sphäre.

In der Kabbala finden wir eine deutliche Verbindung zum hebräischen Alphabet. Diese Anfangsbuchstaben beziehen sich auf das Wort des Meisters der Freimaurer, das wegen eines Eides nicht enthüllt werden darf. Über jeden der drei ersten Buchstaben kann getrennt gesprochen werden.

Erstens gibt es einen Bezug zu dem Wort, das dem Tod und der Auferstehung entspricht: Hiram Abif, was bedeutet, dass sich der Geist von der Materie löst. Das bedeutet, dass das Fleisch sich von den Knochen löst. Deshalb sagt man, dass man sterben muss, um auferstehen zu können, wenn man nicht stirbt, wird man nicht geboren.

An zweiter Stelle ist der Aufbau, der der Zerstörung folgt. Was wir jetzt sind, muss zerstört werden. Wir sind alle Dämonen, weil wir den schrecklichen Dämon Apopi der ägyptischen Mysterien in uns haben. Das ist der Wunschkörper, der fälschlicherweise für den Astralkörper, den wir nicht haben, gehalten wird, und den wir in der Schmiede der Zyklopen herstellen müssen, in der Sexualität.

Dann haben wir den tierischen Mentalkörper, der noch schlimmer ist, den Dämon Hai der ägyptischen Mysterien; dieser muss zerstört und enthauptet werden. Das Leben wird in ständigem Krieg, in Hurerei, Ehebruch und Rachsucht verbracht. Der Mentalkörper hat nichts Engelhaftes an sich.

Wir haben keinen Kausalkörper, er muss in der Schmiede der Zyklopen gefertigt werden. An seiner Stelle haben wir den Dämon des schlechten Willens, der sagt, dass ihm diese oder jene Person nicht gefällt.

Diese drei Dämonen gibt es in jedem Evangelium; bei Buddha waren es die drei Furien oder der berühmte Mara. Wir müssen begreifen, dass wir Dämonen sind und von Null anfangen müssen, um uns bewusst zu machen, wo wir stehen und dass wir die große Zerstörung von uns selbst, den Tod des *Ichs*, die Zerstörung der Keime und der lunaren Körper brauchen.

Was vom Vater geboren wurde, ist im Fäulnisprozess.

Das heißt, dass der Christus tot, im Fäulnisprozess ist, deshalb sagt man, dass jeder von uns eine lebende Grabstätte ist. Man sagt, dass er tot ist, weil er in keinem von uns lebt. Der Sohn muss in uns geboren werden und sich dann befreien, er muss das ganze Drama leben und später zum Vater aufsteigen. Was vom Vater geboren wird, lebt im Sohn, wird durch das *Ens Seminis* geboren und lebt im Christus.

Die reinen Wasser des Lebens sind ein grundlegender Bestandteil der Regeneration. Als Buddha meditierte und gegen die drei Furien kämpfte, entfesselte Mara einen Sturm. Das Wasser war schon dabei, Buddha zu ertränken, als eine Schlange erschien und sich unter dem sitzenden Buddha niederließ. Diese Schlange rollte sich dreieinhalb Mal ein, und als das Wasser stieg, stieg sie auch; sie stellt die heilige Mutter dar, und der Buddha ertrank nicht.

Die Regeneration ist ohne die Wasser des Lebens nicht möglich und der Menschensohn kommt aus diesen Wassern des Lebens.

Es ist gut, die esoterische Bedeutung dieser heiligen Dinge tief zu verstehen, sie wirklich zu verstehen. Erinnern wir uns an den Fisch, er ist das Leben, das in den Wassern geboren wird und stirbt.

Denken wir an den Fisch Dari der Chaldäer; er verkörpert dasselbe, den Christus, der den Wassern entsteigt. Der Menschensohn, der aus den Wassern geboren wird.

Der erste Buchstabe ist der Glaube: Mem.

Der Zweite ist die Hoffnung: Beth.

Der Dritte ist die Nächstenliebe: Nun.

Der erste Buchstabe ist Tod und Erneuerung; beachten Sie, welch eine enge Beziehung es zwischen Tod und Wasser gibt. Das Arkanum Nummer dreizehn, der Tod, ist verbunden mit dem Wasser; ohne Transmutation (Arkanum vierzehn) der Wasser ist es unmöglich, die zweite Geburt zu erreichen.

Es ist notwendig, zu sterben, und die Grundlage des Todes ist eine Frage der Sexualität. In der Sexualität ist Tod und in der Sexualität ist Leben. Nachdem man die zweite Geburt erreicht hat, muss man die

Sexualität eliminieren. Erinnern wir uns an den Ausspruch: *Führe mich aus der Dunkelheit ans Licht*; der Tod führt zur Unsterblichkeit, vom Unwirklichen zum Wirklichen.

Der Meister muss all das verwirklichen, und das tut er, wenn er das verlorene Wort findet. Das ist das Wort, das Hiram Abif wieder zum Leben brachte; das ist das Wort des Lichtes oder der höheren Lehre, die der Eingeweihte erhält, durch das er die Meisterschaft erlangt. Es ist klar, dass das Arkanum A.Z.F. der *Modus Operandi* für die Vernichtung des *Egos* ist.

Das Arkanum dreizehn, das vor allem für den Tod und die Auferstehung steht, hat eine Verbindung zum Tantrismus (Arkanum vierzehn).

Der zweite Buchstabe, das Arkanum zwei, das Haus des Geistes, hängt mit dem Allerheiligsten zusammen, dem Bewusstsein, dem philosophischen Stein, ohne den es keine Transmutation gibt. Es ist notwendig, die solaren Körper herzustellen; *neuer Wein* (der innere Christus) *kann nicht in alte Schläuche* (die lunaren Körper) *gefüllt werden*. Die solaren Körper müssen erschaffen werden, um den heiligen Wein aufzubewahren.

Im Arkanum Nummer zwei liegt der philosophische Stein, mit dem alle Umwandlungen vollzogen werden. Der Stein muss gemeißelt werden, ohne den die sexuelle Transmutation nicht erreicht werden kann.

Das bedeutet, dass man hart arbeiten muss, was uns auf das Arkanum vierzehn, die Transmutation, hinweist.

Folgendes ist für die Auferstehung oder für das Aufsteigen zum Mysterium notwendig:

1. Sich selbst verleugnen: Tod
2. Sein Kreuz aufnehmen: sich zur Meisterschaft erheben
3. Dem Christus folgen

Im Arkanum vierzehn sieht man das heilige N (Nun), das ist der Fisch des Lebens, der im Wasser geboren wird und im Wasser stirbt und so das Licht erreicht. Erinnern wir uns an die Vermehrung der Fische.

Wenn wir nicht hinabsteigen, um das *Ego* zu zerstören, können wir nicht zur Meisterschaft aufsteigen, selbst wenn wir die zweite Geburt erreicht haben.

Es ist nötig, hinabzusteigen, um aufzusteigen. Im Arkanum Nummer drei gibt es beides, materiellen und spirituellen Sieg.

Das Arkanum Nummer drei, die göttliche Mutter, Kundalini, ist die Göttin des Wortes, ist Hadith, die geflügelte Göttin; „das verlorene Wort“, die universelle Sprache. In der Bibel ist es die berühmte Festtafel des Nebukadnezar.

Arkana 7, 8 und 9

Die Arkana sieben, acht und neun sind die drei Grade der Meisterschaft. Sie sind die Werkzeuge für die Arbeit am großen Werk.

Im Arkanum Nummer sieben finden wir den Streitwagen, das Wahrzeichen des Triumphes. Das Arkanum Nummer acht ist die Gerechtigkeit, das Symbol für die sich in allen Richtungen im Gleichgewicht befindende Kraft. Das Arkanum Nummer neun ist der Eremit, er ist das Sinnbild des verborgenen Kreuzes und der Suche danach. Alle Anwärter suchen es, aber im Grunde wissen wir, dass es die neunte Sphäre, die Sexualität ist.

Das Arkanum sieben steht für die Eigenschaften und Fähigkeiten, die für die Meisterschaft unerlässlich sind. Durch Selbstbeherrschung muss man lernen, sich selbst zu kontrollieren, sich zu beherrschen, um eines Tages die Meisterschaft, die Herrschaft über das Feuer zu erreichen.

Wenn wir das Arkanum sieben eingehend betrachten, stellen wir fest, dass der Wagen von zwei Sphinxen gezogen wird, einer weißen und einer schwarzen. Es ist erforderlich, die niedere Natur zu bändigen, was hier durch die beiden Sphinxe symbolisiert wird.

Die Bändigung bedeutet, die Leidenschaften zu beherrschen, zu kontrollieren, die Bestie zu bändigen. Der Wagen ist unser eigenes Leben.

Die zwei Sphinxe versinnbildlichen das Gegensatzpaar von Hass und Liebe, von Licht und Dunkelheit.

Das Arkanum acht eingehend betrachtet, bedeutet Wachsamkeit, Gerechtigkeit; das abwärts zeigende Schwert steht für Rechtschaffenheit. Wir müssen in unseren Gedanken, unseren Worten und unseren Taten korrekt sein. Die linke Hand der Frau hält die Waage der Mäßigung, des Gleichgewichts und der Genauigkeit; dies wird durch die Waage der Gerechtigkeit symbolisiert.

Genau wie Arkanum Nummer sieben, der Sieg, durch die Beherrschung des Streitwagens des Lebens, durch Selbstbeherrschung und durch das Wissen, sein eigenes Leben zu führen bzw. den Streitwagen des Lebens weise zu lenken, erlangt wird, so stellt Arkanum Nummer acht die Rechtschaffenheit, die Gerechtigkeit, die Standhaftigkeit, das

Gleichgewicht dar; das Schwert steht für die Standhaftigkeit, die Waage für das Gleichgewicht; diese Standhaftigkeit muss die Hauptachse unseres Lebens, der zentrale Schwerpunkt des Lebens und unserer Existenz werden.

Das Arkanum Nummer neun ist hingegen das verborgene Licht, das sich in der Einweihung offenbart und die Kräfte wieder belebt. Um dieses Licht zu sehen, muss man ein Meister werden, und es ist klar, dass jeder Anwärter die Meisterschaft erreichen muss.

Die Arkana sieben, acht und neun sind die Werkzeuge der Arbeit.

Das Arkanum sieben lehrt uns, uns selbst zu beherrschen. Das Arkanum acht lehrt uns Gerechtigkeit und Aufrichtigkeit in unseren Gedanken, Worten und Taten. Ein Mensch muss aufrichtig leben.

Das Arkanum Nummer neun erzählt uns vom Eremiten, der den Stab in der rechten Hand und in der linken Hand die Laterne trägt; es ist wichtig, sie in die Höhe zu halten, sie zu erheben ist entscheidend, um den Weg für andere zu erleuchten.

Das Arkanum Nummer neun ist grundlegend, es ist die authentische Meisterschaft. Das Arkanum Nummer neun gibt es im gesamten Kosmos; betrachten Sie den Aufbau des Universums und Sie werden sehen, dass das Arkanum Nummer neun überall ist; wir finden die Neun oben und unten.

$9 + 9 = 18, \qquad 1 + 8 = 9.$

Arkana 11 und 12

Es ist naheliegend, dass die Baumstämme oder Tafeln, auf die der Prophet Moses auf Anweisung von Jehova weise die zehn Gebote schrieb, in Wirklichkeit nichts anderes sind, als eine doppelte Lanze der Runen, über deren phallische Bedeutung es viele Berichte gibt.

Es ist wichtig, die transzendentale Idee hervorzuheben, dass es zwei weitere Gebote in der Esoterik des Moses gibt. Ich beziehe mich auf das elfte und zwölfte Gebot, die mit Arkanum elf und zwölf eng verbunden sind.

Die Nummer elf hat seinen klassischen Ausdruck im Dharma Chara: *Tue deine Pflicht*. Erinnere dich daran, lieber Leser, dass du die Aufgabe hast, den schmalen, engen und schwierigen Weg, der zum Licht führt, zu suchen.

Das Arkanum Nummer elf des Tarot wirft Licht auf diese Aufgabe: die wunderbare Kraft, die die Löwen der Widrigkeiten beherrschen und unterwerfen kann, ist hauptsächlich spirituell. Aus diesem Grund wird sie durch eine schöne Frau dargestellt, die ohne sichtbare Anstrengung mit ihren erlesenen Händen das schreckliche Maul des Löwen, des furchterregenden Pumas, des wilden Löwen öffnet.

Es gibt eine Verbindung und eine Verflechtung des elften mit dem zwölften Gebot Gottes, veranschaulicht durch das Arkanum zwölf: *Lass dein Licht leuchten*.

Damit das Licht, das die Essenz bildet und im *Ich* eingeschlossen ist, wirklich leuchten und strahlen kann, muss es sich befreien; das ist nur durch die buddhistische Vernichtung, durch die Auflösung des *Egos*, möglich.

Wir müssen von Augenblick zu Augenblick, von Moment zu Moment sterben; nur mit dem Tod des *Egos* kommt das Neue.

Ebenso wie das Leben einen schrittweisen und immer mehr äußerlichen Prozess repräsentiert, genauso ist der Tod des *Ichs* ein Prozess schrittweiser Verinnerlichung, bei dem das individuelle Bewusstsein, die Essenz, sich langsam ihrer nutzlosen Gewänder entledigt. So wie Ishtar in ihrem symbolischen Abstieg, bis sie vollkommen nackt ist vor der großen Realität des Lebens, das frei in seiner Bewegung ist.

Die Lanze, die Sexualität, der Phallus spielt in zahllosen orientalischen Legenden eine wichtige Rolle als ein wunderbares Mittel zur Heilung und Befreiung. Wenn sie von der sich sehnenden Seele weise geschwungen wird, ist sie imstande, all die höhlenartigen Wesenheiten, die in ihrer sündhaften Gesamtheit unser Selbst bilden, zu kosmischem Staub zu reduzieren.

Die Sexualenergie ist hochexplosiv und wunderbar. Und ich spreche die Wahrheit, wenn ich Ihnen sage, dass der, der die Waffe des Eros (die Lanze, die Sexualität) zu gebrauchen versteht, das vielfältige *Ich* zu kosmischem Staub reduzieren kann.

Beten heißt, mit Gott zu sprechen; man muss lernen, während des Koitus zu beten. In solchen Augenblicken höchster Freude bitte, und es wird dir gegeben werden, klopfe an, und es wird dir aufgetan.

Wer sein Herz in das Gebet legt und die heilige Mutter Kundalini darum bittet, die Waffe des Eros zu schwingen, wird die besten Ergebnisse haben, weil sie dann hilft, das *Ego* zu zerstören.

Vorbedingung jeder Auslöschung ist es, den Defekt, den man auslöschen will, ganz zu verstehen.

Arkana 6, 9, 12, 13, 14, 15, 16, 17 und 20

Das Arkanum Nummer zwanzig betrifft die Auferstehung und das ist sehr wichtig. In der okkulten Esoterik wird gesagt, dass Hiram Abif oder Chiram Osiris sich tot in der neunten Sphäre, im Herzen der Erde, befindet. Man sagt, dass man, um die Grabstätte zu erreichen, die neun Gewölbe, die neun Schichten des Inneren unseres planetarischen Organismus durchqueren muss.

Diese neunte Sphäre befindet sich in unserem menschlichen Organismus, es ist die Sexualität. Wenn der innere Christus dort tot ist, dann kann er nur dort auferstehen.

Die Sache mit der Auferstehung ist etwas Großartiges. Jonas war drei Tage lang im Bauch eines Wales, Jesus ist am dritten Tag auferstanden. Das ist symbolisch, der große Wal von Jonas ist die Erde selbst, unser planetarischer Organismus.

Die drei Tage sind symbolisch, weil es drei Perioden der esoterischen Arbeit gibt, bevor wir die Auferstehung des inneren Christus in uns erreichen.

Der erste Tag ist die zweite Geburt.

Der zweite Tag bedeutet, die drei Verräter zu töten.

Der dritte Tag ist die Auferstehung des Herrn.

Hier finden wir die drei Faktoren der Revolution des Bewusstseins:

1. Sterben
2. Geboren werden
3. Sich für die Menschheit opfern

Lobsang Rampa erzählt, dass er drei Tage lang wie tot in einem Sarkophag lag. Das ist symbolisch; es gibt keine Schule, die nicht von diesen drei Tagen spricht. Verschiedene pseudo-okkultistische Schulen behaupten, dass man drei Tage im Grab verbringen muss, um die Selbstverwirklichung zu erreichen.

Lobsang Rampa sagt, dass für diesen drei Tage dauernden Zeitraum sein Körper wie tot im Grab lag und er viele Dinge in den höheren Welten lernte. Das ist eine symbolische Einweihungszeremonie, in ihr ist eine Lehre für uns enthalten und es ist nötig, zwischen der symbolischen Lehre und der gelebten Lehre zu unterscheiden.

Jesus war im Grab und ist nach drei Tagen wieder auferstanden. Er lebte elf weitere Jahre, um zu lehren und zu unterrichten, so erzählt es die Pistis Sophia.

In den alten Zeiten waren die drei Tage im Grab wohl bekannt. In Samothrake, bei den Mayas, den Ägyptern und Azteken kommt in den Bräuchen das mit dem Grab und den drei Tagen vor.

Die Anwärter auf die Adeptschaft wurden zu Vulkanen, Kammern oder geschlossenen Gräbern gebracht, die die Form eines Fisches hatten; denken wir an den Sarg des Osiris im alten Ägypten der Pharaonen, dem sonnigen Land von Kem, der die Form eines Fisches hatte. Das erinnert uns an Oannes (eine alte Tradition, die sich in der Tiefe der Nacht verliert), der drei Tage in seinem Sarkophag verbrachte.

Die alten Überlieferungen, die sich in der erschreckenden Nacht der Jahrhunderte verlieren, erzählen, dass in diesem Zeitraum, während der Körper des Eingeweihten wie ein Leichnam im Grab lag, seine Seele, befreit von der dichten menschlichen Form, das Ritual des Lebens und des Todes in den höheren Welten erlebte. Die Freimaurer haben ihren Sarg nicht vergessen.

Es gibt etwas, das uns zeigt, dass Tuesday Lobsang Rampa und andere Autoren nicht das vollständige Wissen besitzen, und das ist die Tatsache, dass sie das Symbol des Begräbnisses für drei Tage mit der harten Wirklichkeit verwechseln, die sich dahinter verbirgt.

Das ist, als ob wir uns mit der Flagge verwechseln würden, die nur ein Symbol ist, als ob wir und mit den beiden Säulen Jachin und Boas verwechseln würden, die ein esoterisches Symbol sind und Mann und Frau verkörpern. So ist auch der Sarg ein Symbol. Früher was es üblich, den Eingeweihten drei Tage im Grab zu lassen; aber alles hat seine Grenzen, und jenseits dieser Grenzen müssen wir das Wissen entwickeln. Es ist erforderlich, tiefer in die Wirklichkeit einzudringen.

Was ist bedeutet es, dass Jesus sich aus dem Grab erhebt? Was meint man mit Jonas, der drei Tage im Bauch des Wales verbrachte und dann ausgespuckt wurde?

Ein schlechtes und ehebrecherisches Geschlecht wird nach einem Zeichen suchen; aber es wird ihm kein Zeichen gegeben werden außer dem Zeichen des Propheten Jonas. Wie Jonas drei Tage und drei Nächte im Bauch des Wales war; so wird der Menschensohn drei Tage und drei Nächte im Innern der Erde sein. (Matthäus 12: 39-40)

Das ist symbolisch, Jonas sagt, dass er in den Wassern und in den Tiefen unter den Bergen versenkt war; die Erde schloss ihn ein und aus diesen Tiefen der Erde schrie er auf zu Jehova. Die Tatsache, dass der Abgrund sich schloss, ist sehr bedeutsam, wenn wir uns tiefer damit beschäftigen, erinnern wir uns an den Leviathan, diesen wunderbaren Fisch, der weit unten im Meer lebt. (Siehe: Jesaias 27:1; Hiob 41:1; Psalmen 74:14 und 104:26).

Das ist der erste Tag, an dem wir in uns selbst hinabsteigen; das ist jener Tag, an dem jeder von uns in die unterirdischen Welten hinabsteigen muss, um die Körper, die uns die zweite Geburt ermöglichen, herzustellen. Am ersten Tag müssen wir in den tiefsten Grund des Tartarus hinabsteigen, nach dem Gesetz Leviathans.

Am zweiten Tag ist es nötig, in die Tiefen des Abgrundes zurückzukehren, um da zu bleiben und die Schöpfungen zu zerstören, die wir durch unsere schlechten Taten erzeugt haben.

Es besteht kein Zweifel, dass die höhere Transformation nur durch die Auferstehung des inneren Christus im Herzen des Menschen möglich ist. Das ist der entscheidende Höhepunkt des dritten Tages, der Augenblick, an dem die Erde oder das strahlende Sternbild des Wales den Propheten Jonas ausspuckt, damit er hinausgeht, um in Ninive zu lehren und um zum Vater zurückkehren zu können.

Nachdem er ausgespuckt wurde, wurde Jonas zu einem auferstandenen Meister und sie schickten ihn, um zu lehren; deshalb hat er ein Anrecht auf die Himmelfahrt. Jeder Erhöhung geht eine Erniedrigung voraus; die Erniedrigung ist der Abstieg in die höllischen Welten.

Die Symbolik der drei Tage gibt uns eine Antwort auf etwas noch Tieferes. Wer Verständnis hat, der möge verstehen. Es ist notwendig, zu verstehen und zu meditieren. Jener Leviathan, der sich durch die Gewässer bewegt, ist ein wahrer Meister, der enthauptet wurde und wieder enthauptet wurde. Wer könnte den Leviathan enthaupten? Wer wäre imstande, den zu verletzen, der schon alle Arten von Verletzungen erlitten hat und schon auferstanden ist? Verwandeln wir uns in auferstandene Meister.

Eine Sache ist das Kreuz und eine andere sind die Arbeiten, die in der neunten Sphäre erfüllt werden müssen. Es gibt eine Verbindung zwischen der Symbolik und der Arbeit.

Der gesamte esoterische Fortschritt dieser Studien basiert auf der Kabbala.

Die Arkana dreizehn und vierzehn wurden nicht richtig verstanden, deshalb ist es nötig, diese Studien zu vertiefen. Im Ägypten der Pharaonen hat Typhon, wenn er den Körper von Osiris in Stücke schneidet, die Form eines Fisches; Isis, die göttliche Mutter, die Schwestergemahlin von Osiris, fand, als sie versuchte, ihn wiederzubeleben, nur dreizehn Teile, der vierzehnte war der Phallus, der nicht gefunden wurde.

Die Dreizehn ist der Tod; und es ist naheliegend, dass Osiris drei Tage im Grab verbringen musste und diese drei Tage entsprechen den drei Zeitabschnitten der Enthauptung des *Egos*. Isis findet dreizehn Teile, doch den vierzehnten, den Phallus, findet sie nicht, weil alle lüsternen Elemente in Osiris gestorben waren, er hatte einen vollständigen Tod erreicht. Nur so kann Osiris siegreich im Tempel der Maat (die Wahrheit) vorsprechen, nur so kann er die negative Beichte ablegen, weil er kein *Ego* mehr hat; er hat einen reinen Geist.

Das mit Osiris im Grab ist überaus wichtig, er ist vollkommen tot und erst am dritten Tag wird er wieder zum Leben erweckt:

1. Zeugung
2. Verfall
3. Regeneration

Die außergewöhnliche und wunderbare Form des alten Sarges von Osiris lässt uns wegen ihrer Ähnlichkeit und Bedeutung in der Einweihung an einen anderen Fisch denken, im semitischen Alphabet wunderbar dargestellt durch den Buchstaben Samek, der in der Kabbala den fünfzehnten Platz einnimmt, und der ursprünglich zweifellos die berühmte Sternenkonstellation des Wales symbolisierte, unter deren Herrschaft wir alle Arbeiten der neunten Sphäre ausführen müssen.

Diese Konstellation ist mit der Geschichte des Jonas verbunden und hat mit den Maßen des Sarges von Osiris zu tun, der die Form eines Fisches hatte, denn deshalb musste Osiris in den schwarzen und schrecklichen Abgrund hinab; er musste drei Zeitabschnitte im Bauch des Wales verbringen.

Das steht in einem engen Bezug zu Arkanum Nummer dreizehn; das heißt, den drei Abstiegen in die höllischen Welten. Jeder Abstieg steht für eine Zeitspanne von drei Tagen im heiligen Grab. Jonas arbeitete drei Tage, drei Zeitabschnitte mit der Sexualität; nach den drei Tagen spuckte der Wal ihn aus, und er zog aus, um zu predigen.

Der Wal entspricht dem kabbalistischen Arkanum fünfzehn; das lädt uns zum Nachdenken ein. Das Arkanum Nummer fünfzehn ist der Typhon Baphomet, der Teufel, die tierische Leidenschaft. Das lädt uns ein, zu verstehen, was die Arbeit in der neunten Sphäre (die Sexualität) wirklich ist.

Wenn man in den Arkana dreizehn, vierzehn und fünfzehn scheitert, wenn man nicht fähig ist, im Inneren des Wales zu arbeiten, dann ist es klar, dass wir in den Abgrund stürzen, mit dem Arkanum sechzehn, dem eingestürzten Turm.

Der Eingeweihte, der den Hermesbecher verschüttet, wird von Arkanum Nummer sechzehn des Sternbilds des Widders zu Fall gebracht, der Strahl der kosmischen Gerechtigkeit wird ihn wie das umgekehrte Pentagramm vom Turm stürzen lassen, mit dem Kopf nach unten, und den Beinen nach oben.

Das Arkanum siebzehn, der Stern der Hoffnung, ist für das Individuum, das niemals zu Fall gebracht wurde, für denjenigen, der in der Lage ist, die venusische Einweihung zu erlangen.

Wenn wir dieses Arkanum addieren, ergibt es 1 + 7 = 8, die Zahl von Hiob, Geduld, Prüfungen, Leiden.

Wenn wir die Zahlen des Arkanums Nummer fünfzehn kabbalistisch addieren, der Konstellation des Wales, erhalten wir folgendes Ergebnis: 1 + 5 = 6. Sechs im Tarot ist das Arkanum des Verliebten, der Mensch zwischen Tugend und Leidenschaft. Lernen wir, uns weise mit dem Arkanum Nummer sechs zu polarisieren und wir werden die schreckliche Fünfzehn der Konstellation des Wales überwinden.

Lieber Leser, erinnern Sie sich daran, dass Sie in Ihrer Brust ein ganz außergewöhnliches magnetisches Zentrum haben, das die Wellen von Licht und Herrlichkeit empfängt, die von Ihrer menschlichen Seele kommen. Die menschliche Seele ist Tiphereth, das Arkanum sechs des Tarot. Hören Sie auf sie und gehorchen Sie den Anweisungen, die von ihr kommen. Handeln Sie in Übereinstimmung mit diesen inneren

Impulsen; arbeiten Sie in der Schmiede der Zyklopen, wenn es das ist, was sie will. Wenn du lernst, zu gehorchen, dann wirst du im Bauch des Wales nicht zugrunde gehen.

Siehe, du bist ein Fisch geworden, der in den chaotischen Wassern der ersten Augenblicke der Schöpfung arbeitet! Sie werden jetzt verstehen, warum der Sarg des Osiris die Form eines Fisches hat. Zweifellos sind die drei Tage und drei Nächte von Jonas im Bauch des Wales eine Synthese der sieben Tage oder sieben Abschnitte der Schöpfung Mose; eine Einweihungszeremonie, die vom großen Kabir Jesus im heiligen Grab wiederholt wurde.

Jonas, der Prophet, verwirklichte seine Arbeit in drei Tagen oder drei mehr oder wenigen langen Zeitabschnitten, während er unter der Herrschaft der Konstellation des Wales arbeitete, in der Tiefe des Universums, in der neunten Sphäre (die Sexualität).

Erster Tag: Er steigt hinab in die höllischen Welten, um die solaren Körper herzustellen, die Hochzeitsgewänder der Seele, und um in sich selbst ein permanentes Bewusstseinszentrum zu erschaffen. Es ist notwendig, in die Höllen der Natur hinabzusteigen, es ist eine Zeit der Auslöschung, bis Seth zerstört ist, bis zum Erreichen der zweiten Geburt.

Zweiter Tag: Er steigt in den Abgrund, um schreckliche Opfer zu bringen, indem er die schöpferische Energie für die Zerstörung aller subjektiven Elemente des *Egos* nutzt. Diese Arbeit wird in den lunaren Höllenwelten verwirklicht, in den sublunaren Regionen, von denen die esoterischen Bücher sprechen. Man beseitigt dann auf radikale Weise die drei Verräter des inneren Christus, Judas, Pilatus und Kaiphas und die Atome des verborgenen Feindes; man muss den Drachen der Finsternis, den roten Drachen, vernichten. Dann fährt man fort mit den sekundären verborgenen Bestien, in denen das Bewusstsein gefangen ist.

Dritter Tag: Man muss in die Tiefen des Abgrundes zurückkehren, um die zahllosen Taten aus früheren Leben auszulöschen. Man fährt fort, in den Sphären von Merkur, Venus, Sonne, Mars, Jupiter, Saturn usw. zu sterben. Am dritten Tag verwandeln sich die schwarzen Wasser in strahlendes Licht; die Zerstörung der alten Atome findet ihren Höhepunkt in der mystischen Auferstehung.

Jeder dieser drei Abschnitte erreicht seinen Höhepunkt auf folgende Weise:

A) Die erste Zeitperiode schließt mit der zweiten Geburt ab, über die der große Kabir Jesus mit Nikodemus sprach.

B) Der zweite Zeitabschnitt endet mit der Befreiung des Bewusstseins und der wunderbaren Hochzeit. Das ist nichts Geringeres als die Hochzeit der menschlichen Seele mit der Walküre, der Guinevere, der Königin des Jinas, die die weibliche spirituelle Seele ist, Buddhi, in der die Flamme des Geistes, die Flamme von Brahma, brennt. Den Frauen sagen wir, dass sie dann den ewigen Geliebten heiraten.

C) Der dritte Tag schließt meisterlich mit der Auferstehung des inneren Christus in unserem eigenen Herzen ab.

Und logischerweise kommt dann die Himmelfahrt in die höheren Welten.

Vorerst erhält man nur Informationen. Sie müssen erlebt und erfahren werden. Kommen Sie nicht vom Weg ab, bleiben Sie standhaft.

Studieren Sie das Gebet des Jonas, es ist sehr schön, es beinhaltet großartige esoterische Geheimnisse. Studieren Sie das Buch Jona im Alten Testament, erforschen Sie all diese alten Kenntnisse bezüglich der drei Tage. Man muss sie gründlich verstehen, denn es gibt viele, die die Arbeit in der Unterwelt nicht kennen.

Tatsächlich ist diese Angelegenheit mit der zwölften Karte des Tarot verbunden, weil 1 + 2 = 3 (drei Tage). Hier ist der Mensch an seinen Beinen, mit denen er ein Kreuz bildet, aufgehängt. Die Arme bilden ein Dreieck und der Kopf zeigt nach unten. Das weist uns auf den Abstieg in die Tiefen des Abgrundes hin.

Das ist das Apostolat.

Es gibt zweiundzwanzig Arkana, weil es die Wahrheit ist, das Tetragrammaton, Jod-He-Vau-He; und es muss zweiundzwanzig Arkana geben, um sie zu erklären.

Ende

Folgende Bücher könnten Sie auch interessieren:

Samael Aun Weor:

- Die perfekte Ehe
- Die drei Berge
- Die höheren Mysterien
- Die Mysterien des Feuers

M. (Morya):

- Die Morgenröte der Jugend